一級建築士試験
建築構造のツボ

植村典人
Fumito UEMURA
著

THE ESSENCE OF
ARCHITECTURAL STRUCTURE

特訓ドリル

学芸出版社

# まえがき

　本書は、一級建築士試験対策書『構造力学のツボ』および『構造設計のツボ』シリーズの姉妹本として、建築構造分野の問題と解説を編んだ書籍である。

　本書の特徴としては、学科Ⅳの構造の分野では、2009年からの新制度導入によって問題数が5問増えて30問となったことに対応して、大項目を出題数と同じ30項目とし、ほぼ出題順に編集した。この出題順に並んだ問題を順に解いていけば、本試験のときの雰囲気を感じることができるであろう。その30項目を79の小項目に分類し、1項目に問題を2〜3問収め、全体で約160問収録した。これは類似問題を除いた約10年分の問題数を収めたボリュームとなっている。

　新制度による増加分は、一般構造や構造設計の分野である。

　そこで、本問題集は、増加分の問題に配慮した。すなわち、木構造・鉄筋コンクリート構造や鉄骨構造および耐震設計や構造設計に重点を置いて項目数を配分し、その分野での項目数は、全体の約38％を占める数とした。

　本書の内容は、計算問題については、手順どおりに順序よく解くことを心掛けた。

　文章題については、新しい問題を極力収録した。ただし、重複する選択肢は取り除き、それに替わる選択肢を他の年度から補充し、新しい問題とした。そのため、選択肢の数が増え、実質的には約20年分の問題を収めた内容となっている。

　また、解答はすべての選択肢について行っており、なぜ間違いなのか、どう誤っているのかをていねいに説明したので、十分に理解できる内容になっていると確信している。

　各小項目の解答の後に、**「ここがツボ」** を設けて、その項目に関連する重要事項を解説した。すなわち、問題を解くうえで重要なヒントになる事項や図表、問題に載せることができなかった重要な選択肢および各種公式を記載した。

　これらの問題の解答および **「ここがツボ」** を繰り返し、繰り返し読み返して、その後に再度問題に挑戦し、問題の内容を確実に自分のものにすれば学科Ⅳはおおむねマスターすることができるであろう。そのための手助けとして、問題1や問題2の後にある□□□を活用してチェックを入れ、3回は繰り返して問題に当たってほしい。

　最後に、本問題集を十分に活用されることによって、一級建築士合格の栄光を勝ち取られることを願ってやまない。

　　2013年10月

著者　植村典人

# 目次

まえがき 3

## 01 断面の性質 ―――7
- 1-1 断面の性質 7

## 02 応力度とひずみ度 ―――9
- 2-1 曲げ応力度とせん断応力度 9
- 2-2 組合せ応力度 11
- 2-3 ひずみ度と変位 13

## 03 静定構造物 1 ―――15
- 3-1 静定梁 15
- 3-2 静定ラーメン 17
- 3-4 3ヒンジ系ラーメン 19

## 04 静定構造物 2 ―――21
- 4-1 単純梁系トラス 21
- 4-2 平行弦トラス 23
- 4-3 合成骨組 25

## 05 部材の変形 ―――27
- 5-1 たわみとたわみ角 27
- 5-2 たわみの比 29
- 5-3 マックスウェル-ベッティの相反定理 31

## 06 不静定構造物 ―――33
- 6-1 不静定梁 33
- 6-2 不静定ラーメン（固定モーメント法） 35
- 6-3 層間変位・水平剛性 37
- 6-4 柱の負担せん断力 39
- 6-5 長方形ラーメン（$D$値法） 41

## 07 座屈と振動 ―――43
- 7-1 弾性座屈荷重① 43
- 7-2 弾性座屈荷重② 45
- 7-3 振動 47

## 08 全塑性モーメントと崩壊荷重 ―――49
- 8-1 全塑性モーメント① 49
- 8-2 全塑性モーメント②と崩壊荷重① 51
- 8-3 崩壊荷重② 53

## 09 荷重と外力 —— 55
- 9-1 荷重・外力　55
- 9-2 風圧力　57
- 9-3 地震力①　59
- 9-4 地震力②　61

## 10 木構造 —— 63
- 10-1 木構造①（全般）　63
- 10-2 木構造②（耐力壁）　65
- 10-3 木構造③（壁率比）　67
- 10-4 品確法　69

## 11 鉄筋コンクリート構造1 —— 71
- 11-1 鉄筋コンクリート構造①（全般1）　71
- 11-2 鉄筋コンクリート構造②（全般2）　73

## 12 鉄筋コンクリート構造2 —— 75
- 12-1 鉄筋コンクリート構造③（柱部材）　75
- 12-2 鉄筋コンクリート構造④（耐力壁）　77

## 13 鉄筋コンクリート構造3 —— 79
- 13-1 鉄筋コンクリート構造⑤（定着・付着・継手）　79
- 13-2 鉄筋コンクリート構造⑥（配筋・ひび割れ）　81

## 14 鉄筋コンクリート構造4 —— 83
- 14-1 鉄筋コンクリート構造⑦（耐震設計）　83
- 14-2 鉄筋コンクリート構造⑧（計算問題）　85

## 15 鉄骨構造1 —— 87
- 15-1 鉄骨構造①（全般1）　87
- 15-2 鉄骨構造②（全般2）　89

## 16 鉄骨構造2 —— 91
- 16-1 鉄骨構造③（溶接）　91
- 16-2 鉄骨構造④（高力ボルト・応力分担）　93

## 17 鉄骨構造3 —— 95
- 17-1 鉄骨構造⑤（接合部）　95
- 17-2 鉄骨構造⑥（筋かい）　97
- 17-3 鉄骨構造⑦（柱脚・その他）　99

## 18 鉄骨構造4 —— 101
- 18-1 鉄骨構造⑧（耐震設計）　101
- 18-2 鉄骨構造⑨（計算問題）　103

## 19 鉄骨鉄筋コンクリート構造 —— 105
- 19-1 鉄骨鉄筋コンクリート構造①（全般1）　105
- 19-2 鉄骨鉄筋コンクリート構造②（全般2）　107
- 19-3 鉄骨鉄筋コンクリート構造③（累加計算）　109

## 20 各種構造総合 ─────── 111
- 20-1 ▸ 各種構造総合① 111
- 20-2 ▸ 各種構造総合② 113

## 21 土質と地盤 ─────── 115
- 21-1 ▸ 土質と地盤① 115
- 21-2 ▸ 土質と地盤② 117

## 22 基礎構造 ─────── 119
- 22-1 ▸ 基礎構造①（直接基礎） 119
- 22-2 ▸ 基礎構造②（杭基礎 1） 121
- 22-3 ▸ 基礎構造③（杭基礎 2） 123

## 23 その他の構造 ─────── 125
- 23-1 ▸ 壁式鉄筋コンクリート構造 125
- 23-2 ▸ 擁壁・プレストレスコンクリート構造 127

## 24 耐震計画 ─────── 129
- 24-1 ▸ 耐震計画① 129
- 24-2 ▸ 耐震計画② 131

## 25 耐震設計・耐風設計 ─────── 133
- 25-1 ▸ 耐震設計①（建築物の規模と構造計算） 133
- 25-2 ▸ 耐震設計②（構造計算の流れ・フロー） 137
- 25-3 ▸ 耐震設計③（層間変形角、剛性率・偏心率） 141
- 25-4 ▸ 耐震設計④（保有水平耐力計算、構造特性係数 $D_s$） 145
- 25-5 ▸ 耐震設計⑤（全般） 147
- 25-6 ▸ 耐震・耐風設計 149

## 26 構造計画・構造設計 ─────── 151
- 26-1 ▸ 構造計画① 151
- 26-2 ▸ 構造計画②と構造設計① 153
- 26-3 ▸ 構造設計② 155

## 27 木質系材料 ─────── 157
- 27-1 ▸ 木質系材料① 157
- 27-2 ▸ 木質系材料② 161

## 28 コンクリート ─────── 163
- 28-1 ▸ コンクリート① 163
- 28-2 ▸ コンクリート② 165

## 29 金属材料 ─────── 167
- 29-1 ▸ 金属材料① 167
- 29-2 ▸ 金属材料② 169

## 30 融合問題 ─────── 171
- 30-1 ▸ 融合問題 171

# 01 断面の性質

## 1-1 ▷ 断面の性質

**問題1**

図のような断面 A、B、C の $X$ 軸に関する断面二次モーメントをそれぞれ $I_A$、$I_B$、$I_C$ としたとき、それらの大小関係として、正しいものは、次のうちどれか。

1. $I_A > I_B > I_C$
2. $I_A > I_C > I_B$
3. $I_B > I_A > I_C$
4. $I_B > I_C > I_A$

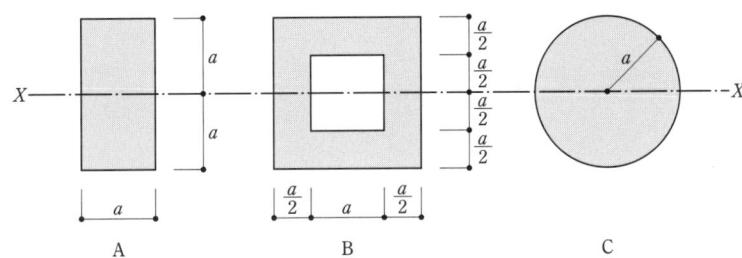

**問題2**

図のような断面の $X$ 軸に関する断面二次モーメント $I$ と断面係数 $Z$ との組合せとして、最も適当なものは、次のうちどれか。ただし、図中における寸法の単位は mm とする。

| | $I$ [mm$^4$] | $Z$ [mm$^3$] |
|---|---|---|
| 1. | $2.66 \times 10^7$ | $2.72 \times 10^5$ |
| 2. | $2.66 \times 10^7$ | $3.32 \times 10^5$ |
| 3. | $3.32 \times 10^6$ | $4.15 \times 10^4$ |
| 4. | $3.32 \times 10^6$ | $6.80 \times 10^4$ |

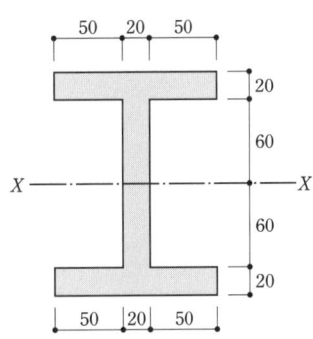

## 解答

**問題1**

$X$軸に関する断面二次モーメントの大小関係を求める。

$$I_{XA} = \frac{a \times (2a)^3}{12} = \frac{8a^4}{12} = 0.667a^4 \qquad I_{XB} = \frac{2a \times (2a)^3}{12} - \frac{a^4}{12} = \frac{15a^4}{12} = 1.25a^4$$

$$I_{XC} = \frac{\pi a^4}{4} = \frac{3.14a^4}{4} = 0.785a^4$$

よって、$I_B > I_C > I_A$ の順になる。

→ 正解 4

**問題2**

全体図形と個々の欠損図形の図心が**同一軸**（$X$軸）**上にある場合**は、全体図形の断面二次モーメントから欠損図形の断面二次モーメントを**差し引いて**求めることができる。

全体図形の断面二次モーメント $I_X' = \dfrac{120 \times 160^3}{12} = 4096 \times 10^4 \text{ mm}^4$

欠損図形の断面二次モーメント $I_X'' = \dfrac{50 \times 120^3}{12} \times 2 = 1440 \times 10^4 \text{ mm}^4$

したがって、設問の図形の $I_X$ および $Z_X$ は、次のように求める。

断面二次モーメント $I_X = I_X' - I_X'' = 4096 \times 10^4 - 1440 \times 10^4$
$= 2656 \times 10^4 ≒ 2.66 \times 10^7 \text{ mm}^4$

断面係数 $Z_X = \dfrac{I_X}{y} = \dfrac{2656 \times 10^4}{80} = 332000 ≒ 3.32 \times 10^5 \text{ mm}^3$

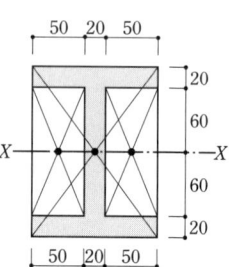

→ 正解 2

### ここがツボ

- 断面一次モーメント $S$ は、**断面図形の図心の位置や部材断面に生ずるせん断応力度を求めるのに必要**となる係数である。その大きさはは、次式で求める（図1参照）。

  断面一次モーメント $S$ ＝ 全断面積 $A$ ×軸から図心までの距離 $y_0$（または $x_0$）[$\text{mm}^3$]

- 断面図形の図心を通る軸についての断面一次モーメントは、**0**である。
- 全体の断面図形が複数の図形の集合体であるときは、全体図形の任意の軸に対する断面一次モーメントは、個々の図形のその軸に対する断面一次モーメントの**総和**として計算することができる。したがって、断面図形の**和の計算**や**差の計算**ができる。
- 断面二次モーメント $I$ は、断面形による部材の**曲がりにくさ**を表す1つの目安である。また、座屈やたわみなど**部材が湾曲を伴う現象に用いる公式には断面二次モーメント $I$ が含まれ、断面二次モーメント $I$ が大きくなるほど、部材は曲がりにくくなる。

- 図心軸 $X_0 : I_{X0} = \dfrac{BD^3}{12}$ [$\text{mm}^4$]　　一般軸 $X : I_X = I_{X0} + A \cdot y_0^2 = \dfrac{BD^3}{12} + (BD) \cdot y_0^2$ [$\text{mm}^4$]　（図2参照）

- 断面係数 $Z$ は、**曲げ材の設計**に用いる係数で、断面図形の和や差の計算ができない。

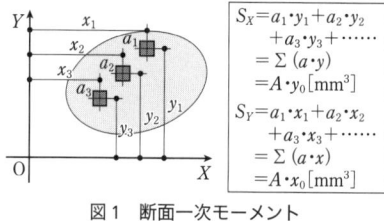

図1　断面一次モーメント

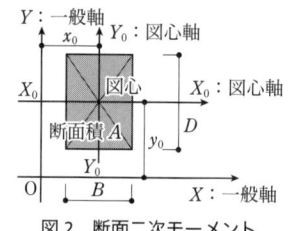

図2　断面二次モーメント

# 02 応力度とひずみ度

## 2-1 ▷ 曲げ応力度とせん断応力度

**問題1**　□□□

図1のような断面で、同一材質からなる梁AおよびBに、一点鎖線を中立軸とする曲げモーメントのみが作用している。これらの断面の降伏開始曲げモーメントを$M_y$、全塑性モーメントを$M_p$とするとき、断面内の応力度分布が図2に示す状態である。梁AおよびBにおける$M_p$と$M_y$の比 $\alpha=M_p/M_y$ をそれぞれ $\alpha_A$、$\alpha_B$ とするとき、その大小関係として、正しいものは、次のうちどれか。ただし、降伏応力度は $\sigma_y$ とする。

1. $\alpha_A > \alpha_B > 1$
2. $\alpha_B > \alpha_A > 1$
3. $1 > \alpha_A > \alpha_B$
4. $1 > \alpha_B > \alpha_A$

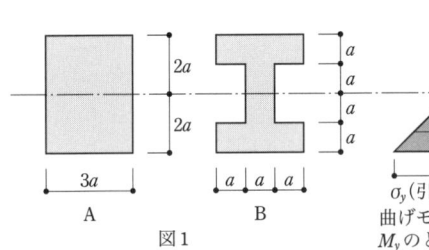
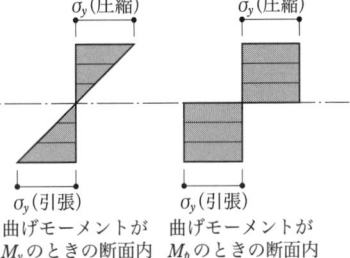

図1　　図2
曲げモーメントが$M_y$のときの断面内の応力度分布　　曲げモーメントが$M_p$のときの断面内の応力度分布

**問題2**　□□□

図のように柱脚を固定した2本の柱A、Bがあり、それらの柱頭の図心は、ピン接合した剛な棒で連結している。剛な棒の端部に水平荷重$P$が作用する場合、柱脚のa、b点における曲げ応力度 $\sigma_a$、$\sigma_b$ の比として、正しいものは、次のうちどれか。ただし、柱A、Bはヤング係数が等しく、応力は弾性範囲内にあるものとし、剛な棒の厚さとピンの高さは無視するものとする。

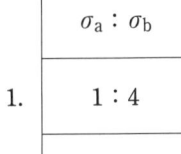

| | $\sigma_a : \sigma_b$ |
|---|---|
| 1. | 1 : 4 |
| 2. | 1 : 2 |
| 3. | 2 : 1 |
| 4. | 4 : 1 |

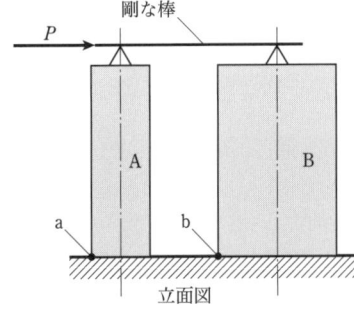
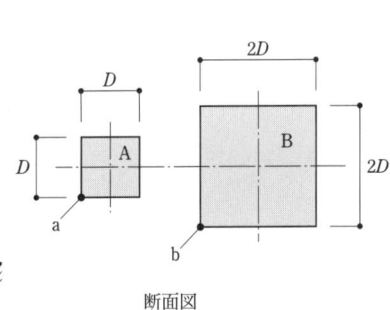

立面図　　断面図

## 解答

### 問題 1

図(a)(ア)より、梁 A の降伏モーメント ${}_AM_y = C \cdot j = T \cdot j = (2a \times \sigma_y \times 3a \times 1/2) \times 8a/3 = 8a^3 \cdot \sigma_y$

図(a)(イ)より、梁 A の全塑性モーメント ${}_AM_p = C \cdot j = T \cdot j = (2a \times \sigma_y \times 3a) \times 2a = 12a^3 \cdot \sigma_y$

よって、$\alpha_A = \dfrac{{}_AM_p}{{}_AM_y} = \dfrac{12a^3 \cdot \sigma_y}{8a^3 \cdot \sigma_y} = 1.5$

梁 B の降伏モーメントは、${}_BM_y = Z_B \cdot \sigma_y$ より求める。

まず、断面二次モーメント $I_B$ および断面係数 $Z_B$ を求める。

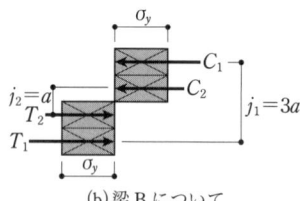

(a) 梁 A について

$$I_B = \dfrac{3a \times (4a)^3}{12} - \dfrac{a \times (2a)^3}{12} \times 2 = \dfrac{44a^4}{3}$$

$$Z_B = \dfrac{I_B}{2a} = \dfrac{44a^4}{3} \times \dfrac{1}{2a} = \dfrac{22a^3}{3}$$

$$\therefore {}_BM_y = Z_B \cdot \sigma_y = \dfrac{22a^3}{3} \cdot \sigma_y$$

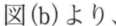

(b) 梁 B について

図(b)より、

梁 B の全塑性モーメント ${}_BM_p = C_1 \cdot j_1 + C_2 \cdot j_2 = (a \times \sigma_y \times 3a) \times 3a + (a \times \sigma_y \times a) \times a = 10a^3 \cdot \sigma_y$

よって、$\alpha_B = \dfrac{{}_BM_p}{{}_BM_y} = \dfrac{10a^3 \cdot \sigma_y}{(22/3)a^3 \cdot \sigma_y} = 1.36$  $\therefore \alpha_A > \alpha_B > 1$

→ 正解 1

### 問題 2

剛な棒で柱頭を連結しているので、荷重 $P$ による柱 A、B の柱頭の変位は等しい。 $\therefore \delta_A = \delta_B$

柱 A、B の柱頭を $\delta$ だけ変位させる荷重の大きさを、$P_A$、$P_B$ とする。

柱頭の変位を片持梁のたわみとして求めてみよう。まず、断面二次モーメント $I$ を求める。

$I_A = \dfrac{D^4}{12}$、柱 A の柱頭のたわみ $\delta_A = \dfrac{P_A \cdot l^3}{3EI} = \dfrac{P_A \cdot l^3}{3E(D^4/12)} = \dfrac{4P_A \cdot l^3}{ED^4}$

$I_B = \dfrac{(2D)^4}{12} = \dfrac{16D^4}{12}$、柱 B の柱頭のたわみ $\delta_B = \dfrac{P_B \cdot l^3}{3EI} = \dfrac{P_B \cdot l^3}{3E(16D^4/12)} = \dfrac{4P_B \cdot l^3}{16ED^4}$

$\delta_A = \delta_B$ の条件より、 $\dfrac{4P_A \cdot l^3}{ED^4} = \dfrac{4P_B \cdot l^3}{16ED^4}$  $\therefore 16P_A = P_B$

次に、柱脚の曲げ応力度を求めてみよう。まず、柱脚の曲げモーメントおよび断面係数を求める。

柱 A では、曲げモーメント $M_A = P_A \cdot l$、断面係数 $Z_A = \dfrac{D^3}{6}$

柱 B では、曲げモーメント $M_B = P_B \cdot l$、断面係数 $Z_B = \dfrac{(2D)^3}{6} = \dfrac{8D^3}{6}$

a 点の曲げ応力度 $\sigma_a = \dfrac{M_A}{Z_A} = \dfrac{P_A \cdot l}{D^3/6} = \dfrac{6P_A \cdot l}{D^3}$、b 点の曲げ応力度 $\sigma_b = \dfrac{M_B}{Z_B} = \dfrac{P_B \cdot l}{8D^3/6} = \dfrac{6P_B \cdot l}{8D^3}$

以上より、$\sigma_a : \sigma_b = \dfrac{6P_A \cdot l}{D^3} : \dfrac{6P_B \cdot l}{8D^3} = P_A : \dfrac{P_B}{8} = P_A : \dfrac{16P_A}{8} = 1 : 2$

→ 正解 2

# 2-2 ▷ 組合せ応力度

## 問題 1

図1のような底部で固定された矩形断面材の頂部の図心O点に鉛直荷重$P$および水平荷重$Q$が作用するときの底部a-a断面における垂直応力度分布が図2に示されている。$P$と$Q$の組合せとして、正しいものは、次のうちどれか。ただし、矩形断面材は等質等断面で、自重がないものとする。

|   | $P$ | $Q$ |
|---|---|---|
| 1. | $\dfrac{\sigma BD}{4}$ | $\dfrac{\sigma B^2 D}{8l}$ |
| 2. | $\dfrac{\sigma BD}{4}$ | $\dfrac{\sigma BD^2}{8l}$ |
| 3. | $\dfrac{\sigma BD}{4}$ | $\dfrac{3\sigma BD^2}{16l}$ |
| 4. | $\dfrac{3\sigma BD}{4}$ | $\dfrac{\sigma BD^2}{24l}$ |

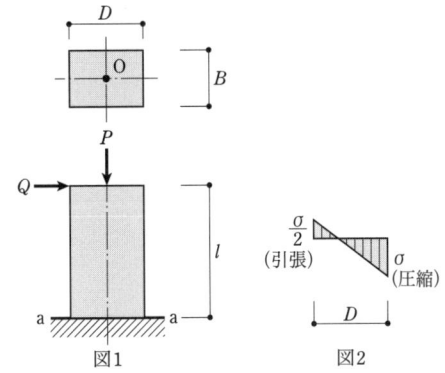

図1　　　図2

## 問題 2

図のような長方形断面材のA点およびB点に荷重$P$が作用している場合、線分ABに垂直な断面Sに生じる「引張応力度の最大値」と「圧縮応力度の最大値」との組合せとして、正しいものは、次のうちどれか。ただし、長方形断面材は等質等断面であり、線分ABは断面寸法に比べて十分に長いものとする。

|   | 引張応力度の最大値 | 圧縮応力度の最大値 |
|---|---|---|
| 1. | $\dfrac{5P}{3D^2}$ | $\dfrac{P}{D^2}$ |
| 2. | $\dfrac{2P}{D^2}$ | $\dfrac{2P}{D^2}$ |
| 3. | $\dfrac{7P}{3D^2}$ | $\dfrac{5P}{3D^2}$ |
| 4. | $\dfrac{13P}{3D^2}$ | $\dfrac{11P}{3D^2}$ |

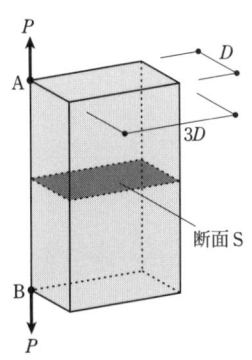

## ■解答

**問題1**

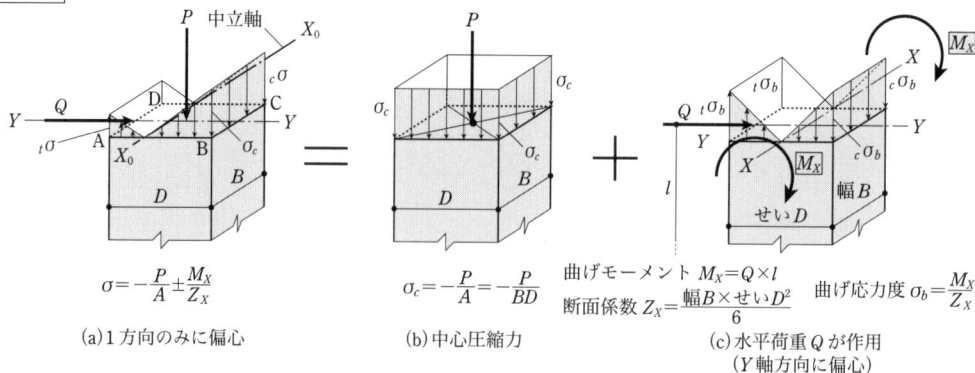

1方向に偏心した組合せ応力度

引張応力度 $\dfrac{\sigma}{2} = -\sigma_c + {}_t\sigma_b = -\dfrac{P}{A} + \dfrac{M_X}{Z_X} = -\dfrac{P}{BD} + \dfrac{Q \cdot l}{BD^2/6}$ …………① 

圧縮応力度 $-\sigma = -\sigma_c - {}_c\sigma_b = -\dfrac{P}{A} - \dfrac{M_X}{Z_X} = -\dfrac{P}{BD} - \dfrac{Q \cdot l}{BD^2/6}$ …………② 

この連立方程式を解く。

①+②より、$-\dfrac{\sigma}{2} = -\dfrac{2P}{BD}$ $\quad \therefore P = \dfrac{\sigma}{2} \times \dfrac{BD}{2} = \dfrac{\sigma BD}{4}$

①−②より、$\dfrac{3\sigma}{2} = \dfrac{2Q \cdot l}{BD^2/6}$ $\quad \therefore Q = \dfrac{3\sigma}{2} \times \dfrac{BD^2/6}{2l} = \dfrac{\sigma BD^2}{8l}$

→ 正解 2

**問題2**

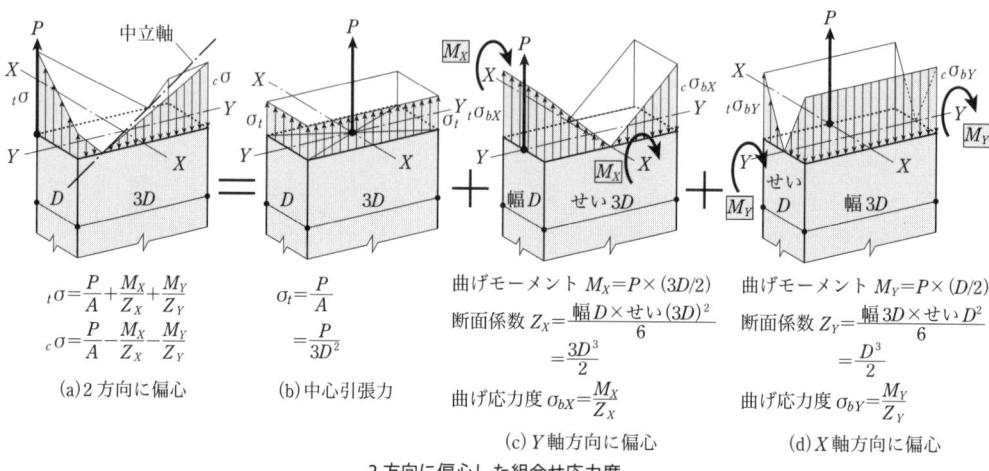

2方向に偏心した組合せ応力度

$X$軸の曲げ応力度 $\sigma_{bX} = \dfrac{M_X}{Z_X} = \dfrac{P \times \dfrac{3D}{2}}{\dfrac{3D^3}{2}} = \dfrac{P}{D^2}$、 $Y$軸の曲げ応力度 $\sigma_{bY} = \dfrac{M_Y}{Z_Y} = \dfrac{P \times \dfrac{D}{2}}{\dfrac{D^3}{2}} = \dfrac{P}{D^2}$

引張応力度の最大値 ${}_t\sigma = \dfrac{P}{3D^2} + \dfrac{P}{D^2} + \dfrac{P}{D^2} = \dfrac{7P}{3D^2}$、 圧縮応力度の最大値 ${}_c\sigma = \dfrac{P}{3D^2} - \dfrac{P}{D^2} - \dfrac{P}{D^2} = -\dfrac{5P}{3D^2}$

→ 正解 3

# 2-3 ▷ ひずみ度と変位

## 問題 1

図のような荷重を受けるトラスにおいて、荷重によって生じる B 点の水平方向（横方向）の変位 $\delta_B$ として、正しいものは、次のうちどれか。ただし、それぞれの部材は等質等断面とし、断面積を $A$、ヤング係数を $E$ とする。

1. $\dfrac{Pl}{EI}$
2. $\dfrac{2Pl}{EI}$
3. $\dfrac{3Pl}{EI}$
4. $\dfrac{4Pl}{EI}$

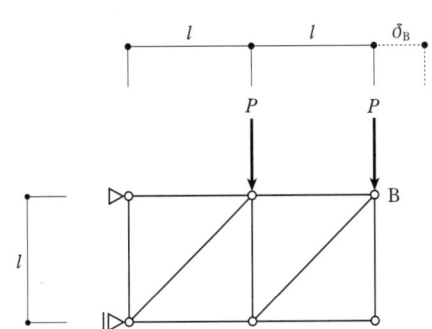

## 問題 2

図のような鉛直荷重 $P$ を受けるトラス A、B、C において、それぞれのローラー支持点の水平変位 $\delta_A$、$\delta_B$、$\delta_C$ の大小関係として、正しいものは、次のうちどれか。ただし、各部材は同一材質とし、斜材の断面積はそれぞれ $a$、$2a$、$3a$ とし、水平材の断面積はいずれも $a$ とする。

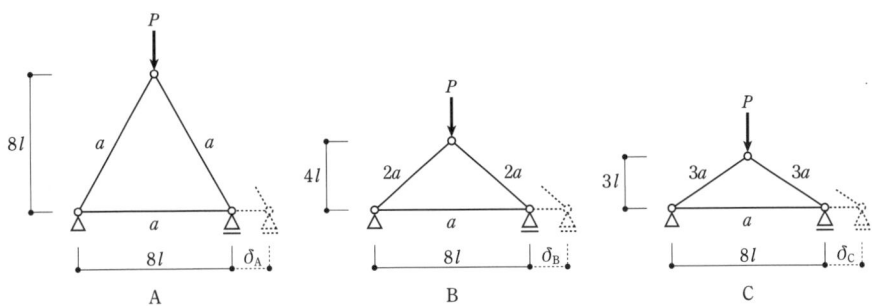

1. $\delta_A > \delta_B > \delta_C$
2. $\delta_A = \delta_B = \delta_C$
3. $\delta_B = \delta_C > \delta_A$
4. $\delta_C > \delta_B > \delta_A$

## 解答

### 問題1

引張応力度 $\sigma = \dfrac{N}{A}$、縦ひずみ度 $\varepsilon = \dfrac{\Delta l}{l}$

ヤング係数 $E = \dfrac{\sigma}{\varepsilon} = \dfrac{N}{A} \times \dfrac{l}{\Delta l} = \dfrac{N \cdot l}{A \cdot \Delta l}$

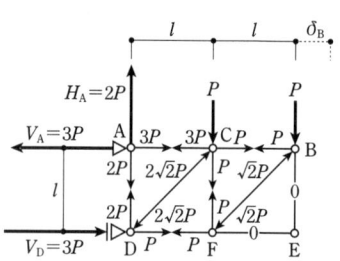

したがって、軸方向変位 $\Delta l$ は、$\Delta l = \dfrac{N \cdot l}{A \cdot E}$ より計算する。

この静定トラスを解くと、図のようになり、AC間 $N_{AC} = 3P$（引張力）、CB間 $N_{CB} = P$（引張力）となる。

したがって、軸方向変位 $\Delta l$ は、$\Delta l = \dfrac{N \cdot l}{A \cdot E}$ より計算する。

したがって、B点の水平方向の変位 $\delta_B$ は、$\delta_B = \Delta l_{AC} + \Delta l_{CB} = \dfrac{3P \cdot l}{A \cdot E} + \dfrac{P \cdot l}{A \cdot E} = \dfrac{4P \cdot l}{A \cdot E}$　➡ **正解 4**

### 問題2

陸梁材の軸方向変位は、$\delta = \dfrac{N \cdot l}{A \cdot E}$ より求める。

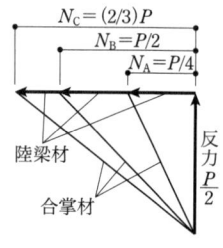

このとき、トラスA、B、Cの陸梁材は、材長、断面積、ヤング係数のすべてが等しいから、陸梁材の軸方向力 $N$ の大小関係を求めれば、水平変位 $\delta$ の大小関係が求まる。

右図のローラー支持点のクレモナ図において、陸梁材に作用する引張力は、**合掌材の勾配が緩いほど大きくなる**ので、トラスCが最も大きくなり、トラスAが最も小さくなる。よって、ローラー支持点の水平変位の順は、$\delta_C > \delta_B > \delta_A$ となる。　➡ **正解 4**

---

## ここがツボ

- 部材に軸方向力が作用すると、部材は伸縮する。伸び、縮みの変形量を**ひずみ**という。
- 単位長さ当たりのひずみ量をひずみ度といい、次式で求める。

$$\text{ひずみ度} = \dfrac{\text{ひずみ量}}{\text{元の量}}$$

- 縦ひずみ度は、次式で求める（図1参照）。

$$\text{縦ひずみ度 } \varepsilon = \dfrac{\text{伸びた長さ } \Delta l}{\text{元の長さ } l} \quad (\text{無次元数})$$

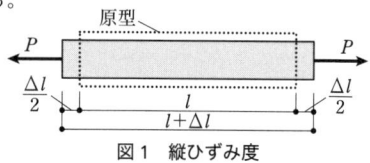

図1　縦ひずみ度

- **ヤング係数** $E$ は、弾性係数の一種で、弾性範囲内において、垂直応力度が縦ひずみ度に比例するときの比例定数をいう。記号は $E$ で表し、単位は応力度と同じ、N/mm²、kN/m² などを用いる（図2参照）。

$$\text{ヤング係数 } E = \dfrac{\text{垂直応力度 } \sigma}{\text{縦ひずみ度 } \varepsilon} = \dfrac{N/A}{\Delta l/l} = \dfrac{N \cdot l}{A \cdot \Delta l}$$

$$\text{伸び } \Delta l = \dfrac{N \cdot l}{A \cdot E}$$

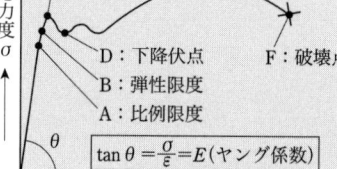

図2　応力度－ひずみ度曲線

# 03 静定構造物 1

## 3-1 ▷ 静定梁

**問題 1**

図のような梁において、B 点および C 点にそれぞれ集中荷重 $P_B$ と $P_C$ が作用する場合、支点 A に鉛直反力が生じないようにするための $P_B$ と $P_C$ の比として、正しいものは、次のうちどれか。

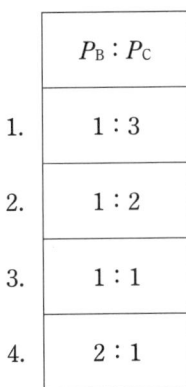
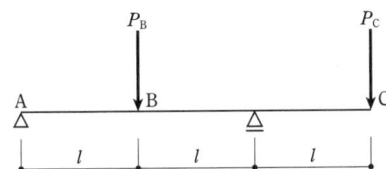

|  | $P_B : P_C$ |
|---|---|
| 1. | 1 : 3 |
| 2. | 1 : 2 |
| 3. | 1 : 1 |
| 4. | 2 : 1 |

**問題 2**

図のような梁の A 点および B 点にモーメントが作用している場合、C 点に生じる曲げモーメントの大きさとして、正しいものは、次のうちどれか。

1. $0$
2. $\dfrac{1}{3}M$
3. $\dfrac{1}{2}M$
4. $M$

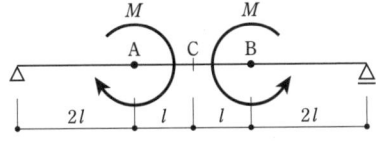

## 解答

**問題1**

移動端 D を中心に、$\sum M_D = 0$ より、

$V_A \times 2l - P_B \times l + P_C \times l = 0$

このとき、設問より $V_A = 0$ であるから、

$-P_B \times l + P_C \times l = 0 \quad \therefore P_B = P_C$

よって、$P_B : P_C = 1 : 1$

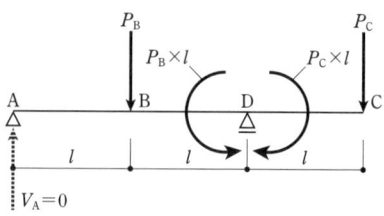

**【別解】**

設問より、A 点の鉛直反力 $V_A$ が 0 であるから、D 点を中心として、"やじろべい"のようにバランスが取れている。よって、$P_B \times l = P_C \times l \quad \therefore P_B : P_C = 1 : 1$

→ **正解 3**

**問題2**

E 点を中心として、D 点の反力を求める。

$\sum M_E = 0$ より、$V_D \times 6l + M - M = 0$

$\therefore V_D = \dfrac{M - M}{6l} = 0$

$\sum Y = 0$ より、$V_D + V_E = 0 \quad \therefore V_E = 0$

よって、D 点にも E 点にも反力は生じない。

したがって、$M_C = V_D \times 3l + M = M$

よって、C 点の曲げモーメントは、$M$ となる。

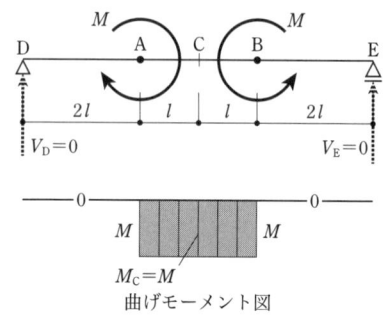

→ **正解 4**

### ここがツボ

- 左端からのせん断力図の面積の総和が、曲げモーメント $M$ の大きさになる。
- せん断力の傾きが分布荷重の大きさとなる。
- 曲げモーメントの傾きが、せん断力の大きさとなる。
- せん断力 $Q$ が（＋）のとき、曲げモーメント図の勾配は右下がりになる。
- せん断力 $Q$ が（−）のとき、曲げモーメント図の勾配は右上がりになる（表1参照）。
- 荷重とせん断力図・曲げモーメント図の関係を表2に示す。

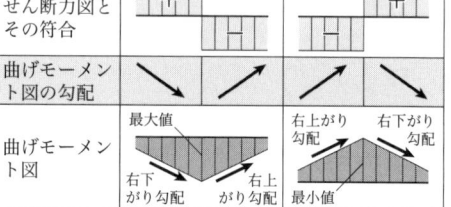

表1 せん断力図と曲げモーメント図の関係

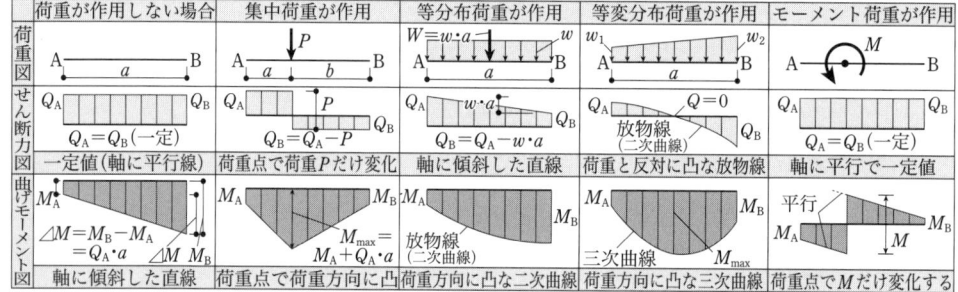

表2 荷重とせん断力図・曲げモーメント図の関係

# 3-2 ▷ 静定ラーメン

## 問題 1 □□□

図のような荷重を受けるラーメンにおいて、A点に曲げモーメントが生じない場合、B点に作用する曲げモーメント $M$ の値として、正しいものは、次のうちどれか。ただし、A点は固定端、D点は自由端とし、$M$ は図中に示す矢印の向きを「＋」とする。

1. ＋1000kN・m
2. ＋600kN・m
3. －600kN・m
4. －1000kN・m

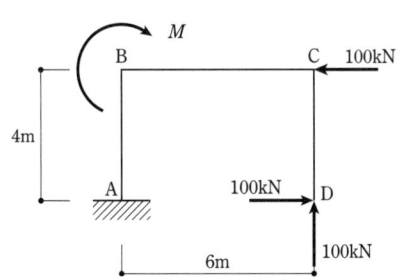

## 問題 2 □□□

図のような荷重を受ける骨組において、A点における曲げモーメントの大きさとして、正しいものは、次のうちどれか。

1. $\dfrac{\sqrt{2}}{2}Pl$
2. $\sqrt{2}\,Pl$
3. $\dfrac{3}{2}Pl$
4. $\dfrac{3\sqrt{2}}{2}Pl$

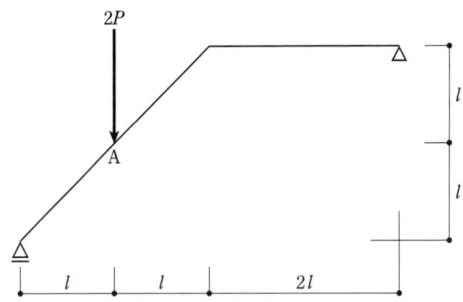

## ■解答

### 問題1

A点の曲げモーメントが0である条件より、固定端Aにはモーメント反力が生じていないことになる。

したがって、$\sum M_A = 0$ より、$-100 \times 6 - 100 \times 4 + M = 0$　　∴$M = 600 + 400 = +1000 \text{kN} \cdot \text{m}$

なお、A点の垂直反力と水平反力は次のようになる。

$\sum Y = 0$ より、鉛直反力 $V_A = 100 \text{kN}$（下向き）

$\sum X = 0$ より、水平反力 $H_A = 100 - 100 = 0$

→ **正解 1**

### 問題2

移動端の反力 $V$ を求める。$\sum M = 0$ より、$V \times 4l - 2P \times 3l = 0$

∴$V = \dfrac{6P}{4} = \dfrac{3P}{2}$　　よって、$M_A = V \times l = \dfrac{3P}{2} \times l = \dfrac{3}{2}Pl$

→ **正解 3**

### ここがツボ

- 軸方向力図やせん断力図を描く場合は、一般に、門形の**内側（破線側）を下側（−側）**とみなして描く（図1、2参照）。
- 両支点に段差がある（同一水平線上にない）場合は、反力が1つしかない**移動端側の反力を先に求める**と便利である（図3(c)参照）。
- 移動端側の柱に荷重が作用しない場合は、その柱に**せん断力も曲げモーメントも生じない**（図3(b)、(d)参照）。

図1　軸方向力図・せん断力図を描く側（片持梁系ラーメン）

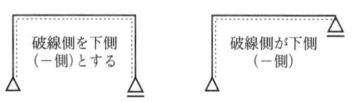

図2　軸方向力図・せん断力図を描く側（単純梁系ラーメン）

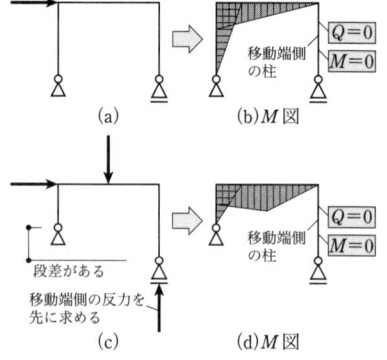

図3　単純梁系ラーメンの曲げモーメント図

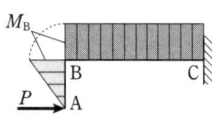

AB材の上端のB点の曲げモーメントの値と、BC材の左端のB点の曲げモーメントの値が同じ値となって連続する。

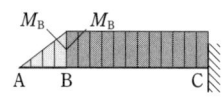

片持梁系ラーメンのAB材の折れ曲がりを伸ばして、一直線とすれば、B点の曲げモーメントの値が同じであるから、上図のようにB点で一致し、曲げモーメント図の連続性がよく理解できる。

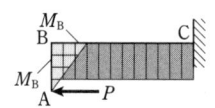

この図の場合、B点の内側でやはり同じ曲げモーメントの値をとるので、曲げモーメント図は連続する。

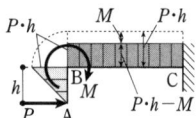

B点にモーメント荷重 $M$ が作用すると、モーメント荷重 $M$ だけ減じて不連続となる。

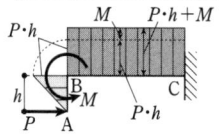

B点にモーメント荷重 $M$ が作用すると、モーメント荷重 $M$ だけ増加して不連続となる。

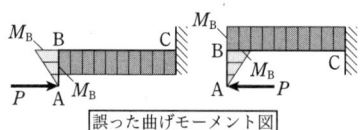

B点にモーメント荷重が作用していない場合、B点の曲げモーメント図が、上図のように、ラーメンの内側と外側に描かれることはない。上図は誤りである。

図4　曲げモーメント図の連続性

# 3-3 ▷ 3ヒンジ系ラーメン

## 問題1  □□□

図のような荷重が作用する3ヒンジ系ラーメンにおいて、A点における水平反力 $H_A$ の大きさとして、正しいものは、次のうちどれか。

1. $\dfrac{P}{3}$
2. $\dfrac{P}{2}$
3. $P$
4. $2P$

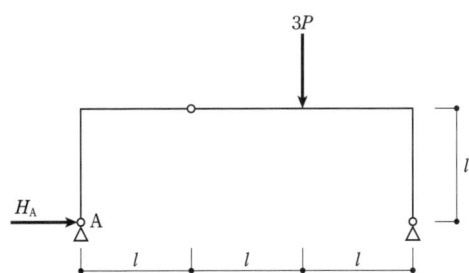

## 問題2  □□□

図のような荷重を受ける3ヒンジ系ラーメンにおいて、A点における曲げモーメントの大きさとして、正しいものは、次のうちどれか。

1. $2Pl$
2. $4Pl$
3. $14Pl$
4. $28Pl$

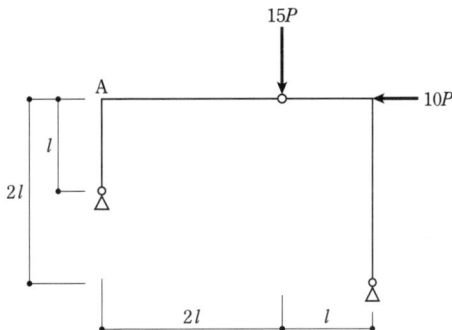

## 解答

**問題1**

まず最初に、A点の反力を求める。

反力を右図のように仮定する。

$\sum M_B = 0$ より、$V_A \times 3l - 3P \times l = 0$

$\therefore V_A = \dfrac{3Pl}{3l} = P$ （上向き）

また、$\sum M_C = 0$ （C点の左側のつり合い）より、

$V_A \times l - H_A \times l = 0$  $\therefore H_A = V_A = P$ （**右向き**）となる。

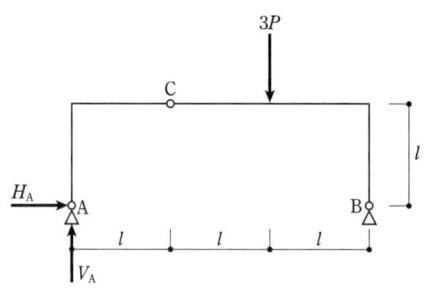

→ **正解 3**

**問題2**

支点に段差がある場合の3ヒンジ系ラーメンを解くには、**連立方程式**を解くことになる。

反力を右図のように仮定する。

右図において、$\sum M_C = 0$ より、

$V_B \times 3l + H_B \times l - 15P \times l - 10P \times 2l = 0$

$\therefore 3V_B + H_B - 35P = 0$ ……………① 

$\sum M_D = 0$ （左側のつり合い）より、

$V_B \times 2l - H_B \times l = 0$  $\therefore H_B = 2V_B$  …………②

②を①に代入して、$3V_B + 2V_B - 35P = 0$

$5V_B = 35P$  $\therefore V_B = 7P$

これを②に代入して、$H_B = 2 \times 7P = 14P$

よって、A点の曲げモーメント $M_A = 14P \times l = 14Pl$

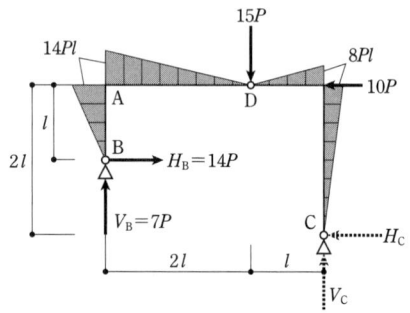

→ **正解 3**

### ここがツボ

- 3ヒンジ系ラーメンは、単純梁系ラーメンとは異なり、**鉛直荷重のみ**が作用している場合でも、**水平反力が生じる**。
- 3ヒンジ系ラーメンには**反力が4つ**生じ、両支点以外のピンの点で**ΣM=0**の式をもう1つ作って、4つのつり合い式から解く。
- 両支点以外のピンでつり合い式を作成する場合、その点の左側のつり合いか、右側のつり合いか、**どちらか一方の式**のみで計算する（図1参照）。
- 両支点に段差がある（同一水平線上にない）場合は、1つの式に未知数が2つ入り、連立方程式を解くことになる（問題2および解答参照）。
- ピンの位置によって、水平反力の値が異なる（図2参照）。荷重が**ピンの位置で水平反力は最大**になる。

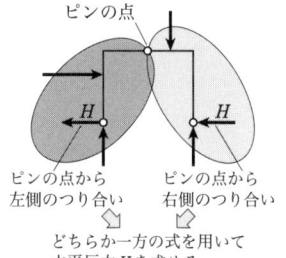

図1 水平反力の求め方

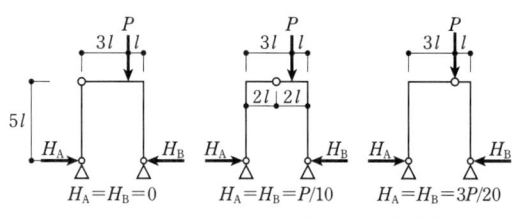

図2 ピンの位置と水平反力の関係

# 04 静定構造物2

## 4-1 ▷ 単純梁系トラス

### 問題1 □□□

図のような荷重を受けるトラスにおいて、部材 AB に生じる軸方向力として、正しいものは、次のうちどれか。ただし、軸方向力は、引張力を「＋」、圧縮力を「－」とする。

1. $-2\sqrt{2}P$
2. $+2\sqrt{2}P$
3. $-\sqrt{2}P$
4. $+\sqrt{2}P$

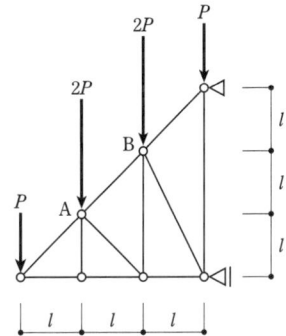

### 問題2 □□□

図のような荷重を受けるトラスにおいて、部材 AB に生じる軸方向力として、正しいものは、次のうちどれか。ただし、軸方向力は、引張力を「＋」、圧縮力を「－」とする。

1. $+P$
2. $-P$
3. $+2P$
4. $-2P$

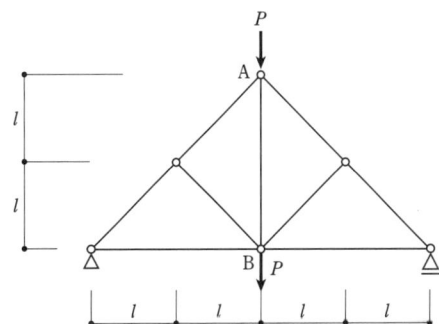

## ■解答

**問題1**

AB部材という特定の1部材の軸方向力を求める場合は、**切断法**で解く。

AB部材を含む、3部材以下の箇所で仮に切断する（右図参照）。

AB部材以外の、応力を求める必要がない2部材の交点Cを中心に、$\sum M_C = 0$ より、

$-P \times 2l - 2P \times l + N_{AB} \times \sqrt{2}\,l = 0$

$\therefore N_{AB} = \dfrac{4Pl}{\sqrt{2}\,l} = +2\sqrt{2}\,P$（引張力）

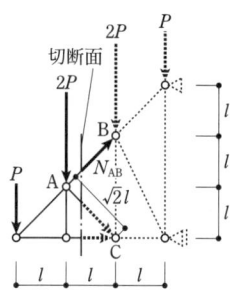

→ 正解 2

**問題2**

右図のC節点において、$\sum Y = 0$ より、$N_1 = 0$ となる。

よって、問題のトラスのB点の斜材は、両方とも $N_1 = 0$ となって、応力は生じない。すると、B節点では、斜材の応力が0であるから、**十字形**に部材と荷重が集まる節点となる（「ここがツボ」図2参照）。

$\sum Y = 0$ より、$N_{AB} = P$（引張力）となる。

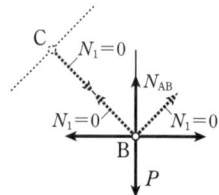

→ 正解 1

## ここがツボ

- **特定の1部材の軸方向力 $N$ を求める問題**は、**切断法による算式解法**を活用して解く。部材の切断点で仮定する軸方向力の向きは、必ず切断点を**引っ張る向き**とする（図1参照）。
- 切断法では、求めようとする軸方向力以外の2力の作用線が交わる点を求め、この点を中心にモーメントを考えると、それらの力の**モーメントが0**となり、2力は消える（図1参照）。
- トラスの節点はピンであるからモーメントの合計は0になり、$\sum M = 0$ より、求めようとする未知の力を含む1元1次方程式をつくり、これを解くことによって解答が得られる。
- トラスにおいて、引張材と圧縮材を見分けるには、**節点を中心**に考える。すなわち、**節点を引く力が引張力**であり、**節点を押す力が圧縮力**である。このとき、当初引っ張る方向に仮定した軸方向力が、「＋」で算出された場合は、仮定が正しいと同時に「**引張力**」であり、「－」で**算出された場合は、仮定が逆である**と同時に、「**圧縮力**」であることを表している。
- トラス部材の応力が0になるなどの例を図2に示す。

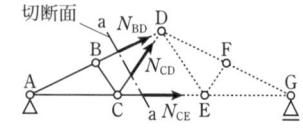

- 軸方向力 $N_{BD}$ を求める
  他の2力の作用線の交点Cを中心にモーメントを考える。
- 軸方向力 $N_{CD}$ を求める
  他の2力の作用線の交点Aを中心にモーメントを考える。
- 軸方向力 $N_{CE}$ を求める
  他の2力の作用線の交点Dを中心にモーメントを考える。

図1　切断法

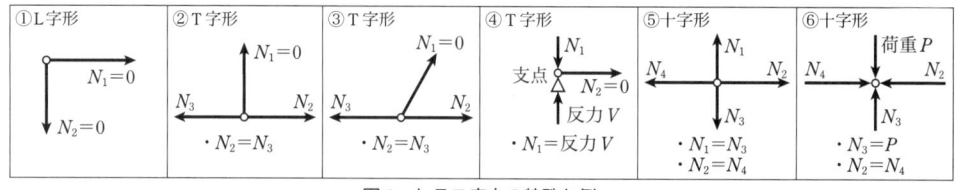

図2　トラス応力の特殊な例

# 4-2 ▷ 平行弦トラス

## 問題 1

図のような荷重を受ける平行弦トラスにおいて、部材 AB に生じる軸方向力として、正しいものは、次のうちどれか。ただし、軸方向力は、引張力を「＋」、圧縮力を「－」とする。

1. $-\dfrac{3\sqrt{2}}{2}P$
2. $-\dfrac{\sqrt{2}}{2}P$
3. $+\dfrac{\sqrt{2}}{2}P$
4. $+\dfrac{3\sqrt{2}}{2}P$

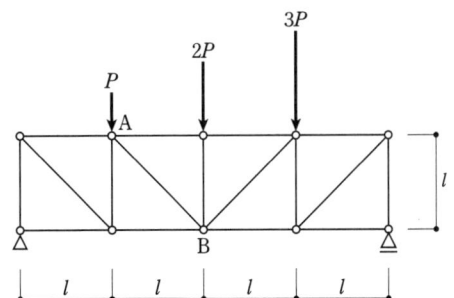

## 問題 2

図のような荷重を受ける平行弦トラスにおいて、部材 AB に生じる軸方向力として、正しいものは、次のうちどれか。ただし、軸方向力は、引張力を「＋」、圧縮力を「－」とする。

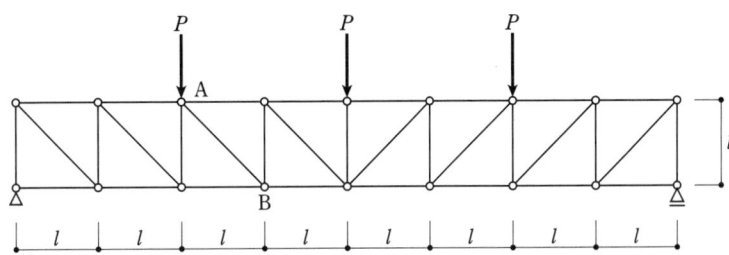

1. $-\sqrt{2}P$
2. $-\dfrac{\sqrt{2}}{2}P$
3. $+\sqrt{2}P$
4. $+\dfrac{\sqrt{2}}{2}P$

## 解答

### 問題 1

平行弦トラスでも、まず最初に、反力を求める（右図参照）。

右図の位置で切断し、切断法で解く。

まず、C 点の反力 $V_C$ を求める。

$\sum M_D = 0$ より、

$V_C \times 4l - P \times 3l - 2P \times 2l - 3P \times l = 0$

$\therefore V_C = \dfrac{3Pl + 4Pl + 3Pl}{4l} = \dfrac{5}{2}P$（上向き）

次に、AB 材の軸方向力 $N_{AB}$ を分解し、鉛直方向の分力を求める。

$Y$ 軸方向の分力 $= N_{AB} \sin 45°$

AB 材の軸方向力を求める。$\sum Y = 0$ より、

$V_C - P - N_{AB} \sin 45° = \dfrac{5}{2}P - P - N_{AB} \sin 45° = 0$

$\therefore N_{AB} = \dfrac{3}{2}P \times \sqrt{2} = \dfrac{3\sqrt{2}}{2}P$（引張力）

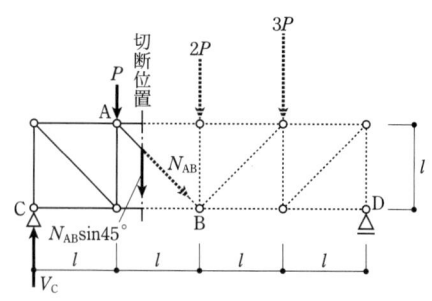

➡ 正解 4

### 問題 2

反力を右図のように仮定する。このとき、トラスの骨組と荷重が対称形であるから、反力は、全荷重の 1/2 になる。

$\therefore V_C = \dfrac{3}{2}P = 1.5P$

AB 部材を含む 3 部材以下の箇所で切断する（右図参照）。

$\sum Y = 0$ より、

$1.5P - P - N_{AB} \sin 45° = 0$

$\therefore N_{AB} = \dfrac{0.5P}{\sin 45°} = \dfrac{P}{2} \times \sqrt{2} = \dfrac{\sqrt{2}}{2}P$（引張力）

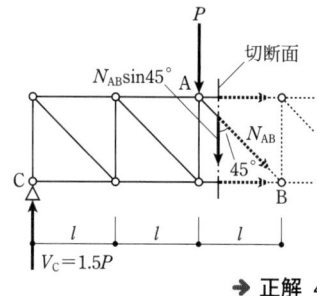

➡ 正解 4

#### ここがツボ

- 平行弦トラスの斜材の軸方向力を求めようとする場合は、上弦材と下弦材の 2 部材が平行線となり、斜材の軸方向力を求めるのに必要な交点が求まらない。このような場合は、斜材の軸方向力 $N$ を $X$ 軸または $Y$ 軸方向に分解して求める。右図のような場合を例にとれば、$N_{CF}$ の $Y$ 軸方向の分力 $N_{CF} \sin 45°$ を用いて、

$\sum Y = 0$ より、

$V_A - (P/2) - P + N_{CF} \sin 45° = 0$

$\therefore N_{CF} = -\dfrac{0.5P}{\sin 45°} = -0.5\sqrt{2}P$（圧縮力）

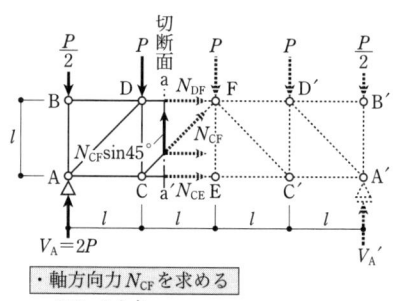

・軸方向力 $N_{CF}$ を求める

$\sum Y = 0$ より、
$V_A - P/2 - P + N_{CF} \sin 45° = 0$
$\therefore N_{CF} = -\dfrac{0.5P}{\sin 45°} = -0.5\sqrt{2}P$（圧縮力）

図　切断法（$\sum Y = 0$ の活用）

# 4-3 ▷ 合成骨組

**問題1**　　　　　　　　　　　　　　　　　　　　　　　　　　　□□□

　図は120kNの荷重が作用し、柱脚に100kN・mの曲げモーメントが生じてつり合ったときの曲げモーメント図を示している。このとき、部材Aの引張力の値として、正しいものは、次のうちどれか。ただし、柱脚は固定とし、他はピン接合とする。また、図中の曲げモーメントは柱の引張縁側に示されている。

1. 20kN
2. 40kN
3. 60kN
4. 80kN

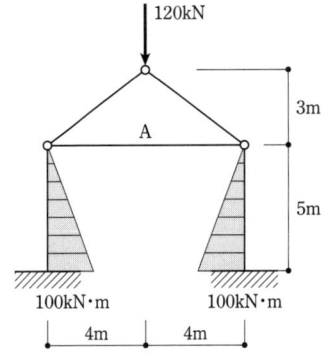

**問題2**　　　　　　　　　　　　　　　　　　　　　　　　　　　□□□

　図のような荷重 $P$ を受ける骨組において、各部材の軸方向力に関する次の記述のうち、最も不適当なものはどれか。

1. AB部分には、引張力が作用している。
2. BD部分には、引張力が作用している。
3. DE部分には、軸方向力が作用していない。
4. EG部分には、圧縮力が作用している。

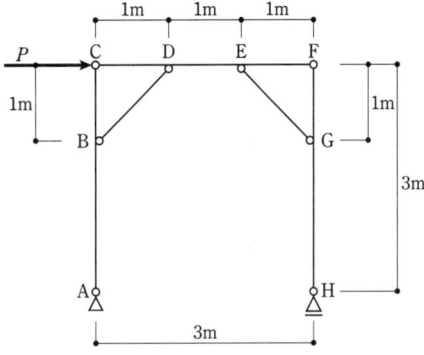

## 解答

**問題 1**

骨組の左半分を考える（右図参照）。左半分の骨組には B 点に作用している 120kN の半分の荷重 60kN が加わる。

この合成骨組のトラス部分は 3：4：5 の直角三角形であるから、C 点に働く水平荷重 $H$ は、$60:H = 3:4$　∴ $H = 60 \times 4/3 = 80$kN

したがって、この時点で部材 A には、引張力として 80kN の応力が働いていることになる。

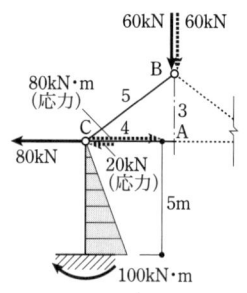

また、柱脚に 100kN・m の曲げモーメントが生じていることから、C 点には左向きの水平内力 20kN（圧縮力相当）が生じていることになる。

よって、部材 A の応力は、引張応力 80kN − 圧縮応力 20kN ＝ 引張応力 **60kN** となる。　➡ **正解 3**

**問題 2**

① 図(a)のように反力の向きを仮定する。

　H 点のつり合いを考えて、$\sum M_H = 0$ より、

　　$-V_A \times 3 + P \times 3 = 0$　∴ $V_A = P$（下向き）

　$\sum Y = 0$ より、$-V_A + V_H = 0$　∴ $V_H = V_A = P$（上向き）

　$\sum X = 0$ より、$P - H_A = 0$　∴ $H_A = P$（左向き）

② 図(b)において、AB 材の軸方向力を求める。

　切断線①で切断し、$N_{AB}$ を引っ張る向きに仮定する。

　$\sum Y = 0$ より、$N_{AB} - V_A = 0$　∴ $N_{AB} = V_A = P$（引張力）

　A 点の反力 $V_A$ は下向きなので、AB 部材には**引張力**が作用する。

③ 次に、BD 材の軸方向力を求める（図(b)参照）。

　$N_{BD}$ を節点を引っ張る向きに仮定して、$\sum M_C = 0$ より、

　　$H_A \times 3 - N_{BD} \cos 45° \times 1 = 0$　∴ $N_{BD} = \dfrac{3P}{\cos 45°} = 3\sqrt{2}P$（引張力）

　よって、BD 部材には**引張力**が作用している（ピンとピンを結ぶ部材には、**軸方向力のみ**が作用する）。このとき、"回転支点側の方づえには、支点に水平反力が働くので、**軸方向力は生じる**"といえる。

④ 図(c)において、DE 材の軸方向力を求める。

　切断線②で切断し、$N_{DE}$ を引っ張る向きに仮定する。

　$\sum X = 0$ より、$N_{DE} = 0$（水平力は $N_{DE}$ のみ）

　DE 材には**軸方向力が生じない**ことになる。

⑤ 図(d)において、EG 材の軸方向力を求める。

　$\sum M_F = 0$ より、$N_{EG} \cos 45° \times 1 = 0$　∴ $N_{EG} = 0$

　EG 部材には**軸方向力が作用していない**。"移動支点側の方づえには、支点に水平反力が働かないので、**軸方向力は生じない**"といえる。　➡ **正解 4**

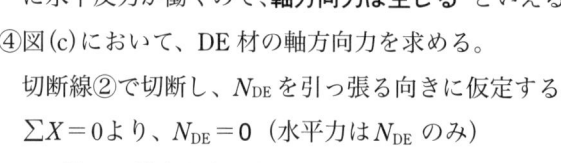
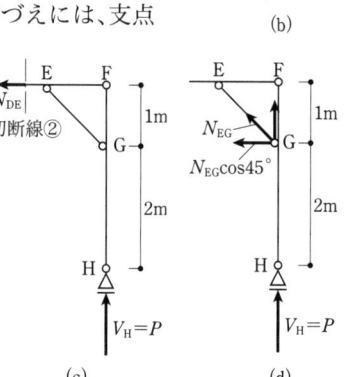
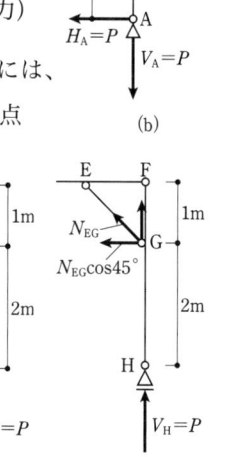

# 05 部材の変形

## 5-1 ▷ たわみとたわみ角

**問題1**

図のような集中荷重 $P$ を受ける梁A（曲げ剛性：$2EI$）および等分布荷重 $w$ を受ける梁B（曲げ剛性：$EI$）において、梁の中央のたわみが互いに等しくなるときの $wl$ と $P$ の比（$wl/P$）の値として、正しいものは、次のうちどれか。

1. 0.625
2. 0.8
3. 1.25
4. 1.6

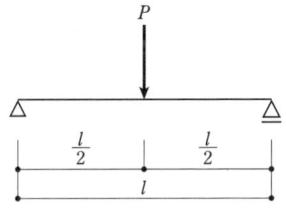

A（曲げ剛性：$2EI$）

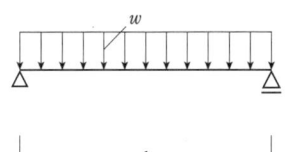

B（曲げ剛性：$EI$）

**問題2**

図1のような等質等断面で曲げ剛性 $EI$ の片持梁のA点に曲げモーメント $M$ が作用すると、自由端A点の回転角は $Ml/EI$ となる。図2のような等質等断面で曲げ剛性 $EI$ の片持梁のA点およびB点に逆向きの二つの曲げモーメントが作用している場合、自由端C点の回転角の大きさとして、正しいものは、次のうちどれか。

1. $0$
2. $\dfrac{Ml}{EI}$
3. $\dfrac{2Ml}{EI}$
4. $\dfrac{3Ml}{EI}$

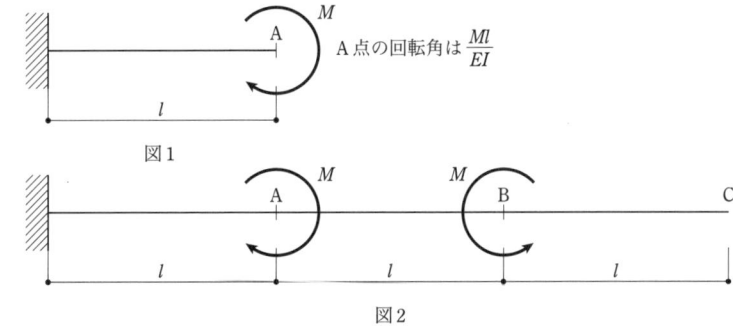

図1

図2

## 解答

**問題 1**

「ここがツボ」の表を活用して解く。

梁 A の中央のたわみ $\delta_A = \frac{1}{48} \times \frac{Pl^3}{2EI} = \frac{Pl^3}{96EI}$、梁 B の中央のたわみ $\delta_B = \frac{5wl^4}{384EI}$

梁 A と梁 B の中央のたわみが等しい条件より、

$\frac{Pl^3}{96EI} = \frac{4Pl^3}{384EI} = \frac{5wl^4}{384EI}$　　よって、$4P = 5wl$　　$\therefore \frac{wl}{P} = \frac{4}{5} = 0.8$

➔ **正解 2**

**問題 2**

A 点にモーメント $M$ が作用したときの回転角 $\theta_A$ は、$\theta_A = \frac{Ml}{EI}$ である。

このとき、A′−B′−C′ は、**変形後も直線**であるから、C 点の回転角 $\theta_{C1}$ は、A 点の回転角 $\theta_A$ に等しく、$\theta_{C1} = \frac{Ml}{EI}$ となる。

＋

次に、B 点にモーメント $M$ が作用したときの回転角 $\theta_B$ は、$\theta_B = \frac{M \cdot 2l}{EI} = \frac{2Ml}{EI}$

このとき、B′−C′ は、**変形後も直線**であるから、C 点の回転角 $\theta_{C2}$ は、B 点の回転角 $\theta_B$ に等しく、$\theta_{C2} = \frac{2Ml}{EI}$ となる。

したがって、$\theta_C = \theta_{C2} - \theta_{C1} = \frac{2Ml}{EI} - \frac{Ml}{EI} = \frac{Ml}{EI}$

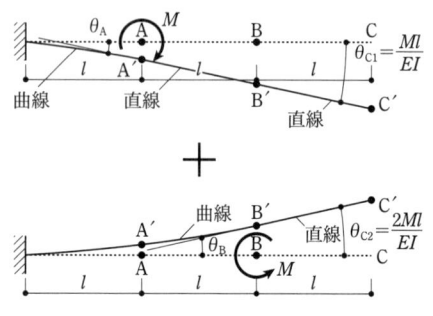

➔ **正解 2**

### ここがツボ

・たわみ・たわみ角の値は、下表の公式を覚えることが重要である。

表　梁のたわみ δ・たわみ角 θ

| | | | | | |
|---|---|---|---|---|---|
| ①  | $\delta = \frac{Pl^3}{3EI}$ $\theta = \frac{Pl^2}{2EI}$ | ②  | $\delta = \frac{wl^4}{8EI}$ $\theta = \frac{wl^3}{6EI}$ | ③  | $\delta = \frac{Ml^2}{2EI}$ $\theta = \frac{Ml}{EI}$ |
| ④  | $\delta = \frac{Pl^3}{48EI}$ $\theta = \frac{Pl^2}{16EI}$ | ⑤  | $\delta = \frac{5wl^4}{384EI}$ $\theta = \frac{wl^3}{24EI}$ | ⑥  | $\delta = \frac{Ml^2}{9\sqrt{3}EI}$ $\theta = \frac{Ml}{3EI}$ |
| ⑦  | $\delta = \frac{Pl^3}{192EI}$ $\theta = 0$ (固定端のたわみ角は 0 である) | ⑧  | $\delta = \frac{wl^4}{384EI}$ $\theta = 0$ | ⑨  | $\delta = \frac{Pl^3}{48EI}$ $\theta = 0$ |

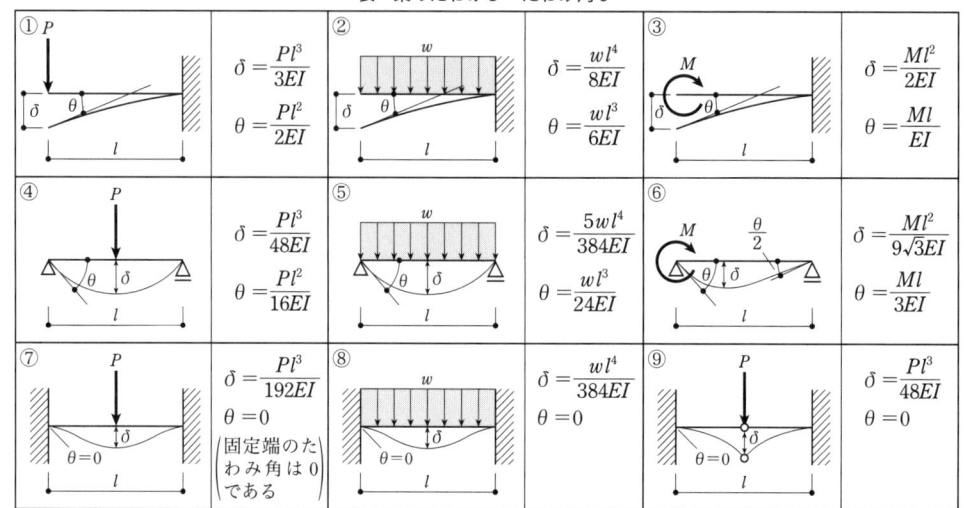

# 5-2 ▷ たわみの比

**問題1**

図のような断面をもつ片持梁AおよびBの先端に荷重Pが作用したとき、曲げによる最大たわみ $\delta_A$ および $\delta_B$ が生じている。梁Aと梁Bの最大たわみの比 $\delta_A/\delta_B$ の値として、正しいものは、次のうちどれか。ただし、梁Aおよび梁Bは同一材質とする。

1. 2
2. 4
3. 8
4. 16

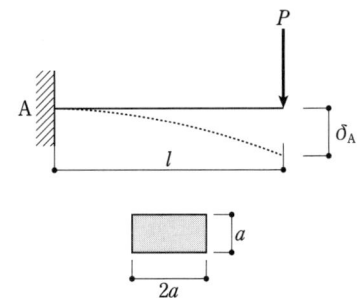
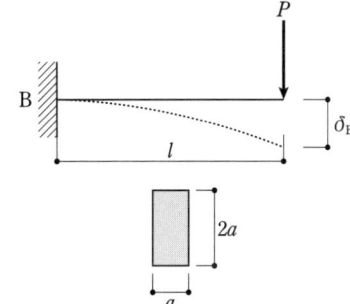

**問題2**

図のような梁Aおよび梁Bに等分布荷重 $w$ が作用したときの曲げによる最大たわみ $\delta_A$ と $\delta_B$ との比として、正しいものは、次のうちどれか。ただし、梁Aおよび梁Bは等質等断面の弾性部材とする。

|   | $\delta_A : \delta_B$ |
|---|---|
| 1. | 1 : 6 |
| 2. | 1 : 48 |
| 3. | 5 : 8 |
| 4. | 5 : 48 |

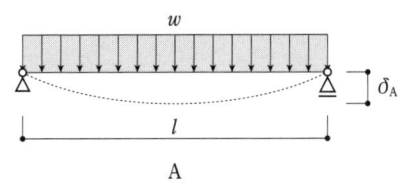

A

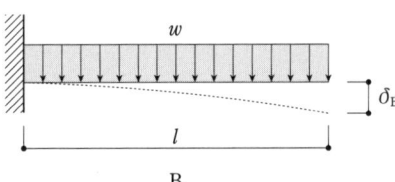

B

■解答

問題1

片持梁のたわみは、$\delta = \dfrac{Pl^3}{3EI}$ より求める。

この問題では、荷重 $P$、スパン $l$、ヤング係数 $E$ が同じであるから、断面二次モーメント $I$ によって決まる。

梁 A の断面二次モーメント $I_A = \dfrac{2a \times a^3}{12} = \dfrac{a^4}{6}$

梁 B の断面二次モーメント $I_B = \dfrac{a \times (2a)^3}{12} = \dfrac{2a^4}{3}$

したがって、$\dfrac{\delta_A}{\delta_B} = \dfrac{Pl^3}{3E \times \dfrac{a^4}{6}} \times \dfrac{3E \times \dfrac{2a^4}{3}}{Pl^3} = \dfrac{6}{a^4} \times \dfrac{2a^4}{3} = 4$

→ 正解 2

問題2

p.28 の「ここがツボ」表より、

梁 A の最大たわみ $\delta_A = \dfrac{5wl^4}{384EI}$

梁 B の最大たわみ $\delta_B = \dfrac{wl^4}{8EI}$

よって、$\delta_A : \delta_B = \dfrac{5wl^4}{384EI} : \dfrac{wl^4}{8EI} = \dfrac{5wl^4}{384EI} : \dfrac{48wl^4}{384EI} = 5 : 48$

→ 正解 4

! ここがツボ

・片持梁に集中荷重が作用したときのたわみの公式（$\delta = Pl^3/3EI$）を覚えていると、単純梁や両端固定梁に集中荷重が作用したときのたわみを、下図のように応用計算して求めることができる。

・等分布荷重が作用する単純梁では、$\delta_{max} = 5wl^4/384EI = 5Wl^3/384EI$ となる。このとき、$W = wl$ で、集中荷重に換算した値である。

・集中荷重が作用する片持梁のたわみ $\delta = Pl^3/3EI$ の $l^3$ の3乗と $EI$ の係数3が同じ数字になる。

・モーメント荷重が作用する片持梁のたわみ $\delta = Ml^2/2EI$ の $l^2$ の2乗と $EI$ の係数2が同じ数字になる。

・等分布荷重が作用する片持梁のたわみ $\delta = wl^4/8EI$ の $l^4$ の4乗に対し $EI$ の係数8が2倍の数字になる（p.28、「ここがツボ」表参照）。

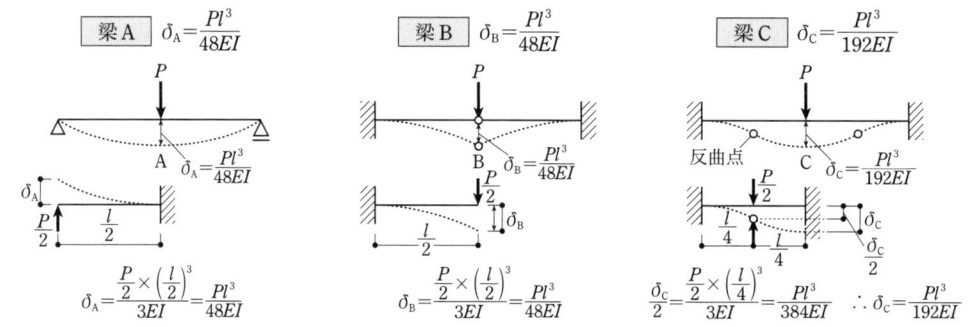

図　梁に集中荷重が作用したときのたわみの応用計算例

# 5-3 ▷ マックスウェル－ベッティの相反定理

### 問題1 □□□

単純梁の中央に集中荷重 $P$ が作用しているときのたわみとして、図1のような値が与えられている。このとき、図2のような荷重状態における梁中央のたわみの大きさとして、正しいものは、次のうちどれか。

1. 0.7cm
2. 1.4cm
3. 2.4cm
4. 3.4cm

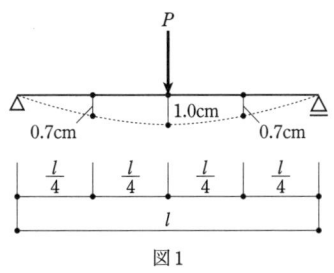

図1

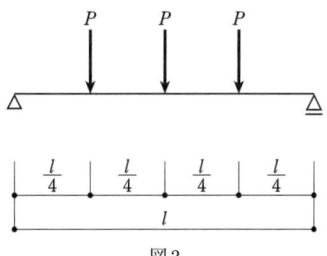

図2

### 問題2 □□□

図1に示す弾性片持梁の自由端Bに曲げモーメント $M$ が作用した場合のA、B点の回転角が、図中に示した値になったとする。このとき、図2のような曲げモーメントがA点、B点に同時に作用したときの自由端の回転角として、正しいものは、次のうちどれか。

1. $3\theta$
2. $4\theta$
3. $5\theta$
4. $6\theta$

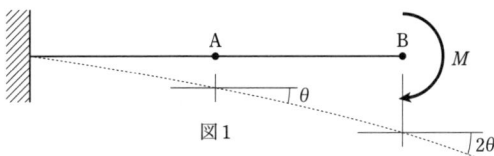

図1

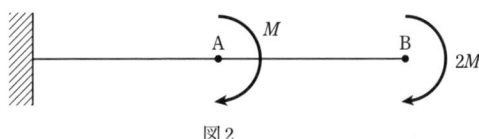

図2

## 解答

### 問題 1

マックスウェル-ベッティの相反定理より求める(「ここがツボ」参照)。

A、B、C 点に別々に荷重 $P$ が作用したときの B 点のたわみを加え合わせて求める。

設問より、右図(a)において、B 点に荷重 $P$ が作用すると、A 点のたわみは 0.7cm である。

右図(b)において、A 点に同じ荷重 $P$ が作用したときの B 点のたわみ $_A\delta_B$ は、下の関係式より求められる。

$$P \times 0.7 = P \times {_A\delta_B} \quad \therefore {_A\delta_B} = 0.7\text{cm}$$

同様に、C 点に荷重 $P$ が作用したときの B 点のたわみも、$_C\delta_B = 0.7$cm となる。

また、B 点に荷重 $P$ が作用したときは、設問より $_B\delta_B = 1.0$cm である。

よって、B 点のたわみ $\delta_B$ は、

$$\delta_B = {_A\delta_B} + {_B\delta_B} + {_C\delta_B} = 0.7 + 1.0 + 0.7 = \mathbf{2.4\text{cm}}$$

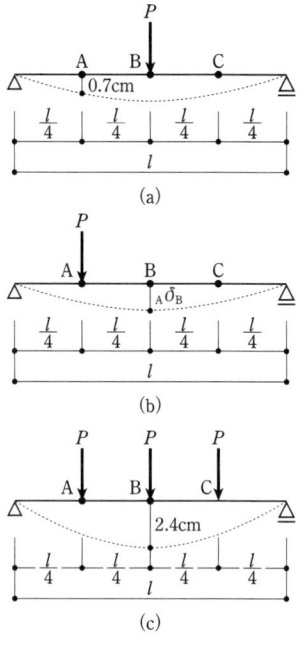

→ 正解 3

### 問題 2

マックスウェル-ベッティの相反定理で求める(「ここがツボ」参照)。

設問の図1と右図(a)において、A 点に曲げモーメント $M$ が作用したとき、$M \times \theta = M \times \theta_{B1} \quad \therefore \theta_{B1} = \theta$

設問の図1と右図(b)において、B 点に曲げモーメント $2M$ が作用したとき、$2M \times 2\theta = M \times \theta_{B2} \quad \therefore \theta_{B2} = 4\theta$

よって、B 点のたわみ角 $\theta_B$ は、$\theta_B = \theta_{B1} + \theta_{B2} = \theta + 4\theta = \mathbf{5\theta}$

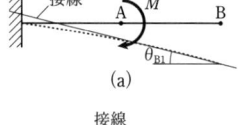
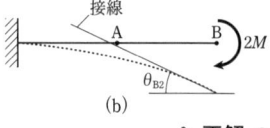

→ 正解 3

## ここがツボ

- 下図のように、梁に集中荷重やモーメント荷重が作用するとき、たわみやたわみ角を求める**マックスウェル-ベッティの相反定理**と呼ばれる次のような関係式が成り立つ。この式を暗記しておくと簡単に解くことができる問題があるので、確実に覚えることが大切である。

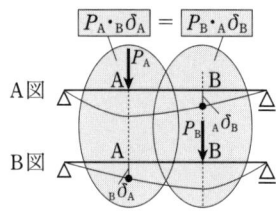
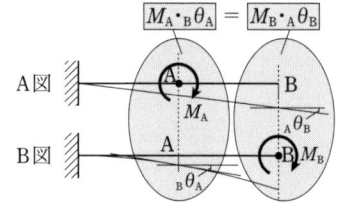

(a) 集中荷重とたわみの関係　　(b) モーメント荷重とたわみの関係

図 マックスウェル-ベッティの相反定理

# 06 不静定構造物

## 6-1 ▷ 不静定梁

**問題 1**

図のような等質等断面の一端固定・他端移動の梁の全長にわたって等分布荷重 $w$ が作用している場合、A 点の鉛直反力 $R$ の大きさとして、正しいものは、次のうちどれか。ただし、梁の自重は無視するものとする。なお、長さ $l$ で全長にわたって曲げ剛性 $EI$ が一定である片持梁における先端のたわみは、先端に集中荷重 $P$ が作用している場合は $Pl^3/3EI$、全長にわたって等分布荷重 $w$ が作用している場合は $wl^4/8EI$ である。

1. $\dfrac{1}{4}wl$
2. $\dfrac{3}{8}wl$
3. $\dfrac{1}{2}wl$
4. $\dfrac{5}{8}wl$

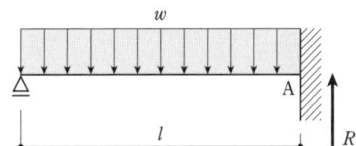

**問題 2**

同じ単純梁が等分布荷重 $w$ および集中荷重 $P$ を受ける場合の梁の中央の鉛直変位が、図 1 の (a) および (b) のように与えられている。図 1 の梁と同一断面、同一材質からなる図 2 の梁の A 点の鉛直反力 $R_A$ と B 点の鉛直反力 $R_B$ の大きさの比として、正しいものは、次のうちどれか。ただし、梁の自重は無視するものとする。

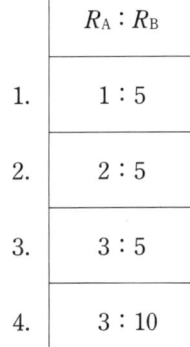

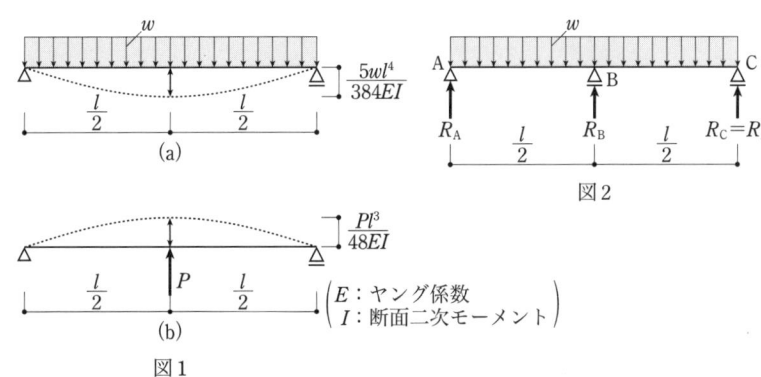

|   | $R_A : R_B$ |
|---|---|
| 1. | $1 : 5$ |
| 2. | $2 : 5$ |
| 3. | $3 : 5$ |
| 4. | $3 : 10$ |

## ■解答

### 問題1

片持梁のたわみを活用した**不静定梁の解法**である。

片持梁に等分布荷重 $w$ が作用するときの B 点のたわみは、

$$\delta_{B1} = \frac{wl^4}{8EI} \text{（右図(b)および p.28、「ここがツボ」表中②参照）}$$

片持梁の先端に反力 $V_B$ を作用させたときの B 点のたわみは、

$$\delta_{B2} = \frac{V_B l^3}{3EI} \text{（右図(c)および p.28、「ここがツボ」表中①参照）}$$

このとき、移動端 B は上下の移動はない（右図(a)参照）。

したがって、$\delta_{B1} = \delta_{B2}$ であるから、

$$\frac{wl^4}{8EI} = \frac{V_B l^3}{3EI} \quad \therefore V_B = \frac{wl^4}{8EI} \times \frac{3EI}{l^3} = \frac{3}{8}wl$$

A 点の鉛直反力 $R = wl - \frac{3}{8}wl = \frac{5}{8}wl$

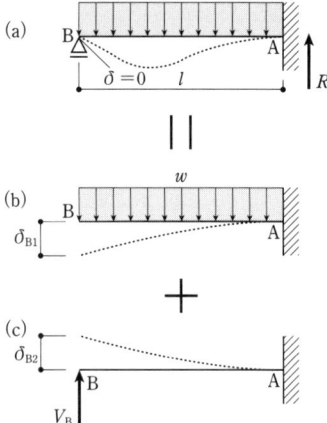

➡ 正解 4

### 問題2

設問の図2において、梁中央の B 点のたわみは 0 である。よって、$\delta_B = 0$

設問の図1(b)において、$P = R_B$ とおく。

$$\delta_B = \frac{5wl^4}{384EI} - \frac{R_B l^3}{48EI} = 0 \quad \therefore R_B = \frac{5wl^4}{384EI} \times \frac{48EI}{l^3} = \frac{5wl}{8} = \frac{10wl}{16} = P$$

また、反力 $R_A = \frac{wl}{2} - \frac{P}{2} = \frac{wl}{2} - \frac{1}{2} \times \frac{10wl}{16} = \frac{3wl}{16}$

$$\therefore R_A : R_B = \frac{3wl}{16} : \frac{10wl}{16} = 3 : 10$$

➡ 正解 4

### ここがツボ

・下表に各種の梁の曲げモーメント図とその値を示す。

表 各種の梁の曲げモーメント図とその値

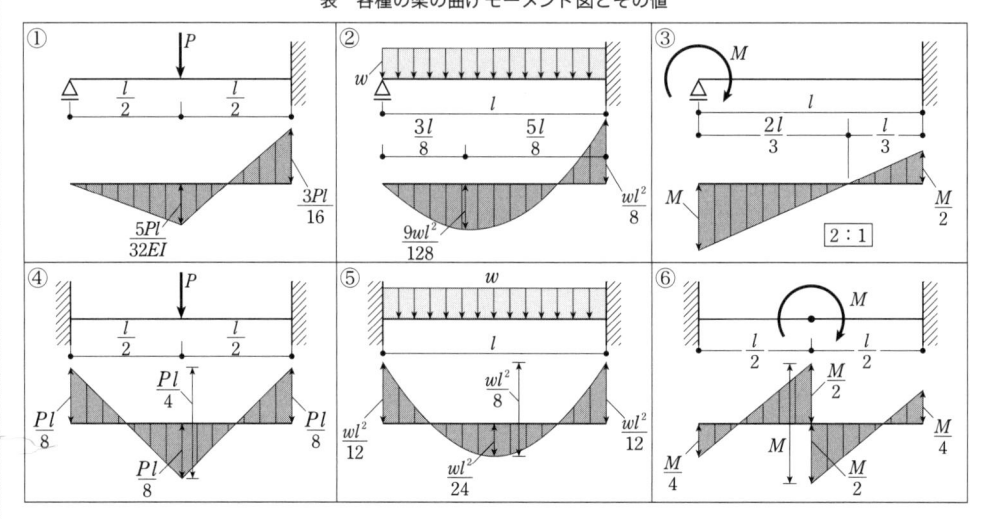

## 6-2 ▷ 不静定ラーメン（固定モーメント法）

**問題 1** □□□

図のような荷重 $P$ を受けるラーメンの曲げモーメント図として、正しいものは、次のうちどれか。ただし、すべての部材は、等質等断面とし、図の A 点は自由端、B 点は剛接合とする。また、曲げモーメントは材の引張側に描くものとする。

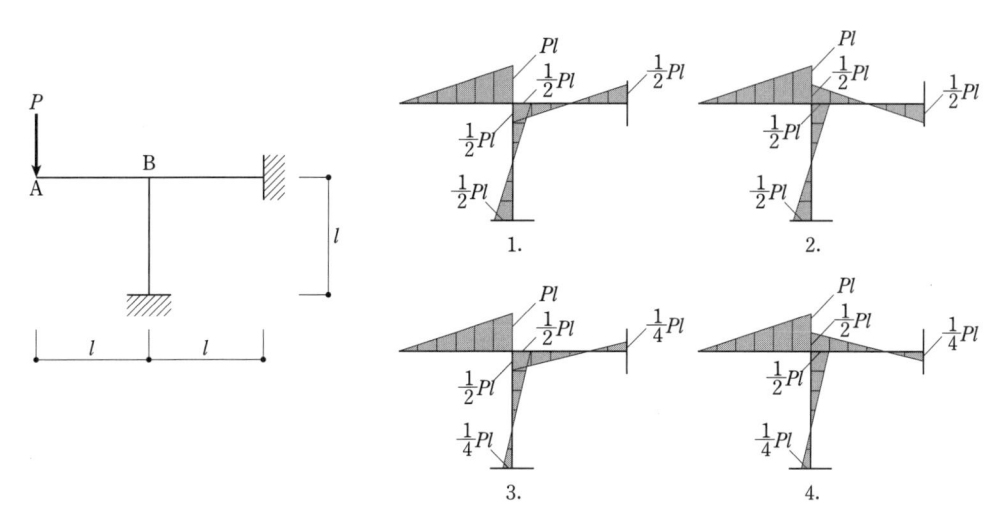

**問題 2** □□□

図のような集中荷重 $P$ を受けるラーメンの曲げモーメント図として、正しいものは、次のうちどれか。ただし、柱と梁の剛比は等しいものとし、曲げモーメント図は引張側に描くものとする。また、$M_0 = Pl/32$ とする。

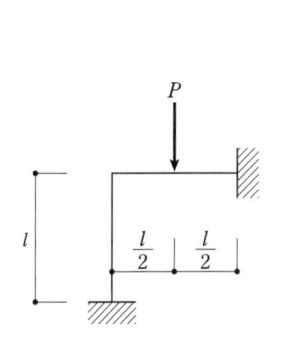

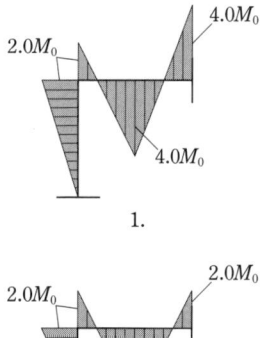

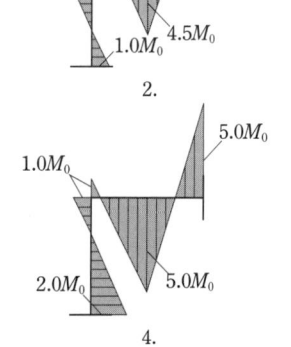

## ■解答
問題1

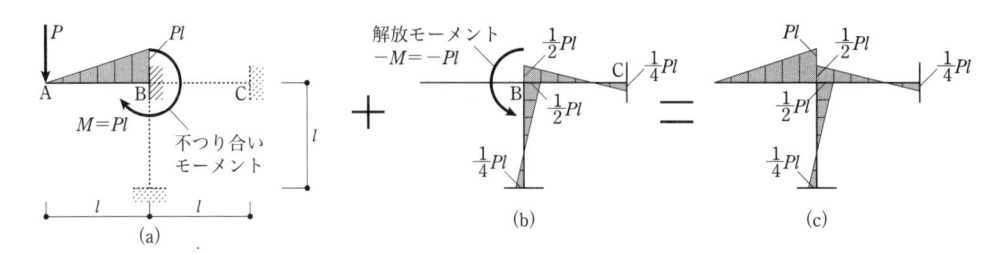

上図(a)において、B点を固定端にするため、B点に**不つり合いモーメント** $M = Pl$ を加える。B点を固定端にすることによって、AB材を片持梁とみなすと、図(a)のような曲げモーメント図が描ける。次に、図(b)のように、固定端を解除するため、不つり合いモーメントと反対向きの**解放モーメント** $-M = -Pl$ を加えて、図(b)のような曲げモーメント図を描く。

このとき、柱と梁の剛比が等しいから、**分割モーメント**は、解放モーメントの1/2となり、それぞれの分割モーメントは $M = -Pl/2$ となる。また、**到達モーメント**は分割モーメントの1/2となるから（p.34、「ここがツボ」表中③参照）、$M = -Pl/4$ となる。

したがって、正解の曲げモーメント図は、図(a)の曲げモーメント図と図(b)の曲げモーメント図を加え合わせた図(c)の曲げモーメント図となる。

→ **正解 4**

問題2

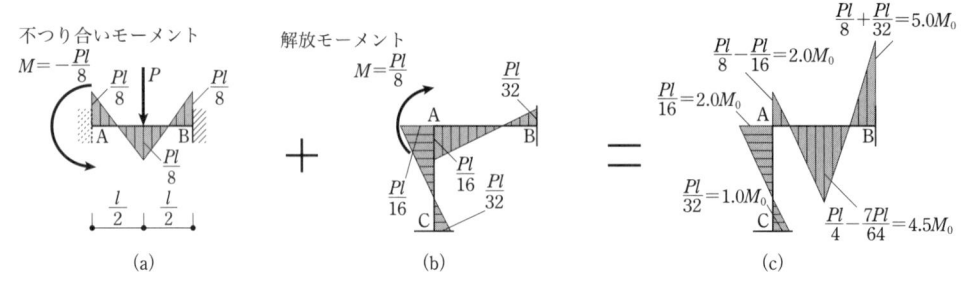

図(a)において**不つり合いモーメント**を加えて曲げモーメント図を描き、図(b)で**解放モーメント**を加えて曲げモーメント図を描く。

柱と梁の剛比が等しいから、**分割モーメント**は、解放モーメントの1/2で、$M = +Pl/16$ となり、**到達モーメント**は、分割モーメントの1/2となるから、$M = +Pl/32$ となる。

正解の曲げモーメント図は、図(a)の曲げモーメント図と図(b)の曲げモーメント図を加え合わせた図(c)の曲げモーメント図となる。

◆曲げモーメント図の値

梁の左端 $M = \dfrac{Pl}{8} - \dfrac{Pl}{16} = \dfrac{Pl}{16} = 2.0 M_0$　　　梁の右端 $M = \dfrac{Pl}{8} + \dfrac{Pl}{32} = \dfrac{5Pl}{32} = 5.0 M_0$

柱の上端 $M = \dfrac{Pl}{16} = 2.0 M_0$　　　　　　　柱の下端 $M = \dfrac{Pl}{32} = 1.0 M_0$

梁中央 $M = \dfrac{Pl}{4} - \dfrac{1}{2} \times \left( \dfrac{Pl}{16} + \dfrac{5Pl}{32} \right) = \dfrac{Pl}{4} - \dfrac{7Pl}{64} = \dfrac{9Pl}{64} = 4.5 M_0$

→ **正解 2**

# 6-3 ▷ 層間変位・水平剛性

## 問題1

図のような水平力が作用する3階建の建築物A、B、Cにおいて、それぞれの「3階の床レベル」の「1階の床レベル」に対する水平変位を $\delta_A$、$\delta_B$、$\delta_C$ とした場合、それらの大小関係として、正しいものは、次のうちどれか。ただし、各建築物に作用する水平力および各階の水平剛性は、図中に示すとおりであり、また、梁は剛体とし、柱の伸縮はないものとする。

1. $\delta_A > \delta_B > \delta_C$
2. $\delta_B > \delta_A > \delta_C$
3. $\delta_B > \delta_C > \delta_A$
4. $\delta_C > \delta_B > \delta_A$

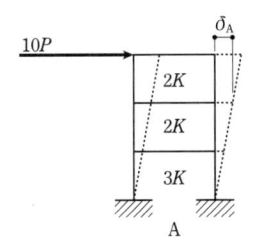

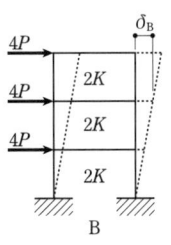

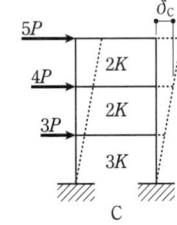

## 問題2

図のような水平力が作用する三層構造物において、各層の層間変位が等しくなるときの各層の水平剛性 $K_1$、$K_2$、$K_3$ の比として、正しいものは次のうちどれか。ただし、梁は剛体とし、柱の伸縮はないものとする。

| | $K_1 : K_2 : K_3$ |
|---|---|
| 1. | 2 : 3 : 4 |
| 2. | 2 : 5 : 9 |
| 3. | 4 : 3 : 2 |
| 4. | 9 : 7 : 4 |

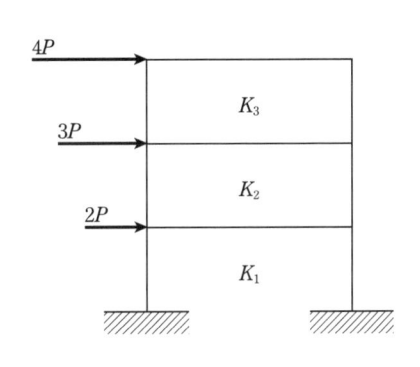

## 解答

**問題1**

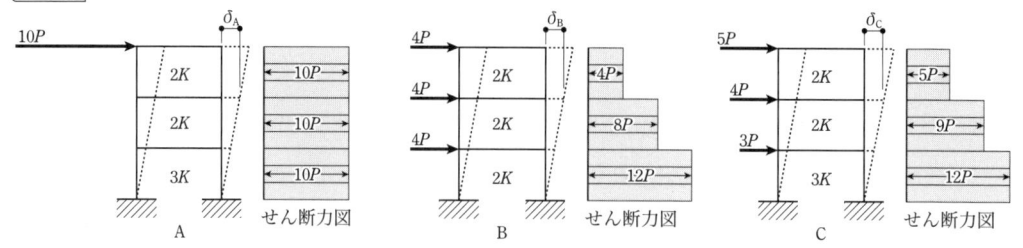

各層の層間変位は、$\delta = \dfrac{Q\,(層せん断力)}{K\,(水平剛性)}$ より求める。

層せん断力 $Q$ は、3階の床レベルの値を用いる。

$$\delta_{A1} = \dfrac{Q_1}{K_1} = \dfrac{10P}{3K},\quad \delta_{A2} = \dfrac{Q_2}{K_2} = \dfrac{10P}{2K}\quad \therefore \delta_A = \delta_{A1} + \delta_{A2} = \dfrac{10P}{3K} + \dfrac{10P}{2K} = \dfrac{50P}{6K}$$

同様に、$\delta_B = \delta_{B1} + \delta_{B2} = \dfrac{12P}{2K} + \dfrac{8P}{2K} = \dfrac{20P}{2K} = \dfrac{60P}{6K}$　　$\delta_C = \delta_{C1} + \delta_{C2} = \dfrac{12P}{3K} + \dfrac{9P}{2K} = \dfrac{51P}{6K}$

よって、$\delta_B > \delta_C > \delta_A$ となる。

→ **正解 3**

**問題2**

層間変位 $\delta = Q/K$ を活用して解く。

各層の層間変位は、一層 $\delta_1 = \dfrac{Q_1}{K_1} = \dfrac{4P+3P+2P}{K_1} = \dfrac{9P}{K_1}$、二層 $\delta_2 = \dfrac{Q_2}{K_2} = \dfrac{4P+3P}{K_2} = \dfrac{7P}{K_2}$、三層 $\delta_3 = \dfrac{Q_3}{K_3} = \dfrac{4P}{K_3} = \dfrac{4P}{K_3}$　このとき、各層の層間変位は等しい条件、$\delta_1 = \delta_2 = \delta_3$ より、$\dfrac{9P}{K_1} = \dfrac{7P}{K_2} = \dfrac{4P}{K_3}$

したがって、$K_1 : K_2 : K_3 = 9 : 7 : 4$

→ **正解 4**

### ここがツボ

- 右図のように、ラーメンに水平力が作用すると、骨組は変形する。このとき、一層と二層、二層と三層など、それぞれの層間に変位が生じる。
- **層間変位 $\delta$** は、水平剛性 $K$ に反比例し、次式から求める。

  層間変位 $\delta = \dfrac{Q}{K} = \dfrac{層せん断力}{水平剛性}$

- **水平剛性 $K$** は、「単位水平変位 $\delta = 1$ を生じさせるのに必要な水平力」として定義されている。
- 右表より、「**水平剛性 $K$ は、曲げ剛性 $EI$ に比例し、柱の長さ $h$ の3乗に反比例する**」。また、水平剛性 $K$ は、両端の支持条件によって変化し、その大きさが異なる。
- 右表より、両端固定は一端固定・他端ピンより4倍強い。
- 各層の層間変位 $\delta$ が等しいとき、水平剛性 $K$ の比は層せん断力 $Q$(その層より上部の水平力の総和) の比となる。
- 層せん断力 $Q$ は、その構造物を片持梁とみなして、そのときのせん断力として求める。

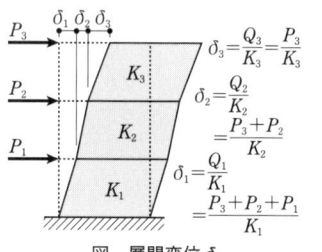

図　層間変位 $\delta$

$\delta_3 = \dfrac{Q_3}{K_3} = \dfrac{P_3}{K_3}$

$\delta_2 = \dfrac{Q_2}{K_2} = \dfrac{P_3+P_2}{K_2}$

$\delta_1 = \dfrac{Q_1}{K_1} = \dfrac{P_3+P_2+P_1}{K_1}$

表　水平剛性 $K$

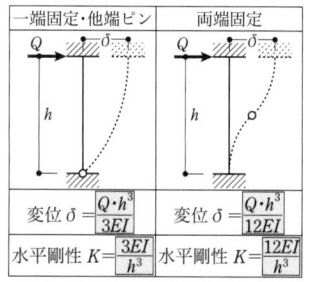

| 一端固定・他端ピン | 両端固定 |
|---|---|
| 変位 $\delta = \dfrac{Q \cdot h^3}{3EI}$ | 変位 $\delta = \dfrac{Q \cdot h^3}{12EI}$ |
| 水平剛性 $K = \dfrac{3EI}{h^3}$ | 水平剛性 $K = \dfrac{12EI}{h^3}$ |

# 6-4 ▷ 柱の負担せん断力

## 問題 1  □□□

図のようなラーメンに水平力 $P$ が作用する場合、柱A、B、C に生じるせん断力をそれぞれ $Q_A$、$Q_B$、$Q_C$ としたとき、せん断力 $Q_A$、$Q_B$、$Q_C$ の比として、正しいものは、次のうちどれか。ただし、それぞれの柱は等質等断面の弾性部材で、曲げ剛性は $EI$ または $2EI$ であり、梁は剛体とする。

| | $Q_A : Q_B : Q_C$ |
|---|---|
| 1. | $1 : 2 : 4$ |
| 2. | $1 : 2 : 8$ |
| 3. | $2 : 1 : 8$ |
| 4. | $4 : 2 : 1$ |

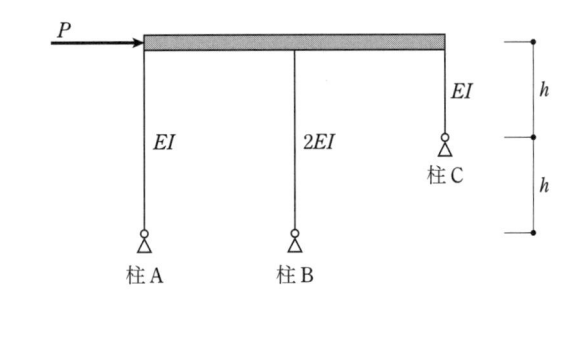

## 問題 2  □□□

図のような骨組に水平荷重100kNが作用したとき、部材BCの引張力 $T$ は50kNであった。このとき、柱ABのA点における曲げモーメントの絶対値として、正しいものは、次のうちどれか。ただし、梁は剛体とし、柱 AB および CD は等質等断面で伸縮はないものとする。

1. 30.0 kN・m
2. 37.5 kN・m
3. 45.0 kN・m
4. 60.0 kN・m

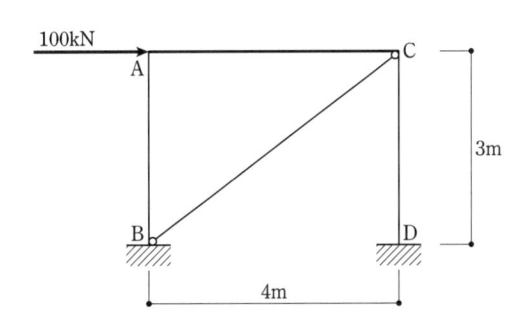

## 解答

**問題1**

層せん断力 $Q$ は、一端ピン、他端固定の水平剛性 $K=\dfrac{3EI}{h^3}$ に比例する（p.38、「ここがツボ」表参照）。

$$\therefore Q_A : Q_B : Q_C = K_A : K_B : K_C = \frac{3EI}{(2h)^3} : \frac{3 \times 2EI}{(2h)^3} : \frac{3EI}{h^3}$$

$$= \frac{3EI}{8h^3} : \frac{6EI}{8h^3} : \frac{24EI}{8h^3} = 3 : 6 : 24 = 1 : 2 : 8$$

→ 正解 2

**問題2**

筋かい BC の軸方向力 50kN の水平方向の分力を求める。このとき、△ABC は、3：4：5 の直角三角形である。

$$水平分力\ H = T \times \cos\theta = 50 \times \frac{4}{5} = 40\text{kN}$$

柱1本が負担する水平力は、$Q = \dfrac{100-40}{2} = 30\text{kN}$

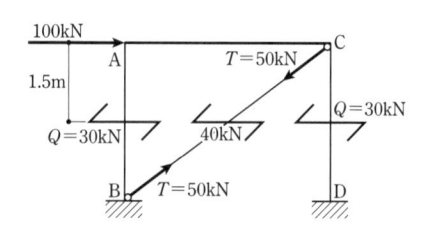

柱の反曲点の位置は、柱脚は固定端、梁は剛体であるから、**柱 AB の中央**にある。

よって、A 点の曲げモーメントは、$M = 30\text{kN} \times 1.5\text{m} = \mathbf{45.0\text{kN}\cdot\text{m}}$ となる。

→ 正解 3

---

### ここがツボ

- 各層に作用する**層せん断力** $Q_i$ は、その層の各柱が負担する**せん断力の総和**となる（下図参照）。
- その層の水平剛性 $K$ は、$K = \dfrac{Q}{\delta}$ である。
- その層の負担せん断力 $Q$ は、$\boxed{Q = K \cdot \delta}$ となる。また、変位 $\delta$ は、$\delta = \dfrac{Q}{K}$ となる。
- 同一層では $\delta$ は同じ値であるから、「**各柱の負担せん断力 $Q$ は、各柱の水平剛性 $K$ に比例する**」といえる。
- 水平剛性 $K$ が大きくなると、抵抗の度合いが大きくなって、層間変位 $\delta$ は小さくなる。
- 水平力 $P$ が大きくなると、層せん断力 $Q$ が大きくなり、柱1本当たりの負担力も大きくなる。

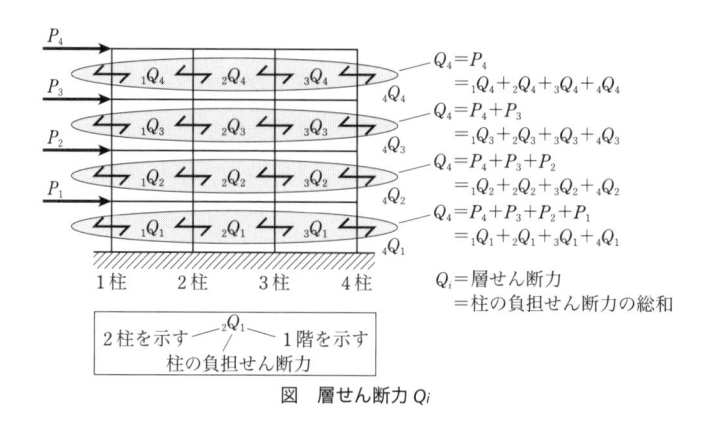

図 層せん断力 $Q_i$

# 6-5 ▷ 長方形ラーメン（D値法）

### 問題1 □□□

　図は、ある二層構造物の各階に水平荷重が作用したときのラーメンの応力のうち、柱の曲げモーメントを示したものである。このとき、図中のⒶ～Ⓓそれぞれの値として、誤っているものは、次のうちどれか。

1. 梁のせん断力Ⓐは、2.5kN
2. 梁のせん断力Ⓑは、3.0kN
3. 柱のせん断力Ⓒは、4.5kN
4. 柱のせん断力Ⓓは、7.0kN

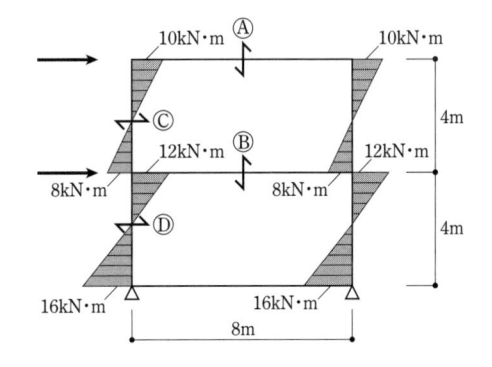

### 問題2 □□□

　図は、ある二層構造物の各階に水平荷重が作用したときのラーメンの応力のうち、柱の曲げモーメントを示したものである。このとき、図中のⒶ～Ⓓそれぞれの値として、誤っているものは、次のうちどれか。

1. 2階の床の水平力Ⓐは、160kN
2. 地中梁のせん断力Ⓑは、42.5kN
3. 柱の軸方向力Ⓒは、97.5kN
4. 支点の反力Ⓓは、140kN

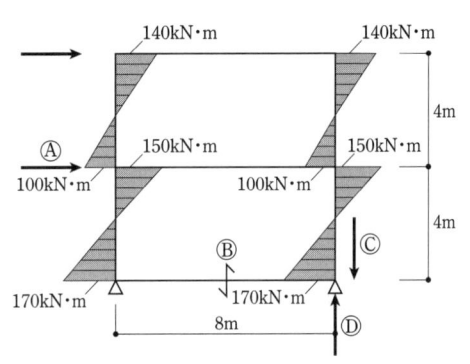

■ 解答

問題1

2階の梁のせん断力Ⓐは、左右の梁の曲げモーメントの和をスパンで除して求める。

$$Ⓐ = \frac{M_{左端} + M_{右端}}{l_{スパン}} = \frac{10+10}{8} = \frac{20}{8} = 2.5\text{kN} \quad \text{OK}$$

1階の梁のせん断力Ⓑも、左右の梁の曲げモーメントの和をスパンで除して求める。このとき、梁の曲げモーメントは、柱の上端と下端の和となる。

$$Ⓑ = \frac{M_{左端} + M_{右端}}{l_{スパン}} = \frac{(8+12)+(8+12)}{8} = \frac{40}{8} = 5.0\text{kN} \quad \text{NG}$$

2階の柱のせん断力Ⓒは、柱の上端と下端の曲げモーメントの和を階高で除して求める。

$$Ⓒ = \frac{M_{柱頭} + M_{柱脚}}{h_{階高}} = \frac{10+8}{4} = \frac{18}{4} = 4.5\text{kN} \quad \text{OK}$$

1階の柱のせん断力Ⓓも、柱の上端と下端の曲げモーメントの和を階高で除して求める。

$$Ⓓ = \frac{M_{柱頭} + M_{柱脚}}{h_{階高}} = \frac{12+16}{4} = \frac{28}{4} = 7.0\text{kN} \quad \text{OK}$$

→ 正解 2

問題2

$$2階の床の水平力Ⓐ = \frac{150+170}{4} \times 2 - \frac{140+100}{4} \times 2 = 160 - 120 = 40\text{kN} \quad \text{NG}$$

$$地中梁のせん断力Ⓑ = \frac{170+170}{8} = \frac{340}{8} = 42.5\text{kN} \quad \text{OK}$$

$$柱の軸方向力Ⓒ = \frac{140+140}{8} + \frac{(100+150)+(100+150)}{8} = \frac{280}{8} + \frac{500}{8} = 35 + 62.5 = 97.5\text{kN} \quad \text{OK}$$

$$支点の反力Ⓓ = Ⓑ + Ⓒ = 42.5 + 97.5 = 140\text{kN} \quad \text{OK}$$

→ 正解 1

! ここがツボ

①柱の曲げモーメント $M$ から柱のせん断力 $Q$ を求めるには、次式で計算する。

> 柱のせん断力 $Q$ =(柱頭の曲げモーメント $M$ +柱脚の曲げモーメント $M$)/階高 $h$

②柱のせん断力 $Q$ から水平荷重 $P$ の大きさを求めるには、次式で計算する。

> 屋上の床レベルに作用する水平荷重 $P_2 = Q_2$(2階の柱のせん断力の総和)
> 2階の床レベルに作用する水平荷重 $P_1 = Q_1$(1階の柱のせん断力の総和)$- P_2$

③柱の曲げモーメント $M$ から梁の曲げモーメント $M$ を求めるには、以下の方法による。

> 最上階の梁の外端の $M$ は、柱の上端の曲げモーメント $M$ と同じ値である。
> 最上階の梁の内端の $M$ は、柱の上端の $M$ を両側の梁の剛比に応じて配分する。
> 途中階の梁の外端の $M$ は、柱の上端の $M$ と下端の $M$ の和とする。
> 途中階の梁の内端の $M$ は、柱の上端の $M$ と下端の $M$ の和を両側の梁の剛比に応じて配分する。

④梁の曲げモーメント $M$ から梁のせん断力 $Q$ を求めるには、以下の方法による。

> 梁のせん断力 $Q$ =(梁右端の曲げモーメント $M$ +梁左端の曲げモーメント $M$)/スパン $l$

⑤梁のせん断力 $Q$ から柱の軸方向力 $N$ を求めるには、以下の方法による。

> 外柱の軸方向力 $N$ は、上階から梁のせん断力 $Q$ を順次加えていく。
> 内柱の軸方向力 $N$ は、左右の梁のせん断力 $Q$ の差を順次加えていく。
> 左右の梁のせん断力 $Q$ が等しいときは、中柱の軸方向力 $N$ は $0$ となる。

# 07 座屈と振動

## 7-1 ▷ 弾性座屈荷重①

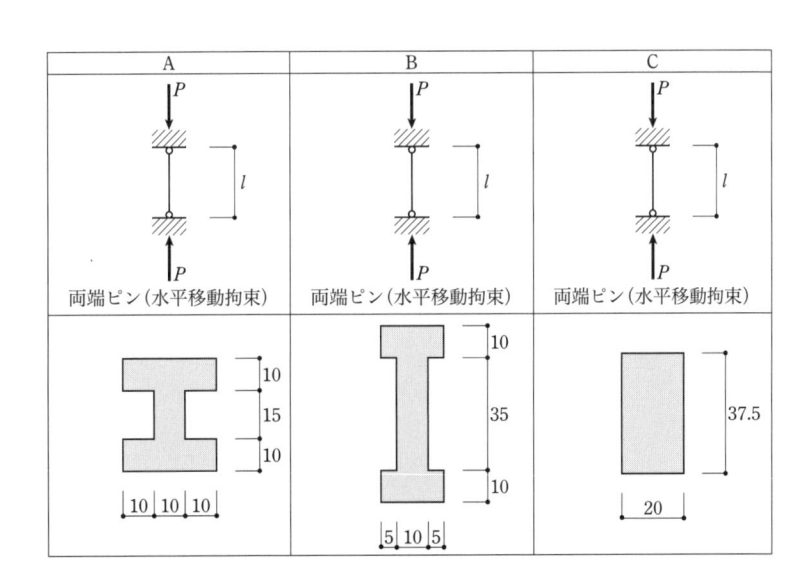

**問題1**

図のような構造物 A、B、C の弾性座屈荷重をそれぞれ $P_A$、$P_B$、$P_C$ としたとき、それらの大小関係として、正しいものは、次のうちどれか。ただし、すべての柱は、等質等断面であり、梁は剛体とし、柱および梁の重量は無視するものとする。

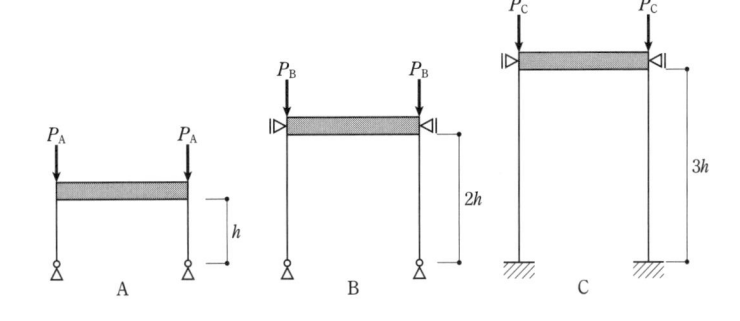

1. $P_A = P_B > P_C$
2. $P_A = P_C > P_B$
3. $P_B > P_A > P_C$
4. $P_B > P_C > P_A$

**問題2**

図のような支持条件および断面で同一材質からなる柱 A、B、C において、中心圧縮の弾性座屈荷重の理論値 $P_A$、$P_B$、$P_C$ の大小関係として、正しいものは、次のうちどれか。ただし、図中における寸法の単位は cm とする。

1. $P_A > P_C > P_B$
2. $P_B > P_A > P_C$
3. $P_B > P_C > P_A$
4. $P_C > P_A > P_B$

## 解答

**問題1**

弾性座屈荷重は、$P_e = \dfrac{\pi^2 EI}{l_k^2}$ より求める。

座屈長さ $l_k$ は、柱の両端の支持条件によって係数が与えられている（「ここがツボ」表参照）。

柱Aの支持状態は、一端ピン・他端固定であり、水平移動が可能である。

したがって、座屈長さは、$l_k = 2h$ となる。　$P_A = \dfrac{\pi^2 EI}{(2h)^2} = \dfrac{\pi^2 EI}{4h^2}$

柱Bの支持状態は、一端ピン・他端固定であり、水平移動は拘束されている。

したがって、座屈長さは、$l_k = 0.7 \times 2h = 1.4h$ となる。　$P_B = \dfrac{\pi^2 EI}{(1.4h)^2} = \dfrac{\pi^2 EI}{1.96h^2}$

柱Cの支持状態は、両端固定であり、水平移動は拘束されている。

したがって、座屈長さは、$l_k = 0.5 \times 3h = 1.5h$ となる。　$P_C = \dfrac{\pi^2 EI}{(1.5h)^2} = \dfrac{\pi^2 EI}{2.25h^2}$

よって、$P_B > P_C > P_A$ の順になる。

→ **正解 4**

**問題2**

弾性座屈荷重は、$P_e = \dfrac{\pi^2 EI}{l_k^2}$ より求めるが、このとき、座屈長さ $l_k$ とヤング係数 $E$ が等しいから、その大小関係は、断面二次モーメント $I$ の大小関係によって決まる。

座屈を考えるときの断面二次モーメント $I$ は、**弱軸（断面二次モーメントが最小になる軸）**について計算する（p.46、「ここがツボ」参照）。

$I_A = \dfrac{10 \times 30^3}{12} \times 2 + \dfrac{15 \times 10^3}{12} = \dfrac{540000 + 15000}{12} = 46250 \text{cm}^4$

$I_B = \dfrac{10 \times 20^3}{12} \times 2 + \dfrac{35 \times 10^3}{12} = \dfrac{160000 + 35000}{12} = 16250 \text{cm}^4$

$I_C = \dfrac{37.5 \times 20^3}{12} = \dfrac{300000}{12} = 25000 \text{cm}^4$

よって、弾性座屈荷重 $P_e$ は、断面二次モーメント $I$ に比例するから、$I_A > I_C > I_B$ の順になるので、弾性座屈荷重は、$P_A > P_C > P_B$ の順となる。

→ **正解 1**

### ここがツボ

- 弾性座屈荷重 $P_e$ とは、部材の中心に圧縮力を受けて、弾性域で座屈し始める荷重をいう。

$$P_e = \dfrac{\pi^2 EI}{l_k^2}$$

座屈長さ $l_k = c \cdot l$
　　　　$c$：係数（右表参照）
　　　　$l$：材長

- この公式では、**材料の強さや部材の断面積**に関係なく求めることができる。

表　座屈長さ $l_k$（中心圧縮材の場合）

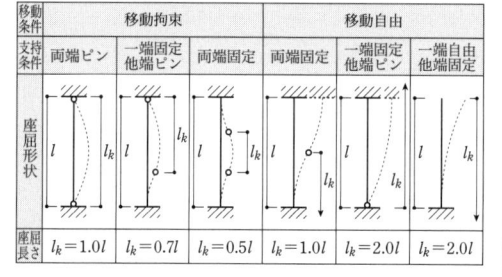

| 移動条件 | 移動拘束 | | | 移動自由 | | |
|---|---|---|---|---|---|---|
| 支持条件 | 両端ピン | 一端固定 他端ピン | 両端固定 | 両端固定 | 一端固定 他端ピン | 一端自由 他端固定 |
| 座屈長さ | $l_k = 1.0l$ | $l_k = 0.7l$ | $l_k = 0.5l$ | $l_k = 1.0l$ | $l_k = 2.0l$ | $l_k = 2.0l$ |

# 7-2 ▷ 弾性座屈荷重②

**問題 1**

中心圧縮力を受ける長方形断面の長柱の弾性座屈荷重 $P_e$ に関する次の記述のうち、最も不適当なものはどれか。ただし、柱は等質等断面とし、材端の水平移動は拘束されているものとする。

1. $P_e$ は、柱材の断面積に比例する。
2. $P_e$ は、柱の長さの2乗に反比例する。
3. $P_e$ は、柱材のヤング係数に比例する。
4. $P_e$ は、柱の断面の弱軸に関する断面二次モーメントに比例する。

**問題 2**

中心圧縮力を受ける正方形断面の長柱の弾性座屈荷重 $P_e$ に関する次の記述のうち、最も不適当なものはどれか。ただし、柱は、等質等断面とし、材端の水平移動は拘束されているものとする。

1. $P_e$ は、正方形断面を保ちながら柱断面積が2倍になると、4倍になる。
2. $P_e$ は、柱の長さが1/2倍になると、2倍になる。
3. $P_e$ は、柱材のヤング係数が2倍になると、2倍になる。
4. $P_e$ は、柱の材端条件が「両端ピンの場合」より「一端ピン他端固定の場合」のほうが大きくなる。

## ■解答

問題1

弾性座屈荷重は、$P_e = \dfrac{\pi^2 EI}{l_k{}^2}$ より求める。

したがって、弾性座屈荷重 $P_e$ は、ヤング係数 $E$ および断面二次モーメント $I$ に比例し、柱の座屈長さ $l_k$ の2乗に反比例する。よって、柱材の**断面積には関係しない**（p.44、「ここがツボ」参照）。

→ **正解 1**

問題2

弾性座屈荷重は、$P_e = \dfrac{\pi^2 EI}{l_k{}^2}$ より求める。

1. 正方形断面の断面二次モーメントは、$I = \dfrac{a^4}{12}$ である。

   正方形柱の断面積 $a^2$ を2倍にするには、一辺の長さを $a$ から $\sqrt{2}\,a$ に変更することになる。したがって、断面二次モーメント $I$ は、$I = \dfrac{(\sqrt{2}\,a)^4}{12} = \dfrac{4a^4}{12}$ となり、$I$ が4倍になるから、弾性座屈荷重 $P_e$ も**4倍**になる。

2. 柱の長さが 1/2 倍になると、座屈長さも 1/2 倍になる。したがって、弾性座屈荷重 $P_e$ は $\dfrac{1}{l_k{}^2}$ に比例するので、$\dfrac{1}{(1/2)^2} = 4$ より、弾性座屈荷重 $P_e$ は**4倍**になる。よって誤り。

3. ヤング係数 $E$ が2倍になると、弾性座屈荷重 $P_e$ も**2倍**になる。

4. 柱の支持条件が「両端ピン」の場合は、座屈長さが変わらないので、弾性座屈荷重も変わらないが、「一端ピン他端固定の場合」は、座屈長さが 0.7 倍になり、弾性座屈荷重 $P_e$ は、$\dfrac{1}{l_k{}^2}$ に比例するので、$\dfrac{1}{(0.7)^2} = \dfrac{1}{0.49} \fallingdotseq \dfrac{1}{1/2} = 2$ となり、弾性座屈荷重 $P_e$ は**2倍**になる。

→ **正解 2**

### ここがツボ

- 弾性座屈荷重 $P_e$ は、$P_e = \dfrac{\pi^2 EI}{l_k{}^2}$ より求める。

  このとき、$E$：ヤング係数

  $I$：座屈軸回りの断面二次モーメント

  長方形断面では、柱の途中に横移動を拘束する座屈止めがない場合、**弱軸回りの断面二次モーメント**として計算する。

  このときの計算は、$I = \dfrac{長辺 \times (短辺)^3}{12}$ とすることができる。

  $l_k$：座屈長さ

- 弾性座屈荷重 $P_e$ は、ヤング係数 $E$ および断面二次モーメント $I$ に比例し、座屈長さ $l_k$ の2乗に反比例する。よって、**座屈長さ $l_k$ が小さくなるほど、弾性座屈荷重 $P_e$ は大きくなる**。

- 弾性座屈荷重 $P_e$ は、材端条件が、両端固定（水平移動拘束：$l_k = 0.5l$）＞一端ピン他端固定（水平移動拘束：$l_k = 0.7l$）＞両端ピン（水平移動拘束：$l_k = 1.0l$）＝両端固定（水平移動自由：$l_k = 1.0l$）＞一端自由他端固定（水平移動自由：$l_k = 2.0l$）＝一端ピン他端固定（水平移動自由：$l_k = 2.0l$）の順に小さくなる。

## 7-3 ▷ 振動

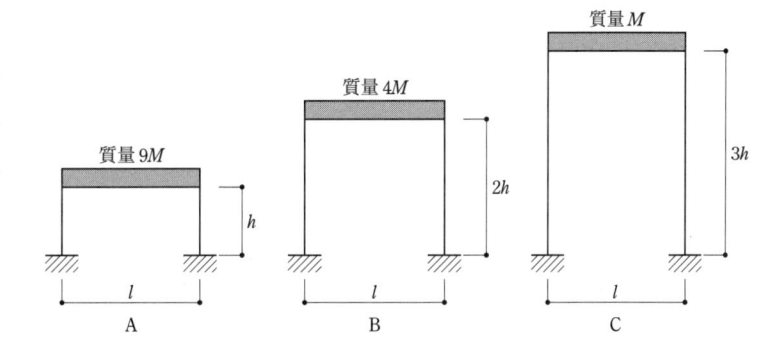

**問題 1**

図のような頂部に集中質量をもつ丸棒A、B、Cにおける固有周期 $T_A$、$T_B$、$T_C$ の大小関係として、正しいものは、次のうちどれか。ただし、3本の棒はすべて等質とし、棒の質量は無視する。なお、棒のバネ定数は、$\dfrac{3EI}{L^3}$（$L$：棒の長さ、$E$：ヤング係数、$I$：断面二次モーメント）である。

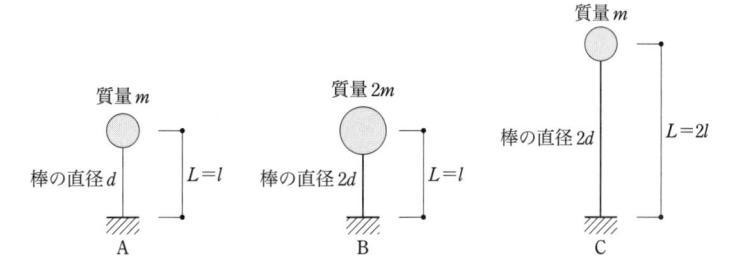

1. $T_A = T_B > T_C$
2. $T_A > T_C > T_B$
3. $T_B > T_A = T_C$
4. $T_B > T_A > T_C$

A：質量 $m$、棒の直径 $d$、$L=l$
B：質量 $2m$、棒の直径 $2d$、$L=l$
C：質量 $m$、棒の直径 $2d$、$L=2l$

**問題 2**

図のようなラーメン架構A、B、Cの水平方向の固有周期をそれぞれ $T_A$、$T_B$、$T_C$ としたとき、それらの大小関係として、正しいものは、次のうちどれか。ただし、すべての柱は等質等断面とし、すべての梁は剛体とする。

1. $T_A > T_B > T_C$
2. $T_B > T_A = T_C$
3. $T_B > T_C > T_A$
4. $T_C > T_B > T_A$

A：質量 $9M$、高さ $h$、スパン $l$
B：質量 $4M$、高さ $2h$、スパン $l$
C：質量 $M$、高さ $3h$、スパン $l$

## 解答

### 問題1

一質点系モデルの固有周期は、$T=2\pi\sqrt{\dfrac{m}{K}}$ より求める。このとき、丸棒のバネ定数 $K$ は、$K=\dfrac{3EI}{L^3}$ である。また、丸棒の直径 $d$ の断面二次モーメント $I$ は、$I=\dfrac{\pi d^4}{64}$ となる。

よって、直径 $2d$ の場合は、$I=\dfrac{\pi(2d)^4}{64}=\dfrac{16\pi d^4}{64}$ となり、直径 $d$ の **16倍** の大きさとなる。

丸棒 A では、質量 $m$、棒の長さ $l$、直径 $d$ であるから、固有周期：$T_A=2\pi\sqrt{\dfrac{ml^3}{3EI}}$

丸棒 B では、質量 $2m$、棒の長さ $l$、直径 $2d$ であるから、$T_B=2\pi\sqrt{\dfrac{2ml^3}{3E\times 16I}}=2\pi\sqrt{\dfrac{ml^3}{24EI}}$

丸棒 C では、質量 $m$、棒の長さ $2l$、直径 $2d$ であるから、$T_C=2\pi\sqrt{\dfrac{m\times(2l)^3}{3E\times 16I}}=2\pi\sqrt{\dfrac{ml^3}{6EI}}$

したがって、$T_A > T_C > T_B$ の順になる。　　→ **正解 2**

### 問題2

両端固定の柱のバネ定数 $K$ は、$K=\dfrac{12EI}{h^3}$ で計算する。

ラーメンでは柱が2本あるからバネ定数を2倍する。$T=2\pi\sqrt{\dfrac{m}{\dfrac{12EI}{h^3}\times 2}}=2\pi\sqrt{\dfrac{mh^3}{24EI}}$ となる。

ラーメン A は、質量 $9M$、階高 $h$ であるから、$T_A=2\pi\sqrt{\dfrac{9Mh^3}{24EI}}$

ラーメン B は、質量 $4M$、階高 $2h$ であるから、$T_B=2\pi\sqrt{\dfrac{4M(2h)^3}{24EI}}=2\pi\sqrt{\dfrac{32Mh^3}{24EI}}$

ラーメン C は、質量 $M$、階高 $3h$ であるから、$T_C=2\pi\sqrt{\dfrac{M(3h)^3}{24EI}}=2\pi\sqrt{\dfrac{27Mh^3}{24EI}}$

したがって、$T_B > T_C > T_A$ の順になる。　　→ **正解 3**

### ここがツボ

- 固有周期 $T$ は、建築物の層の質量を床の位置に集中させ、柱や耐震壁の剛性をバネとした**質点系モデル**に置き換えて扱っている。すなわち、棒の先端に質量 $m$ を集中させた構造物としての振動を下図のように考える。固有周期は、$T=2\pi\sqrt{\dfrac{m}{K}}$ ［秒］により求めることができる。

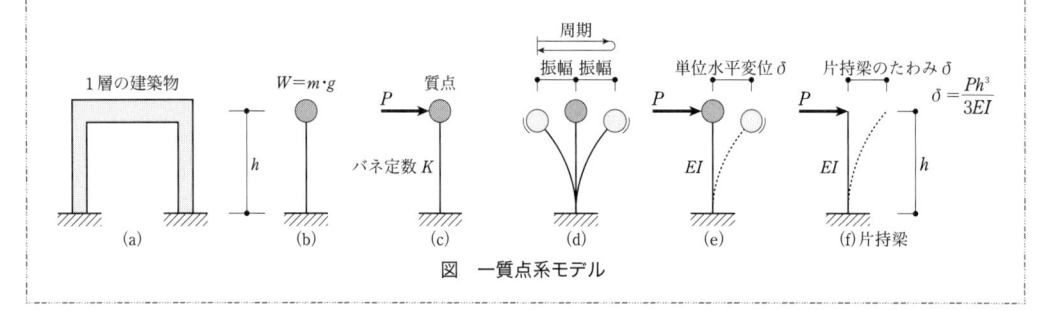

図　一質点系モデル

# 08 全塑性モーメントと崩壊荷重

## 8-1 ▷ 全塑性モーメント①

**問題 1**

図のような断面において、$X$軸まわりの全塑性モーメントを$M_{pX}$、$Y$軸まわりの全塑性モーメントを$M_{pY}$としたとき、全塑性モーメント$M_{pX}$と$M_{pY}$の比として、正しいものは、次のうちどれか。ただし、断面に作用する軸力は0とする。

|    | $M_{pX} : M_{pY}$ |
|----|-------------------|
| 1. | 19 : 25 |
| 2. | 25 : 19 |
| 3. | 19 : 29 |
| 4. | 29 : 19 |

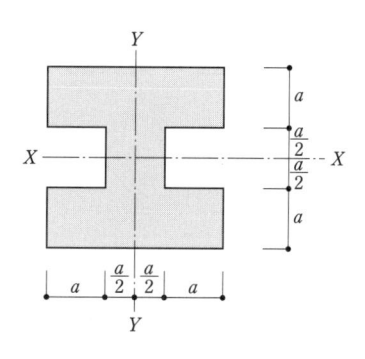

**問題 2**

図1のような底部で固定されたH形断面材の頂部の図心G点に鉛直荷重$P$および水平荷重$Q$が作用している。底部a–a断面における垂直応力度分布が図2のような全塑性状態に達している場合の$P$と$Q$との組合せとして、正しいものは、次のうちどれか。ただし、H形断面材は等質等断面とし、降伏応力度を$\sigma_y$とする。

|    | $P$ | $Q$ |
|----|-----|-----|
| 1. | $2d^2\sigma_y$ | $\dfrac{12d^3\sigma_y}{l}$ |
| 2. | $2d^2\sigma_y$ | $\dfrac{16d^3\sigma_y}{l}$ |
| 3. | $8d^2\sigma_y$ | $\dfrac{12d^3\sigma_y}{l}$ |
| 4. | $8d^2\sigma_y$ | $\dfrac{16d^3\sigma_y}{l}$ |

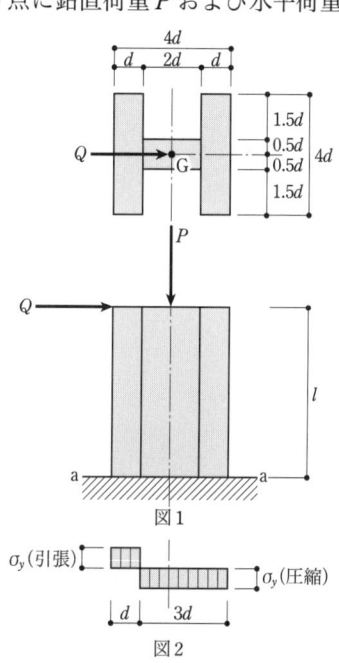

## 解答

### 問題1

右図(a)、(b)のように図形を区分する。

$X$ 軸回り：図(a)より垂直応力度の合力 $C$ を計算する。

$$C_{X1} = 3a \times a \times \sigma_y = 3a^2 \cdot \sigma_y \qquad C_{X2} = a \times \frac{a}{2} \times \sigma_y = \frac{a^2}{2} \cdot \sigma_y$$

全塑性モーメント $M_{pX}$ を求める。

$$M_{pX} = C_{X1} \cdot j_{X1} + C_{X2} \cdot j_{X2} = 3a^2 \cdot \sigma_y \times 2a + \frac{a^2}{2} \cdot \sigma_y \times \frac{a}{2} = \frac{25a^3}{4} \cdot \sigma_y$$

$Y$ 軸回り：図(b)より、同様に、

$$C_{Y1} = \frac{3a}{2} \times a \times \sigma_y \times 2\text{ヶ所} = 3a^2 \cdot \sigma_y \qquad C_{Y2} = \frac{a}{2} \times a \times \sigma_y = \frac{a^2}{2} \cdot \sigma_y$$

全塑性モーメント $M_{pY}$ を求める。

$$M_{pY} = C_{Y1} \cdot j_{Y1} + C_{Y2} \cdot j_{Y2} = 3a^2 \cdot \sigma_y \times \frac{3a}{2} + \frac{a^2}{2} \cdot \sigma_y \times \frac{a}{2} = \frac{19a^3}{4} \cdot \sigma_y$$

$$\therefore M_{pX} : M_{pY} = \frac{25a^3}{4} \cdot \sigma_y : \frac{19a^3}{4} \cdot \sigma_y = 25 : 19$$

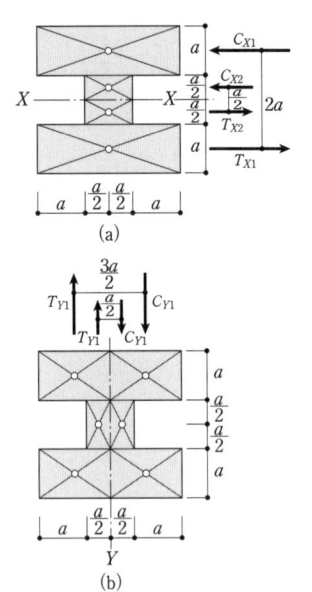

→ 正解 2

### 問題2

図2の垂直応力度分布を右図のような応力ブロックに分割する。

軸方向力 $P$ による応力ブロックにおいて、

軸方向力 $P = 2d \times d \times \sigma_y = 2d^2 \cdot \sigma_y$

垂直応力度の合力は、引張応力 $T$ ＝圧縮応力 $C$

よって、$T = C = d \times 4d \times \sigma_y = 4d^2 \cdot \sigma_y$

全塑性モーメント $M_p$ を求める。

このとき、$T$ と $C$ の応力中心間距離は、$j = 3d$

よって、$T$ と $C$ による**偶力のモーメント**として、

$$M_p = T \cdot j = C \cdot j = 4d^2 \cdot \sigma_y \times 3d = 12d^3 \cdot \sigma_y$$

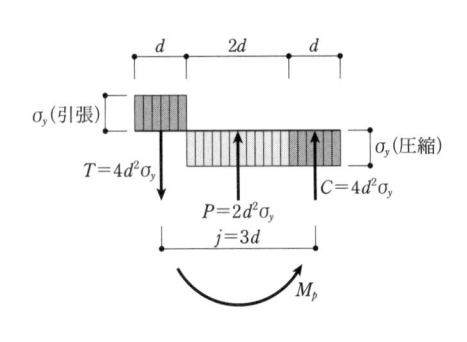

また、水平力によるモーメントは、$M = Q \cdot l$ $\therefore 12d^3 \cdot \sigma_y = Q \cdot l$ より、$Q = \dfrac{12d^3 \cdot \sigma_y}{l}$

→ 正解 1

---

### ここがツボ

- 右図のような単純梁において、荷重 $P$ を徐々に大きくして曲げモーメントを増大させると、最大曲げ応力度が**降伏応力度** $\sigma_y$ に達する。このときの曲げモーメントを**降伏モーメント** $M_y$ という。曲げモーメントを維持して回転だけを続ける塑性ヒンジが発生するときの曲げモーメントを**全塑性モーメント** $M_p$ という。

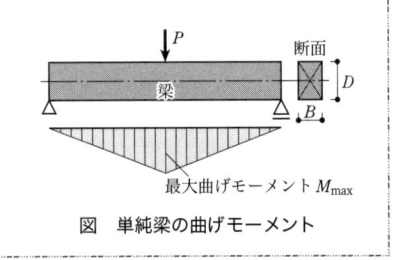

図　単純梁の曲げモーメント

# 8-2 ▷ 全塑性モーメント②と崩壊荷重①

## 問題 1

図は二層の骨組に水平力 $P$ および $2P$ が作用したときの崩壊メカニズムを示したものである。次の記述のうち、最も不適当なものはどれか。ただし、梁の全塑性モーメントは $M_p$ または $2M_p$ とし、1階柱の柱脚の全塑性モーメントは $2M_p$ とする。

1. 梁のせん断力Ⓐは、$\dfrac{M_p}{l}$ である。

2. 支点反力Ⓑは、$\dfrac{3M_p}{l}$ である。

3. 柱のせん断力Ⓒ、$\dfrac{3M_p}{l}$ である。

4. 水平力 $P$ は、$\dfrac{4M_p}{l}$ である。

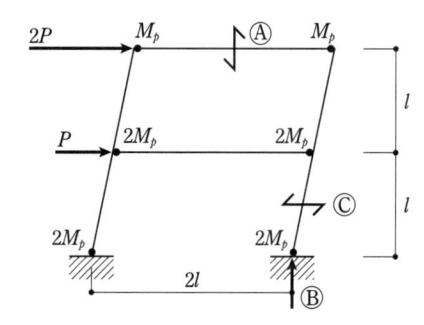

## 問題 2

図1のラーメンに作用する荷重 $P$ を増大させたとき、そのラーメンは、図2のような崩壊機構を示した。ラーメンの崩壊荷重 $P_u$ の値として、正しいものは、次のうちどれか。ただし、AB材、BC材、CD材の全塑性モーメントの値をそれぞれ $3M_p$、$2M_p$、$M_p$ とする。

1. $\dfrac{3M_p}{l}$

2. $\dfrac{7M_p}{2l}$

3. $\dfrac{4M_p}{l}$

4. $\dfrac{9M_p}{2l}$

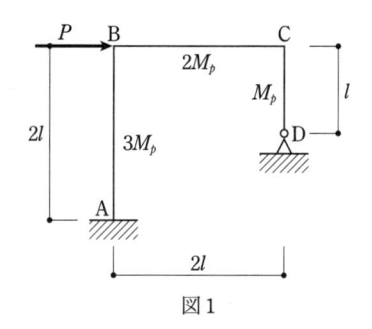

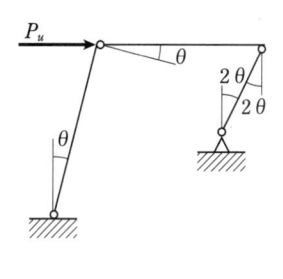

図1

図2

## ■解答

**問題1**

まず、全塑性モーメント図を描く（右図参照）。

1. Ⓐ $= \dfrac{M_p + M_p}{2l} = \dfrac{M_p}{l}$　OK

2. 1階の梁のせん断力 D $= \dfrac{2M_p + 2M_p}{2l} = \dfrac{2M_p}{l}$

   Ⓑ $=$ Ⓐ $+$ D $= \dfrac{M_p}{l} + \dfrac{2M_p}{l} = \dfrac{3M_p}{l}$　OK

3. Ⓒ $= \dfrac{M_p + 2M_p}{l} = \dfrac{3M_p}{l}$　OK

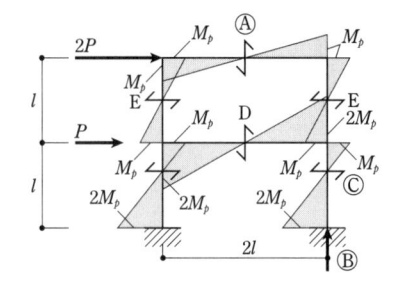

4. 2階の柱のせん断力 E $= \dfrac{M_p + M_p}{l} = \dfrac{2M_p}{l}$、$2P = 2\mathrm{E} = 2 \times \dfrac{2M_p}{l} = \dfrac{4M_p}{l}$　$\therefore P = \dfrac{2M_p}{l}$　NG

→ 正解 4

**問題2**

仮想仕事式の「**外力のなす仕事＝内力のなす仕事**」を活用して解く（「ここがツボ」参照）。

**外力のなす仕事**は、$P_u$ によってラーメン部材が変位しているとして、

$$\sum P \cdot \delta = P_u \times \delta = P_u \times 2l \cdot \theta = 2P_u l \cdot \theta$$

**内力のなす仕事**は、左柱の柱脚 A、梁の左端 B、右柱の柱頭 C で塑性ヒンジが生じている。
このとき、右柱の長さは左柱の長さの半分になっているから、回転角は **2 倍**になる。
なお、D 点は、最初からピン節点であるから、内力のなす仕事は **0** である。

$$\sum M \cdot \theta = 3M_p \times \theta + 2M_p \times \theta + M_p \times 2\theta = 7M_p \cdot \theta$$

外力のなす仕事 $\sum P \cdot \delta =$ 内力のなす仕事 $\sum M \cdot \theta$ より、

$$2P_u l \cdot \theta = 7M_p \cdot \theta \quad \therefore P_u = \dfrac{7M_p}{2l}$$

→ 正解 2

### ここがツボ

- 塑性ヒンジは、柱の崩壊を防ぐため、**梁側**に発生させるのがよい。
- 塑性ヒンジの発生位置は、右図のように描き、梁側の塑性ヒンジか、柱側の塑性ヒンジかを区別している。
- 外力のなす仕事は、**外力 $P$（崩壊荷重 $P_u$）とその変位量 $\delta$ との積**の総和として計算する。

   外力のなす仕事 $= \sum P \cdot \delta$

- 内力のなす仕事は、塑性ヒンジの点の**部材の全塑性モーメント $M_p$ とその回転角 $\theta$ との積**の総和として計算する。

   内力のなす仕事 $= \sum M \cdot \theta$

- このとき、崩壊荷重 $P_u$ は、仮想仕事の原理より、**外力のなす仕事と内力のなす仕事が等しい**ことを利用して計算する。

   外力のなす仕事 $\sum P \cdot \delta =$ 内力のなす仕事 $\sum M \cdot \theta$

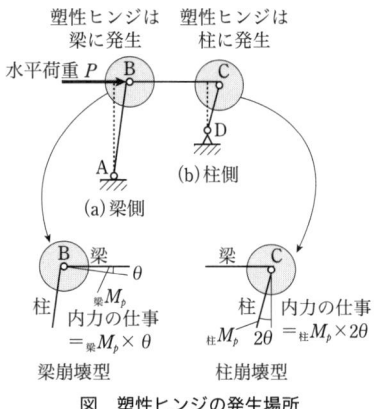

図　塑性ヒンジの発生場所

# 8-3 ▷ 崩壊荷重②

### 問題1

図1のようなラーメンに作用する荷重 $P$ を増大させたとき、そのラーメンは図2のような崩壊メカニズムを示した。ラーメンの崩壊荷重 $P_u$ として、正しいものは、次のうちどれか。ただし、柱、梁の全塑性モーメントをそれぞれ $3M_p$、$2M_p$ とする。

1. $\dfrac{10M_p}{l}$

2. $\dfrac{21M_p}{2l}$

3. $\dfrac{11M_p}{l}$

4. $\dfrac{23M_p}{2l}$

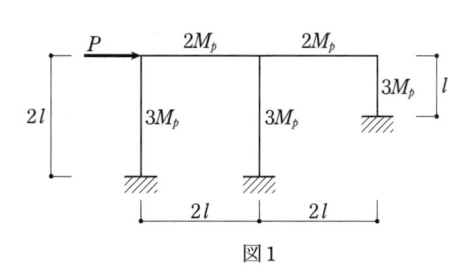

図1 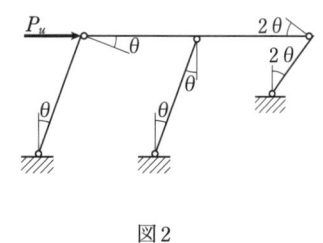  図2

### 問題2

静定トラスは一部材が降伏すると塑性崩壊する。図のような先端集中荷重 $P$ を受けるトラスの塑性崩壊荷重として、正しいものは、次のうちどれか。ただし、各部材は、断面積を $A$、材料の降伏応力度を $\sigma_y$ とし、断面二次モーメントは十分に大きく、座屈は考慮しないものとする。

1. $A\sigma_y$

2. $\dfrac{A\sigma_y}{2}$

3. $\dfrac{A\sigma_y}{3}$

4. $\dfrac{A\sigma_y}{4}$

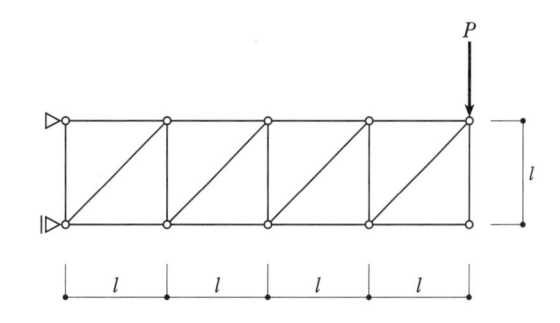

## 解答

**問題1**

仮想仕事式の「**外力のなす仕事＝内力のなす仕事**」を活用して解く。

**外力のなす仕事**は、崩壊荷重$P_u$によってラーメン部材が変位しているから、
$$\sum P \cdot \delta = P_u \times 2l \cdot \theta = 2P_u \cdot l\theta$$

**内力のなす仕事**は、柱脚と中柱の柱頭および梁の両端の6ヶ所で塑性ヒンジが生じているから、
$$\sum M \cdot \theta = 3M_p \cdot \theta + 2M_p \cdot \theta + 3M_p \cdot \theta + 3M_p \cdot \theta + 2M_p \cdot 2\theta + 3M_p \cdot 2\theta = 21M_p \cdot \theta$$

外力のなす仕事 $\sum P \cdot \delta$ ＝ 内力のなす仕事 $\sum M \cdot \theta$ より、

$$2P_u \cdot l\theta = 21M_p \cdot \theta \quad \therefore P_u = \frac{21M_p}{2l}$$

→ 正解 2

**問題2**

一部材が降伏する場合、最も部材応力が大きい部材が最初に降伏する。その部材は、荷重点から最も遠い部材となることから、下図のAC部材かBD部材となる。

右図において、$\sum M_B = 0$ より、

$P \times 4l - N_{AC} \times l = 0 \quad \therefore N_{AC} = 4P$（引張力）

$\sum M_C = 0$ より、

$P \times 3l + N_{BD} \times l = 0 \quad \therefore N_{BD} = -3P$（圧縮力）

したがって、最大応力は$4P$となる。

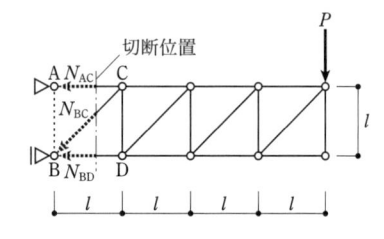

降伏応力度 $\sigma_y = \dfrac{N}{A} = \dfrac{4P}{A}$　　よって、弾性崩壊荷重 $P = \dfrac{A\sigma_y}{4}$ となる。

→ 正解 4

### ここがツボ

・塑性ヒンジと崩壊機構の関連を下図に示す。

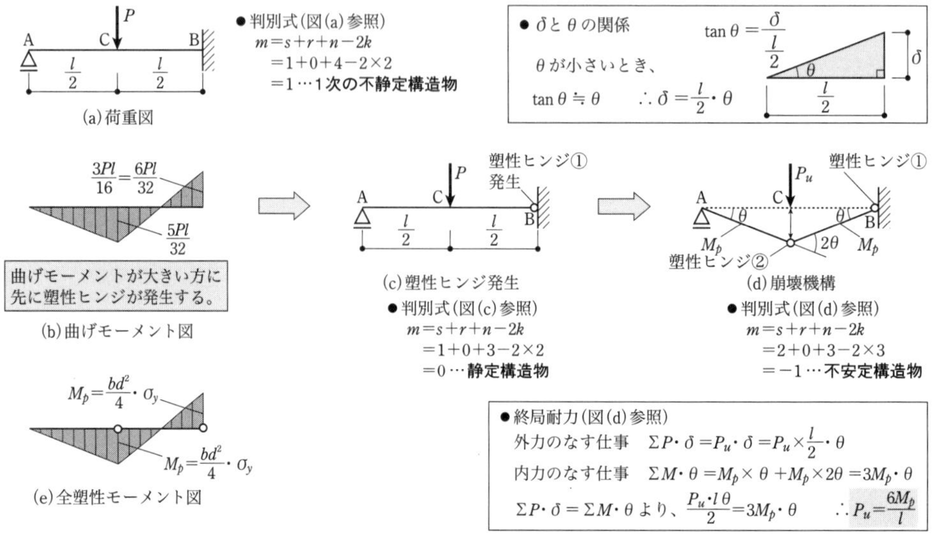

●判別式（図(a)参照）
$m = s + r + n - 2k$
$= 1 + 0 + 4 - 2 \times 2$
$= 1 \cdots$ 1次の不静定構造物

(a) 荷重図

●$\delta$と$\theta$の関係
$\tan\theta = \dfrac{\delta}{\dfrac{l}{2}}$
$\theta$が小さいとき、
$\tan\theta ≒ \theta \quad \therefore \delta = \dfrac{l}{2} \cdot \theta$

曲げモーメントが大きい方に先に塑性ヒンジが発生する。

(b) 曲げモーメント図

(c) 塑性ヒンジ発生

●判別式（図(c)参照）
$m = s + r + n - 2k$
$= 1 + 0 + 3 - 2 \times 2$
$= 0 \cdots$ 静定構造物

(d) 崩壊機構

●判別式（図(d)参照）
$m = s + r + n - 2k$
$= 2 + 0 + 3 - 2 \times 3$
$= -1 \cdots$ 不安定構造物

$M_p = \dfrac{bd^2}{4} \cdot \sigma_y$

(e) 全塑性モーメント図

●終局耐力（図(d)参照）
外力のなす仕事　$\sum P \cdot \delta = P_u \cdot \delta = P_u \times \dfrac{l}{2} \cdot \theta$
内力のなす仕事　$\sum M \cdot \theta = M_p \times \theta + M_p \times 2\theta = 3M_p \cdot \theta$
$\sum P \cdot \delta = \sum M \cdot \theta$ より、$\dfrac{P_u \cdot l\theta}{2} = 3M_p \cdot \theta \quad \therefore P_u = \dfrac{6M_p}{l}$

図　塑性ヒンジと崩壊機構

# 09 荷重と外力

## 9-1 ▷ 荷重・外力

**問題 1** □□□

構造計算に用いる荷重に関する次の記述のうち、最も不適当なものはどれか。

1. 鉄筋コンクリートの単位容積重量を算定するに当たり、コンクリートの単位容積重量に鉄筋による単位容積重量 $1kN/m^3$ を加えて求めることができる。
2. 普通コンクリートの重量を算定するに当たり、単位容積重量については、設計基準強度 $F_c ≦ 36N/mm^2$ のコンクリートにおいては $23kN/m^3$ とし、$36N/mm^2 < F_c ≦ 48N/mm^2$ のコンクリートにおいては $23.5kN/m^3$ とすることができる。
3. 教室に連絡する廊下や床の積載荷重は、実況に応じて計算しない場合、教室の床の積載荷重と同じ $2300N/m^2$ としなければならない。
4. 床の単位面積当たりの積載荷重の大小関係は、実況に応じて計算しない場合、店舗の売場＞教室＞住宅の居室である。

**問題 2** □□□

建築基準法における荷重・外力に関する次の記述のうち、最も不適当なものはどれか。

1. 多雪区域ではない地域において、暴風時または地震時の荷重を、積雪荷重と組み合わせる必要はない。
2. 多雪区域内において、長期積雪荷重は、短期積雪荷重の 0.7 倍の数値とする。
3. 単位床面積当たりの積載荷重の大小は、実況に応じて計算しない場合、「床の構造計算をする場合」＞「大梁、柱または基礎の構造計算をする場合」＞「地震力を計算する場合」である。
4. 劇場の客席の積載荷重は、実況に応じて計算しない場合、固定席の場合より、その他の場合のほうが小さい。

## 解答

**問題1**

1. コンクリートの単位容積重量23kN/m³、鉄筋コンクリートの単位容積重量24kN/m³。したがって、鉄筋コンクリートの単位容積重量は、コンクリートの単位容積重量に**鉄筋による単位容積重量**1kN/m³を加えた大きさとなる。

2. 普通コンクリートの単位容積重量は、設計基準強度$F_c ≦ 36$N/mm²のコンクリートの場合は23kN/m³、$36$N/mm²$< F_c ≦ 48$N/mm²の場合は23.5kN/m³とする。

3. 教室に連絡する廊下や階段の床の積載荷重は、**非常時に多人数が集中するので**、大きな値の3500N/m²が用いられる。教室の床の積載荷重は2300N/m²である。よって、教室に連絡する廊下や床の積載荷重は、教室の床の積載荷重と**同じではない**。

4. 床の単位面積当たりの積載荷重の大小関係は、実況に応じて計算しない場合、店舗の売場（2900N/m²）＞教室（2300N/m²）＞住宅の居室（1800N/m²）である。　　→ **正解 3**

**問題2**

1. 多雪区域ではない地域は**一般の地域**であるから、暴風時の応力は$G + P + W$、地震時の応力は$G + P + K$の組合せとなり、積雪荷重$S$と組み合わせる必要はない。

2. 多雪区域内における応力の組合せは、長期積雪時は$G + P + 0.7S$であり、短期積雪時は$G + P + S$であるから、長期積雪荷重は、短期積雪荷重の0.7倍となる（p.62、「ここがツボ」表参照）。

3. 単位床面積当たりの積載荷重は、室の種類および構造計算の対象によって異なる。しかし、実況に応じて計算しない場合、一般に、積載荷重の大小関係は、「**床の構造計算用**」＞「**骨組用（大梁・柱・基礎）の構造計算用**」＞「**地震力算定用**」としている。

4. 劇場の客席の積載荷重は、固定席の場合では、席の数が決まっているので計算できるが、その他の場合では席を詰めることによって荷重が大きくなる可能性があるので、**固定席（2900N/m²）の場合よりその他の場合（3500N/m²）のほうが大きくなる**。　　→ **正解 4**

### ここがツボ

- 固定荷重は建築物の自重である。

  モルタル：20kN/m³（厚さ1cm当たり200N/m²）
  鉄筋コンクリート：24kN/m³（同240N/m²）
  鋼材：78.5kN/m³（同785N/m²）

- 積載荷重は、建築物がその内部に収容する物品や人間の重さである。右表にその値を示す。

- 積雪荷重の大きさは、「**積雪の単位荷重×屋根の水平投影面積×その地方における垂直積雪量**」。

- 積雪の単位荷重は次の値を用いる。

  一般地域：積雪1cm当たり20N/m²以上
  多雪区域：積雪1cm当たり30N/m²以上

- 屋根の積雪荷重は、屋根に雪止めがない場合、勾配が60°以下では勾配に応じて次式で低減する。

  $\mu_b = \sqrt{\cos(1.5\beta)}$　　$\beta$：屋根勾配［度］

表　積載荷重　［単位：N/m²］

| 室の種類 | 構造計算の対象 | 床の構造計算用 | 大梁・柱・基礎の構造計算用 | 地震力計算用 |
|---|---|---|---|---|
| ① | 住宅の居室・住宅以外の建築物における寝室または病室 | 1800 | 1300 | 600 |
| ② | 事務室 | 2900 | 1800 | 800 |
| ③ | 教室 | 2300 | 2100 | 1100 |
| ④ | 百貨店または店舗の売場 | 2900 | 2400 | 1300 |
| ⑤ | 劇場・映画館・演芸場・観覧場・公会堂・集会場・その他これらに類する用途に供する建築物の客席または集会場 固定席 | 2900 | 2600 | 1600 |
| | その他 | 3500 | 3200 | 2100 |
| ⑥ | 自動車車庫および自動車通路 | 5400 | 3900 | 2000 |
| ⑦ | 廊下・玄関または階段 | ③から⑤までに掲げる室に連絡するものにあっては、⑤の「その他」の場合の数値による。 | | |
| ⑧ | 屋上広場またはバルコニー | ①の数値による。ただし、学校または百貨店の用途に供する建築物にあっては、④の数値による。 | | |

- 倉庫業を営む倉庫の床の積載荷重は3900N/m²以上とする。

## 9-2 ▷ 風圧力

**問題1**

風圧力に関する次の記述のうち、最も不適当なものはどれか。

1. 地表面粗度区分（Ⅰ～Ⅳ）を決定するに当たっては、都市計画区域の指定の有無、海岸線からの距離、建築物の高さ等を考慮する。
2. 風圧力の計算に用いる速度圧 $q$ は、その地方における基準風速 $V_0$ の二乗に比例するが、風圧力を計算する部分の高さ $h$ には関係しない。
3. ガスト影響係数 $G_f$ は、一般に、建築物の高さと軒の高さとの平均 $H$ に比例して大きくなり、「都市化が極めて著しい区域」より「極めて平坦で障害物がない区域」のほうが大きくなる。
4. 風圧力における平均風速の高さ方向の分布を表す係数 $E_r$ は、一般に、「極めて平坦で障害物がない区域」より「都市化が極めて著しい区域」のほうが小さい。

**問題2**

図のような4階建の建築物において、各部の風圧力の算定に関する次の記述のうち、最も不適当なものはどれか。

1. 高さ $h_2$ の窓ガラスの検討に用いる風圧力の計算において、ピーク風力係数を考慮する。
2. 高さ $h_1$ の庇の風圧力は、庇の高さ $h_1$ のみで検討し、建築物の高さと軒の高さとの平均 $H$ に影響されない。
3. 屋根葺き材に作用する風圧力の算定においては、ピーク風力係数を考慮する。
4. 速度圧は、その地方における基準風速、表面粗度区分および建築物の高さと軒の高さとの平均 $H$ に影響され、風力係数は建築物の形状に応じて定められている。

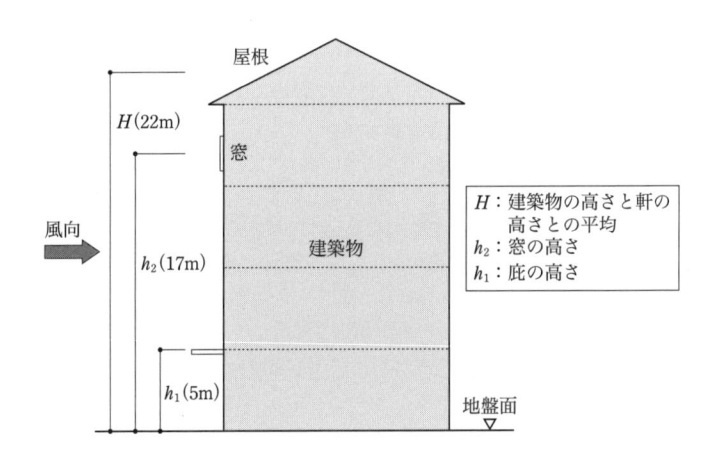

$H$：建築物の高さと軒の高さとの平均
$h_2$：窓の高さ
$h_1$：庇の高さ

$H$(22m), $h_2$(17m), $h_1$(5m)

■解答

問題1

1. **地表面粗度区分**（Ⅰ〜Ⅳ）を決定するには、都市計画区域の内か外か、海岸線または湖岸線からの距離が500m以内の地域等、建築物の高さが13m以下か13mを超えるかなどの条件を考慮して決定している。

2. **風の速度圧** $q$ は、$q = 0.6EV_0^2$ より計算するので、その地方における基準風速 $V_0$ の二乗に比例するが、風圧力を計算する部分の高さ $h$ には関係しない。なお、建築物のどの部分であっても速度圧 $q$ の値は同じ（**1つの建築物では1つの値**）である。

3. **ガスト影響係数** $G_f$ は、風の時間的変動により建築物が揺れた場合に発生する最大の力の計算に用いる割増係数で、**建築物の高さと軒の高さとの平均 $H$ に比例して小さくなり**、「都市化が極めて著しい区域」より「極めて平坦で障害物がない区域」のほうが**小さくなる**。

4. 「極めて平坦で障害物がない区域」は、上空になにも存在しないので平均風速の高さ方向の分布を表す係数は**大きくなり**、「都市化が極めて著しい区域」は、超高層建築物などが建ち並び、その係数は**小さくなる**。

→ 正解 3

問題2

1. 外装材の風圧力は、**平均風速×ピーク風力係数**で計算する。このとき、窓ガラスに用いる風圧力の検討には、ピーク風力係数を考慮する。

2. 風の速度圧 $q$ は、**風圧力を計算する部分の高さ $h_1$ には関係しない**。しかし、建築物の高さと軒の高さの平均 $H$ には影響される。また、地表面粗度区分にも影響される。

3. 屋根面や建築物の角の部分は、風当たりが強いので、ピーク風力係数を考慮するとよい。

4. 速度圧は、その地方における基準風速、表面粗度区分および建築物の高さと軒の高さの平均 $H$ に影響される。また、風力係数は切妻屋根や片流れ屋根など建築物の形状に応じて定められている。

→ 正解 2

### ここがツボ

- **風圧力**の大きさは、$\boxed{風圧力 P = 風の速度圧 q \times 風力係数 C_f}$ で計算する。
- **速度圧**は、建築物の屋根の高さ、周辺の状況、地方の区分に応じて求める。

  $\boxed{速度圧 q [\text{N/m}^2] = 0.6EV_0^2}$ ……区域Ⅰ＞Ⅱ＞Ⅲ＞Ⅳの順になる。

  $E$：その建築物の屋根の高さおよび周辺に存する建築物等の風速に影響を与えるものの状況に応じて国土交通大臣が定める数値。 $\boxed{E = E_r^2 \cdot G_f}$

  $E_r$：**平均風速の高さ方向の分布を表す係数**。「極めて平坦で障害物がない区域Ⅰ」より「都市化が極めて著しい区域Ⅳ」のほうが**小さい**。Ⅰ＞Ⅱ＞Ⅲ＞Ⅳの順。

  $G_f$：**ガスト影響係数**。突風など気流の乱れを表す割増係数。「平坦で障害物がない区域Ⅰ」より「都市化が極めて著しい区域Ⅳ」のほうが**大きい**。Ⅳ＞Ⅲ＞Ⅱ＞Ⅰの順。

  $E_r$ と $G_f$ は、建築物の屋根の平均高さ $H$ と地表面粗度区分（Ⅰ〜Ⅳ）に応じて値が決まる。

  $V_0$：その地方の過去の記録に基づく風害の程度その他風の性状に応じて30〜46m/秒までの範囲内において国土交通大臣が定める基準風速。

- **風力係数** $C_f$ は、建築物の断面および平面の形状に応じて求め、**外圧係数** $C_{pe}$ と**内圧係数** $C_{pi}$ との差により次式で算定する。 $\boxed{C_f = C_{pe} - C_{pi}}$

# 9-3 ▷ 地震力①

**問題 1**

荷重・外力に関する次の記述のうち、最も不適当なものはどれか。

1. 地盤種別が第二種地盤で、建築物の設計用一次固有周期が 0.6 秒以上の場合は、一般に、高層になるほど地上部分の最下層の地震層せん断力係数 $C_i$ は大きくなる。
2. 地下部分の地震層せん断力は、「地下部分の固定荷重と積載荷重との和に、当該部分の地下の深さに応じた水平震度 $k$ を乗じて求めた地震力」と「1 階の地震層せん断力」との和である。
3. 地震力を算定する場合に用いる鉄骨造の建築物の設計用一次固有周期 $T$（単位 秒）は、特別な調査または研究の結果に基づかない場合、建築物の高さ（単位 m）に 0.03 を乗じて算出することができる。
4. 高さ 13m 以下の建築物において、屋根ふき材については、規定のピーク風力係数を用いて風圧力の計算をすることができる。

**問題 2**

建築基準法における建築物に作用する地震力に関する次の記述のうち、最も不適当なものはどれか。

1. 鉄筋コンクリート造の保有水平耐力計算を行う場合の地上部分の地震力は、標準せん断力係数 $C_0$ が「0.2 以上の場合」と「1.0 以上の場合」の 2 段階の検討をする。
2. 建築物の地上部分における各層の地震層せん断力係数 $C_i$ は、最下層における値が最も小さくなる。
3. 建築物の固有周期が長い場合や地震地域係数 $Z$ が小さい場合には、地震層せん断力係数 $C_i$ は、標準せん断力係数 $C_0$ より小さくなる場合がある。
4. 地震地域係数 $Z$ は、過去の地震の記録等に基づき、1.0 から 1.5 までの範囲で、建設地ごとに定められている。

■解答

問題1

1. **地震層せん断力係数 $C_i$** は、$C_i = Z \cdot R_t \cdot A_i \cdot C_0$ より計算する。地盤種別が第二種地盤で、建築物の設計用一次固有周期 $T$ が 0.6 秒以上の場合、建築物が高層になるほど設計用一次固有周期が長くなって振動特性係数 $R_t$ が低減され、**地上部分の最下層の地震層せん断力係数 $C_i$ は小さくなる。**

2. **地下部分の地震層せん断力 $Q_B$** は、$Q_B = Q_1 + k \cdot W_B$ より計算する。このとき、$Q_1$ は1階の地震層せん断力、$W_B$ は地下部分の固定荷重と積載荷重との和、$k$ は地下の深さに応じた水平震度で、地盤面からの深さに応じて20mまでは小さくできる(p.62、「ここがツボ」図参照)。

3. **建築物の設計用一次固有周期 $T$** は、$T = h(0.02 + 0.01\alpha)$ で算出する。このとき、鉄骨造の場合は $\alpha = 1.0$ とするので、$T = 0.03$ となり、建築物の高さ $h$ [m] に0.03を乗じて算出する。

4. **屋根ふき材の風圧力**は、構造骨組に用いる風圧力を計算する場合の風圧係数より大きい規定のピーク風力係数を用いて計算することができる。　　　　　　　　　**➔ 正解 1**

問題2

1. 鉄筋コンクリート造の保有水平耐力計算を行う場合の地上部分の地震力は、許容応力度計算による確認を行う一次設計では標準せん断力係数 $C_0$ を **0.2 以上**とし、各層の必要保有水平耐力の計算を行う二次設計の場合は **1.0 以上**とする2段階の検討を行う。

2. 建築物の地上部分における各層の地震層せん断力係数 $C_i$ は、最下層における地震層せん断力係数の高さ方向の分布を表す係数 $A_i$ が 1.0 と最も小さいので、最下層の地震層せん断力係数 $C_i$ も最も小さくなる。

3. 建築物の固有周期 $T$ が長い場合は振動特性係数 $R_t$ が **1.0 以下**になる。地震地域係数 $Z$ は地域により 0.7〜1.0 になる。よって、地震層せん断力係数 $C_i$ は、$C_i = 0.7 \times 1.0 \times 1.0 \times 0.2 = 0.14$ となり、標準せん断力係数 $C_0 = 0.2$ より小さくなることがある。

4. **地震地域係数 $Z$** は、0.7 から 1.0 までの範囲で、建設地ごとに定められている。　**➔ 正解 4**

!ここがツボ

・水平荷重 $P$ と地震層せん断力 $Q$ の関係を下図から理解することができる。
・設計用地震力は、建築物の耐用年限中に数度遭遇する程度の中地震動によるものと、耐用年限中に一度遭遇するかもしれない大地震動によるものとの2段階を考える。
・**中地震**とは数十年に一回程度の地震をいい、**大地震**とは数百年に一回程度の地震をいう。

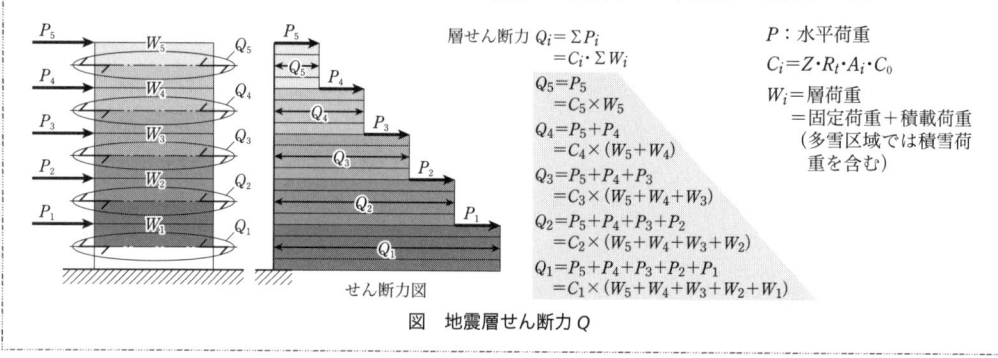

層せん断力 $Q_i = \Sigma P_i = C_i \cdot \Sigma W_i$

$Q_5 = P_5 = C_5 \times W_5$
$Q_4 = P_5 + P_4 = C_4 \times (W_5 + W_4)$
$Q_3 = P_5 + P_4 + P_3 = C_3 \times (W_5 + W_4 + W_3)$
$Q_2 = P_5 + P_4 + P_3 + P_2 = C_2 \times (W_5 + W_4 + W_3 + W_2)$
$Q_1 = P_5 + P_4 + P_3 + P_2 + P_1 = C_1 \times (W_5 + W_4 + W_3 + W_2 + W_1)$

$P$：水平荷重
$C_i = Z \cdot R_t \cdot A_i \cdot C_0$
$W_i$＝層荷重
　　＝固定荷重＋積載荷重
　　（多雪区域では積雪荷重を含む）

図　地震層せん断力 $Q$

# 9-4 ▷ 地震力②

**問題1**

建築基準法における建築物に作用する地震力に関する次の記述のうち、最も不適当なものはどれか。

1. 地震層せん断力係数の建築物の高さ方向の分布を表す係数 $A_i$ を算出する場合の建築物の設計用一次固有周期 $T$ は、振動特性係数 $R_t$ を算出する場合の $T$ と同じとする。
2. 地震層せん断力係数 $C_i$ は、建築物の設計用一次固有周期 $T$ が 1.0 秒の場合、第一種地盤（硬質）の場合より第三種地盤（軟弱）の場合のほうが小さい。
3. 建築物の設計用一次固有周期 $T$ は、建築物の高さが等しければ、一般に、鉄筋コンクリート造より鉄骨造のほうが長い。
4. 高さ 30m の建築物の屋上から突出する高さ 4m の塔屋に作用する水平震度は、地震地域係数 $Z$ に 1.0 以上の数値を乗じた値とすることができる。

**問題2**

建築基準法における建築物に作用する地震力に関する次の記述のうち、最も不適当なものはどれか。

1. 建築物の地上部分のある層（$i$ 層）の地震層せん断力は、地震層せん断力係数 $C_i$ に、その層が支える部分（$i$ 層以上の部分）全体の固定荷重と積載荷重との総和（多雪区域では積雪荷重を加える）を乗じて求める。
2. 地震層せん断力係数の建築物の地上部分における高さ方向の分布を示す係数 $A_i$ の値は、一般に、建築物の上層ほど大きくなる。
3. 建築物の固有周期および地盤の種別により地震力の値を変化させる振動特性係数 $R_t$ は、一般に、建築物の設計用一次固有周期 $T$ が長いほど大きくなる。
4. 建築物の地下部分の各部分に作用する地震力の計算を行う場合、水平震度 $k$ は、地盤面からの深さに応じて小さくすることができる。

## 解答

**問題1**

1. 地震層せん断力係数の建築物の高さ方向の分布を表す係数 $A_i$ を算出する場合の建築物の設計用一次固有周期 $T$ と振動特性係数 $R_t$ を算出する場合の $T$ とは**同じ値**である。

2. 地震層せん断力係数 $C_i$ は、$C_i = Z \cdot R_t \cdot A_i \cdot C_0$ より計算する。このときの振動特性係数 $R_t$ は、設計用一次固有周期 $T$ が 0.4 秒を超えると、グラフは下降して値は小さくなり、**低減**することができる。$T$ が 1.0 秒の場合では、第一種地盤(硬質)より第三種地盤(軟弱)の場合のほうが低減が小さいので、$R_t$ の値は大きくなり、地震層せん断力係数 $C_i$ も**大きく**なる。

3. 建築物の設計用一次固有周期 $T$ は、$T = h(0.02 + 0.01\alpha)$ より計算する。したがって、建築物の高さ $h$ が等しければ、一般に、鉄筋コンクリート造（$\alpha = 0$、よって $T = 0.02h$）より鉄骨造（$\alpha = 1$、よって $T = 0.03h$）のほうが長くなる。

4. 地上階数 **4 以上**または高さ 20m を超える建築物において、屋上から 2m を超えて突出する水槽、塔屋、煙突等の地震力には、**水平震度 $k$** を用いて計算する。このときの水平震度 $k$ は、地震地域係数 $Z$ に 1.0 以上の数値を乗じた値とする。

→ **正解 2**

**問題2**

1. 建築物の地上部分のある層（$i$ 層）の地震層せん断力は、$Q_i = C_i \times W_i$ より求める。このとき、$C_i$ は地震層せん断力係数であり、$W_i$ はその層が支える部分（$i$ 層以上の部分）全体の固定荷重と積載荷重との総和（多雪区域では積雪荷重を加える）である。

2. 地震層せん断力係数の建築物の地上部分における高さ方向の分布を示す係数 $A_i$ の値は、建築物の**上層**ほど大きくなる。また、設計用一次固有周期 $T$ が**長い**ほど大きくなる。よって、$A_i$ は、**割増係数**である。

3. 振動特性係数 $R_t$ は、建築物の固有周期と地盤の種別によって値が変化する**低減係数**である。したがって、建築物の設計用一次固有周期 $T$ が長くなるほど、$R_t$ は小さくなる。

4. 建築物の地下部分の水平震度 $k$ は、深さが 20m までは地盤面からの深さに応じて小さくなる。20m を超える部分については、$k = 0.05Z$ と一定値になる（「ここがツボ」図参照）。

→ **正解 3**

### ここがツボ

- 地下部分の各部分に作用する地震力は、当該部分の固定荷重と積載荷重との和に水平震度を乗じて計算する。

$$\text{水平震度 } k = 0.1 \times \left(1 - \frac{H}{40}\right) Z$$

$Z$：地震地域係数
$H$：地下部分の地盤面からの深さ [m]
　　20m を超える場合は 20m とする。

図　水平震度 $k$

- 地下部分の地震層せん断力 $Q_B$ は、地下部分の地震力 $k \cdot W_B$ と地上部分の最下層の地震層せん断力 $Q_1$ との和として計算する。

$$Q_B = k \cdot W_B + Q_1$$

- 許容応力度設計（一次設計）などを行う場合の応力の組合せは、右表のようになる。

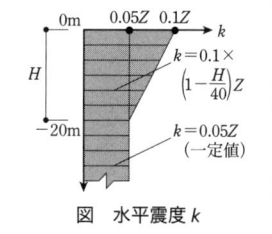

表　許容応力度計算・許容応力度等計算・保有水平耐力計算に用いる応力の組合せ

| 種類 | 状態 | 一般の場合 | 多雪区域の場合 | 記号 |
|---|---|---|---|---|
| 長期に生ずる力 | 常時 | $G+P$ | $G+P$ | $G$：固定荷重 |
| | 積雪時 | $G+P$ | $G+P+0.7S$ | $P$：積載荷重 |
| 短期に生ずる力 | 積雪時 | $G+P+S$ | $G+P+S$ | $S$：積雪荷重 |
| | 暴風時 | $G+P+W$ | $G+P+W$ | $W$：風圧力 |
| | | | $G+P+0.35S+W$ | $K$：地震力による力 |
| | 地震時 | $G+P+K$ | $G+P+0.35S+K$ | |

# 10 木構造

## 10-1 ▷ 木構造① (全般)

**問題 1**

木造軸組工法による2階建の建築物に関する次の記述のうち、最も不適当なものはどれか。

1. 耐力壁が偏った配置であり、重心と剛心が離れている場合、床の面内剛性が高い場合においては床面が剛心を中心に回転しやすく、床の面内剛性が低い場合においては床面が変形しやすい。
2. 構造耐力上主要な柱の小径は、やむを得ず柱の所要断面積の1/3以上を切り欠きした場合、その部分を補強することにより、切り欠きした部分における縁応力を伝達できるようにする。
3. 1ヶ所の接合部に釘とボルトを併用したときの接合部の耐力は、それぞれの許容耐力を加算することができる。
4. 地盤が著しく軟弱な区域として指定する区域内において、地震力を算定する場合、標準せん断力係数 $C_0$ は 0.3 以上とする。

**問題 2**

木造建築物に関する次の記述のうち、最も不適当なものはどれか。

1. 平面が長方形の建築物において、耐力壁の必要壁量 (所要有効長さ) が地震力により決定される場合、梁間方向および桁行方向の耐力壁の必要壁量は、同じ値となる。
2. 風圧力に対する耐力壁の所要有効長さ (必要壁量) は、梁間方向と桁行方向とでは異なる値となる。
3. 荷重継続期間を3ヶ月程度と想定した積雪荷重時の許容応力度計算をする場合、木材の繊維方向の長期許容応力度は、通常の長期許容応力度に1.3を乗じた数値とする。
4. 垂木、根太等の並列材に構造用合板を張り、荷重・外力を支持する場合、曲げに対する基準強度は、割増の係数を乗じた数値とすることができ、普通構造材より構造用集成材のほうが大きい。

■解答

問題1

1. 耐力壁が偏って重心と剛心が離れている場合、床の面内剛性が高いと剛心を中心に回転し、剛心から遠いところの部材が崩壊する危険がある。床の面内剛性が低いと床厚が薄いことになり、床面が波打つように変形する。
2. 構造耐力上主要な柱の小径は、原則として、横架材の相互間の垂直距離の 1/33 ～ 1/20 以上とする。柱の所要断面積の 1/3 以上を切り欠きした場合は、切り欠きした部分の縁応力を伝達できるように、その部分を金物などで補強しなければならない。
3. 1ヶ所の接合部に釘とボルトを併用する場合の許容耐力は、釘とボルトでは荷重と変位の関係が異なり、許容耐力時の変位が同じでないから、いずれか一方の耐力によるものとする。決して**両方の耐力を加算してはならない**。
4. 中程度の地震を想定する場合は、標準せん断力係数 $C_0$ を 0.2 以上とするが、地盤が著しく軟弱な区域として指定する区域内に建つ木造建築物は、標準せん断力係数 $C_0$ を 0.3 以上として地震力を算定する。

→ 正解 3

問題2

1. 長方形平面の建築物において、地震力による耐力壁の必要壁量（所要有効長さ）は、**床面積**から計算するので、梁間方向および桁行方向ともに**同じ値**である。
2. 風圧力に対する耐力壁の所要有効長さ（必要壁量）は、計算の根拠となる**壁の見付面積**が、梁間方向と桁行方向とでは異なるから、必要壁量の値も異なる。なお、1階の必要壁量を計算するのに必要な見付面積は、1階の床面から **1.35m** 以上の壁面の面積とする。
3. 荷重継続期間を3ヶ月程度と想定した積雪荷重を検討する場合、木材の繊維方向の許容応力度は、通常の長期（50年程度）の許容応力度の **1.3倍** とする。また、荷重継続期間を3日間程度と想定した場合の許容応力度は、短期許容応力度（10分程度）の許容応力度の **0.8倍** とする（p.159、「ここがツボ」式 (1-1)、(1-2) 参照）。
4. 垂木、根太等の並列材に構造用合板を張り、荷重・外力を支持する場合、曲げに対する基準強度は、**システム係数 $K_S$** で割増することができる。これは、部材の強度を平均化することによって全体として平均強度が高くなるからである。ただし、構造用集成材は、ばらつきが少ない材料であるから割り増すことができない（p.159、「ここがツボ」表2参照）。

→ 正解 4

### ここがツボ

- 構造計算が必要な木造建築物は、**3階建以上**または延べ面積が **500m² を超える**もの、ならびに高さ 13m 以下または軒高 9m を超えるものである（建築基準法第20条）。
- 軸組工法の建築物の布基礎のフーチングの厚さは **15cm 以上**、べた基礎では **12cm 以上**。
- べた基礎の立上がり部分の高さは、建築物の外周部で **30cm 以上**、間仕切土台で **20cm 以上**。
- 構造耐力上主要な部分である柱の有効細長比は **150 以下** とする。
- 地上3階建の建築物の1階の構造耐力上主要な部分である柱の小径は **13.5cm 以上** とする。
- 大断面木造建築物の柱や梁において、**30分の耐火性能**を確保するためには、原断面から **25mm の燃えしろ**（炭化厚）を差し引いた断面が設計荷重に対して安全な設計とする。

# 10-2 ▷ 木構造②（耐力壁）

## 問題 1 □□□

木造軸組工法による2階建の建築物における耐力壁に関する次の記述のうち、最も不適当なものはどれか。

1. 壁量充足率は、各側端部分のそれぞれについて、存在壁量を必要壁量で除して求める。
2. 壁率比が0.5未満であっても、各側端部分の壁量充足率が1を超えていればよい。
3. 地上2階建の建築物において、圧縮力と引張力の両方を負担する筋かいとして、厚さ3cm、幅9cmの木材を使用し、その軸組の倍率（壁倍率）は1.5とした。
4. 風圧力に対して必要な耐力壁の有効長さ（必要壁量）を求める場合、同一区域に建つ平家建の建築物」と「2階建の建築物の2階部分」とでは、見付面積に乗ずる数値は異なる。

## 問題 2 □□□

木造2階建の建築物において、建築基準法に基づく「木造建築物の軸組の設置基準」に関する次の記述のうち、最も不適当なものはどれか。

1. 各階につき、梁間方向および桁行方向の偏心率が0.3以下であることを確認した場合を除き、「木造建築物の軸組の設置の基準」にしたがって軸組を設置しなければならない。
2. 図1のような不整形な平面形状において、側端部分は、建築物の両端（最外縁）より1/4部分（▨部分）である。
3. 梁間方向および桁行方向の側端部分の壁量充足率が1以下の場合には、建築物全体の耐力が十分に確保されているので、壁率比の確認は省略することができる。
4. 図2のような建築物の1階側端部分の必要壁量は、「aの部分は2階建の1階」とし、「bの部分は平家建」として算出する。

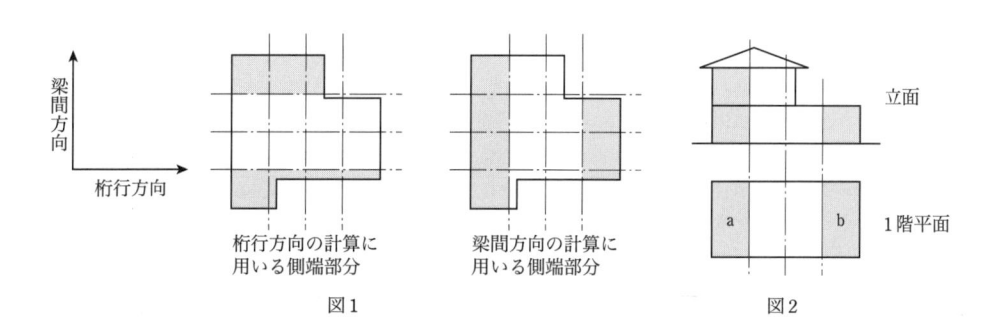

図1

図2

■解答

問題1

1. **壁量充足率**は、各側端部分の桁行方向の上下および梁間方向の左右のそれぞれについて、存在壁量を必要壁量で除して求める。

2. 壁率比が0.5未満であっても、各方向の側端部分の壁量充足率が1を超えていればよい。1を超えていれば、建築物全体の耐力が十分に確保されていると考える。

3. 圧縮力と引張力の両方を負担する筋かいとして、厚さ3cm、幅9cmの木材を使用することができ、その軸組の倍率（壁倍率）は**1.5**とする。なお、筋かいをたすき掛けに入れた場合は壁倍率を3.0（1.5×2倍）とする。

4. 風圧力に対して必要な耐力壁の有効長さ（必要壁量）を求める場合、同一区域に建つ「平家建の建築物」と「2階建の建築物の2階部分」とでは、見付面積に乗ずる数値は**同じ**である。しかし、見付面積が異なれば、耐力壁の有効長さ（必要壁量）は、異なる。よって、梁間方向と桁行方向では、見付面積に乗ずる数値は同じであるが、見付面積が異なるので、必要壁量は異なる。　　　　　　　　　　　　　　　　　→ **正解 4**

問題2

1. 各階の各方向につき、偏心率が**0.3以下**であることを確認した場合は、壁率比の確認を行う必要がない。その他の場合は、「木造建築物の軸組の設置の基準」にしたがって軸組を設置しなければならない。

2. 不整形な平面形状においても、側端部分は、建築物の両端（最外縁）より**1/4部分**（▭部分）である。

3. 壁率比の確認を省略することができるのは、梁間方向および桁行方向の側端部分の壁量充足率が**1.0を超える**場合である。1.0を超えていれば、建築物全体の耐力が十分に確保されていると考える。1.0以下では壁率比の確認は省略できない。

4. 1階の側端部分の必要壁量は、2階建の場合は2階建の1階として、平家建の場合はそのまま1階部分として算出する。　　　　　　　　　　　　　　　　　　　→ **正解 3**

> **ここがツボ**
>
> ・階数が**2以上**または延べ面積が**500m²を超える**木造建築物の軸組は、軸組長さの検討を行わなければならない。
> ・地震力では、所要軸組長さ＝（その階の**床面積**）×（その階に応じた数値）で求める。
> ・風圧力では、所要軸組長さ＝（その階の**見付面積**）×（区域に応じた数値）で求める。
> ・1階の必要壁量を計算するのに必要な見付面積は、1階の床面から**1.35m以上**の壁面の面積とし、2階の必要な見付面積は、2階の床面から**1.35m以上**の壁面の面積とする。
> ・上記で求めた各階の梁間方向および桁行方向の必要軸組長さのうち**大きいほう**を、その階のその方向の所要軸組長さ（必要壁量）とする。
> ・壁量充足率を計算した結果、その値が**1.0を超えて**いれば、存在壁量が必要壁量を上回って配置されているので、壁率比の確認は必要ない。壁量充足率が1.0以下の場合は、壁率比が**0.5以上**となるように耐力壁や筋かいを配置する。

# 10-3 ▷ 木構造③（壁率比）

## 問題1

図のような木造軸組工法による平家建の建築物（屋根は日本瓦葺とする）において、建築基準法に基づく「木造建築物の軸組の設置の基準」による $X$ 方向および $Y$ 方向の壁率比の組合せとして、最も適当なものは、次のうちどれか。ただし、図中の太線は耐力壁を示し、その倍率（壁倍率）は 1 とする。また、壁率比は、壁量充足率の小さいほうを壁量充足率の大きいほうで除した数値である。

| | 壁率比 | |
|---|---|---|
| | $X$ 方向 | $Y$ 方向 |
| 1. | 0.5 | 0.5 |
| 2. | 0.5 | 1.0 |
| 3. | 1.0 | 0.5 |
| 4. | 1.0 | 1.0 |

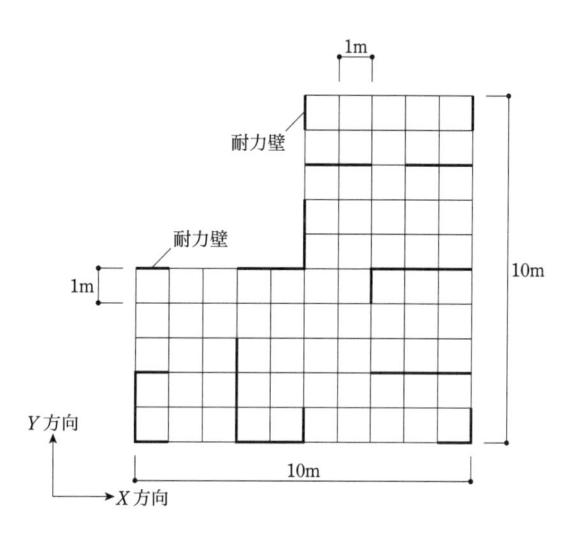

## 問題2

木造2階建の建築物において、軸組に下表のA仕様、B仕様、C仕様またはD仕様のものを組み合わせて用いた場合、建築基準法に基づく軸組の倍率として、誤っているものは、次のうちどれか。

| | 仕　様 | 倍　率 |
|---|---|---|
| A仕様 | 厚さ3cm、幅9cmの木材の筋かいを用いた場合 | 1.5 |
| B仕様 | 9cm角の木材の筋かいを用いた場合 | 3.0 |
| C仕様 | 厚さ12cmのパーティクルボードを所定の方法で軸組の片面に打ち付けた場合 | 2.5 |
| D仕様 | 厚さ12.5cmのせっこうボードを所定の方法で軸組の片面に打ち付けた場合 | 0.9 |

1. 内部にA仕様の筋かいをたすき掛けとして用いたもの ……………3.0
2. 内部にB仕様の筋かいをたすき掛けとして用いたもの ……………6.0
3. 片面にC仕様、他面にD仕様、内部にA仕様を用いたもの ………4.9
4. 両面にD仕様、内部にB仕様を用いたもの ……………………4.8

■ 解答

問題1

　壁率比の計算を必要とする木造建築物は、**2階建以上または延べ面積が50m²を超える建築物**である。壁率比の計算は次の順序で行う。

① **側端部分を決める**：側端部分は、桁行方向（$X$方向）にあっては梁間方向（$Y$方向）の両端から **1/4 の部分**をいい、梁間方向にあっては桁行方向の両端から **1/4 の部分**をいう。

　したがって、桁行方向に用いる側端部分は、10m×1/4＝2.5m（網掛部分）、梁間方向の計算に用いる側端部分は、10m×1/4＝2.5m（ハッチング部分）となる。

② **壁量充足率を計算する**：壁量充足率は、側端部分の**存在壁量を必要壁量で除した値**である。**存在壁量**は、側端部分の軸組の長さに壁倍率を乗じた値である。設問より、壁倍率は1とする。**必要壁量**は、側端部分の床面積に所定の数値を乗じた値であるが、設問からは数値はわからないので、ここでは $\alpha$ とする。

③ **壁率比を計算する**：壁率比は、壁量充足率の小さいほうを**壁量充足率の大きいほうで除した値である。

◆ $X$方向（桁行方向）の計算

　上側存在壁量 ＝ 4m×1倍 ＝ 4m
　下側存在壁量 ＝ 8m×1倍 ＝ 8m
　上側必要壁量 ＝ (2.5m×5m)×$\alpha$m/m² ＝ 12.5$\alpha$m
　下側必要壁量 ＝ (2.5m×10m)×$\alpha$m/m² ＝ 25.0$\alpha$m
　上側壁量充足率 ＝ 4/12.5$\alpha$ ＝ 0.32/$\alpha$
　下側壁量充足率 ＝ 8/25.0$\alpha$ ＝ 0.32/$\alpha$
　$X$方向の壁率比 ＝ (0.32/$\alpha$)÷(0.32/$\alpha$) ＝ 1.0

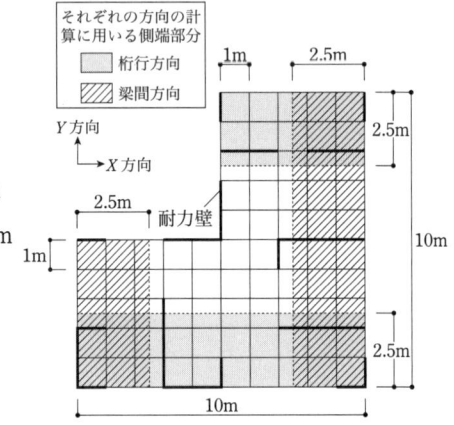

◆ $Y$方向（梁間方向）の計算

　左側存在壁量 ＝ 2m×1倍 ＝ 2m　　右側存在壁量 ＝ 2m×1倍 ＝ 2m
　左側必要壁量 ＝ (5m×2.5m)×$\alpha$m/m² ＝ 12.5$\alpha$m　　右側必要壁量 ＝ (10m×2.5m)×$\alpha$m/m² ＝ 25.0$\alpha$m
　左側壁量充足率 ＝ 2/12.5$\alpha$ ＝ 0.16/$\alpha$　　右側壁量充足率 ＝ 2/25.0$\alpha$ ＝ 0.08/$\alpha$
　$Y$方向の壁率比 ＝ (0.08/$\alpha$)÷(0.16/$\alpha$) ＝ 0.5

→ **正解 3**

問題2

1. 内部にA仕様（軸組の倍率1.5）の筋かいをたすき掛けとして用いたものは、倍率を2倍するから3.0となる。OK
2. 内部にB仕様（軸組の倍率3.0）の筋かいをたすき掛けとして用いたものは、やはり倍率を2倍するから6.0となるが、**5.0を超えるものは5.0とする**。NG
3. 片面にC仕様（軸組の倍率2.5）、他面にD仕様（軸組の倍率0.9）、内部にA仕様（軸組の倍率1.5）を用いたものの軸組の倍率は、これらを加え合わせて4.9となる。OK
4. 両面にD仕様（軸組の倍率0.9×2）、内部にB仕様（軸組の倍率3.0）を用いたものの軸組の倍率は、これらを加え合わせて4.8となる。OK

→ **正解 2**

# 10-4 ▷ 品確法

### 問題 1

「住宅の品質確保の促進等に関する法律」に基づく「日本住宅性能表示基準」における構造の安定に関する次の記述のうち、最も不適当なものはどれか。

1. 「耐震等級（構造躯体の倒壊等防止）」は、極めて稀に（数百年に一度程度）発生する地震に対する構造躯体の倒壊、崩壊等のしにくさを表示している。
2. 「耐風等級」および「耐積雪等級」については、等級はその値が大きくなるにしたがって、より大きな力に対して所要の性能を有することを表示している。
3. 「基礎の構造方法及び形式等」の事項は、地震に対する基礎の損傷の生じにくさの程度を等級により表示している。
4. 地盤の性能について表示すべき事項は、地盤の許容応力度およびその設定の根拠となった方法である。

### 問題 2

「住宅の品質確保の促進等に関する法律」に基づく「日本住宅性能表示基準」における構造の安定に関する次の記述のうち、最も不適当なものはどれか。

1. 「耐風等級」は、暴風に対する構造躯体の倒壊・崩壊等のしにくさおよび構造躯体の損傷の生じにくさを表示している。
2. 「耐風等級2」の暴風による力は、「耐風等級1」の場合の1.1倍である。
3. 「耐震等級3」の地震による力は、「耐震等級1」の場合の1.5倍である。
4. 「耐積雪等級」における「極めて稀に発生する積雪による力」は、「稀に発生する積雪による力」の1.4倍である。

■ 解答

問題1

1. 「耐震等級（構造躯体の倒壊等防止）」は、「耐震等級3」から「耐震等級1」までが示されている。特に、「耐震等級3」は、数百年に一度程度と極めて稀に発生する地震力の **1.5倍** の地震力に対して構造躯体の倒壊・崩壊等が起こらないことを示している。
2. 「耐風等級」および「耐積雪等級」の数字は、その値が大きくなるほど、大きな力に対して所要の性能を有することを表示している。
3. 「基礎の構造方法及び形式等」の事項は、直接基礎の構造と形式または杭基礎の杭種、杭径および杭長を示している。なお、**等級による表示は示されていない**。
4. 地盤性能についての表示事項は、地盤の許容応力度の大きさ、地盤に見込んでいる抵抗しうる力の設定の根拠となった方法である。

➡ 正解 3

問題2

1. 「耐風等級」は、暴風に対する構造躯体の倒壊・崩壊等のしにくさおよび構造躯体の損傷の生じにくさを表示している。
2. 「耐風等級2」の暴風による力は、「耐風等級1」の場合の **1.2倍以上** とする。
3. 「耐震等級3」の地震による力は、「耐震等級1」の場合の **1.5倍以上** とする。
4. 「耐積雪等級」における「極めて稀に発生する積雪による力」は、「稀に発生する積雪による力」の **1.4倍以上** とする。

➡ 正解 2

### ここがツボ

- 等級レベルを下表に示す。等級が1、2、3と大きくなるほど性能が高くなる。
- ⑤、⑥には等級の表示が示されていない。
- ②、③、④、⑥は既存住宅に適用できるが、新築時の建設住宅性能評価書が必要となる。
- 品確法（住宅の品質確保の促進に関する法律）の「日本住宅性能表示基準」には、①構造の安全、②火災時の安全、③劣化の軽減、④維持管理・更新への配慮、⑤温熱環境、⑥空気環境、⑦光・視環境、⑧音環境、⑨高齢者等への配慮、⑩防犯の10項目がある。

表 構造の安定に関する表示すべき事項

| ①耐震等級：構造躯体の倒壊防止 | | ④耐積雪等級：構造躯体の倒壊防止および損傷防止 | |
|---|---|---|---|
| 等級3 | 等級1の1.5倍の地震力に対して倒壊しない程度（$C_0 \geq 1.5$） | 等級2 | 倒壊：等級1の1.2倍（令86条による値×1.4×1.2）<br>損傷：等級1の1.2倍（令86条による値×1.2） |
| 等級2 | 等級1の1.25倍（$C_0 \geq 1.25$） | 等級1 | 倒壊：極めて稀に（500年に一度程度）発生する積雪による力に対して倒壊しない程度（令86条による値×1.4）<br>損傷：稀に（50年に一度程度）発生する積雪による力に対して損傷しない程度（令86条による値） |
| 等級1 | 極めて稀に（数百年に一度程度）発生する大規模の地震力に対して倒壊しない程度（$C_0 \geq 1.0$） | | |
| ②耐震等級：構造躯体の損傷防止 | | ⑤地盤・杭の許容支持力およびその設定方法 | |
| 等級3 | 等級1の1.5倍の地震力に対して倒壊しない程度（$C_0 \geq 0.3$） | 地盤または杭に見込んでいる常時作用する荷重に対して抵抗しうる許容応力度等の力の大きさ、地盤に見込んでいる抵抗しうる力の設定の根拠となった方法 | |
| 等級2 | 等級1の1.25倍（$C_0 \geq 0.25$） | ⑥基礎の構造方法および形式等 | |
| 等級1 | 稀に（数十年に一度程度）発生する中程度の地震力に対して損傷しない程度（$C_0 \geq 0.2$） | 直接基礎の構造と形式または杭基礎の杭種、杭径および杭長 | |
| ③耐風等級：構造躯体の倒壊防止および損傷防止 | | | |
| 等級2 | 倒壊：等級1の1.2倍（令87条による値×1.6×1.2）<br>損傷：等級1の1.2倍（令87条による値×1.2） | | |
| 等級1 | 倒壊：極めて稀に（500年に一度程度）発生する暴風による力に対して倒壊しない程度（令87条による値×1.6）<br>損傷：稀に（50年に一度程度）発生する暴風による力に対して損傷しない程度（令87条による値） | | |

# 11 鉄筋コンクリート構造 1

## 11-1 ▷ 鉄筋コンクリート構造① (全般 1)

**問題 1**

鉄筋コンクリート構造に関する次の記述のうち、最も不適当なものはどれか。

1. 曲げ降伏する梁は、両端が曲げ降伏する場合におけるせん断力に対する梁のせん断強度の比（せん断余裕度）が大きいほうが、曲げ降伏後のせん断破壊が生じにくいので、一般に、靱性は高い。
2. 梁の曲げに対する断面算定において、梁の引張鉄筋比がつり合い鉄筋比以下の場合、梁の許容曲げモーメントは、$a_t$（引張鉄筋の断面積）× $f_t$（鉄筋の許容引張応力度）× $j$（曲げ材の応力中心距離）により計算した。
3. 柱断面の長期許容せん断力の計算において、コンクリートの許容せん断力に帯筋による効果を加算した。
4. 腰壁が取り付くことにより、柱が短柱となるのを防止するため、柱と腰壁の取り合い部に、十分なクリアランスを有する完全スリットを設けた。

**問題 2**

鉄筋コンクリート構造に関する次の記述のうち、最も不適当なものはどれか。

1. 柱および梁の靱性を確保するために、部材が曲げ降伏する以前にせん断破壊するように設計した。
2. 鉄筋に対するコンクリートのかぶり厚さについては、鉄筋の耐火被覆、コンクリートの中性化速度、主筋の応力伝達機構等を考慮して決定した。
3. 梁において、長期荷重時に正負最大曲げモーメントを受ける断面の最小引張鉄筋比については、「0.4%」または「存在応力によって必要とされる量の4/3倍」のうち、小さいほうの値以上とした。
4. 梁部材における鉄筋コンクリートに対する許容付着応力度は、上端筋より下端筋のほうが大きい。

■解答

問題1

1. 「梁のせん断強度／梁の両端が曲げ降伏する場合のせん断力」が大きいほど、曲げ降伏後のせん断破壊が生じにくくなるので、梁の靭性は高くなる。

2. 梁の曲げに対する断面算定において、梁の引張鉄筋比がつり合い鉄筋比以下の場合、梁の許容曲げモーメントは、$a_t$（引張鉄筋の断面積）×$f_t$（鉄筋の許容引張応力度）×$j$（曲げ材の応力中心距離）により、$M = a_t \cdot f_t \cdot j$ で計算する。

3. 柱断面の長期許容せん断力の計算においては、長期荷重によるせん断ひび割れの発生を許容せず、帯筋や軸圧縮応力度の効果を無視して、**コンクリートの許容せん断力のみ**とする。その計算式は、$_LQ_A = \alpha \cdot f_s \cdot b \cdot j$ である（p.76、「ここがツボ」参照）。

4. 柱に腰壁が取り付くと、**短柱**となる。これを防止するためには、柱と腰壁の取り合い部に、十分なクリアランスを有する**完全スリット**を設けるのがよい。　　→ **正解 3**

問題2

1. せん断破壊は**脆性破壊**となりやすく、瞬時に破壊することが多いので、柱や梁などの主要構造部材は、靭性を確保するために、**せん断破壊する前に曲げ降伏する**ように設計する。

2. 鉄筋に対するコンクリートのかぶり厚さの決定については、①鉄筋の耐火被覆：火災時に鉄筋の温度上昇を妨げる役目、②コンクリートの中性化速度：コンクリートがその表面から炭酸ガスを吸収して中性化し、鉄筋を酸化させる時間を遅らせる役目、③主筋の応力伝達機構等：所定のかぶり厚さがあることによって、主筋に大きな力が作用して付着ひび割れが生じても、急激な応力低下による破壊を防止する役目、を考慮して決定する。

3. 梁にひび割れが発生したときの危険を考慮して、引張鉄筋の断面積（$a_t$）がコンクリートの有効断面積（$bd$）に比べて小さくならないよう、長期荷重時に正負最大曲げモーメントを受ける断面の最小引張鉄筋比（$= a_t/bd$）については、「**0.4％**」以上とし、地中梁などでは、「存在応力によって必要とされる量の **4/3 倍**」以上とする。地中梁などは断面が大きいので、0.4％の鉄筋を入れることができない場合があるからである。

4. 梁部材における鉄筋のコンクリートに対する許容付着応力度は、上端筋より下端筋のほうが大きい。これは、上端筋の下に **30cm 以上**のコンクリートが打ち込まれていることによって、コンクリートが沈降して鉄筋の下に空隙が生じるからである。　　→ **正解 1**

● ここがツボ

- 梁の引張鉄筋比がつり合い鉄筋比以下の場合の梁の許容曲げモーメントは、下式により計算する。

　　$\boxed{M = a_t \cdot f_t \cdot j}$　　$a_t$：引張鉄筋の断面積　$f_t$：鉄筋の許容引張応力度　$j$：曲げ材の応力中心距離

- 梁に設ける設備用の貫通孔の径は、梁せいの **1/3 以下**とする。貫通孔は梁中央部に設ける。
- RC 造の梁の**クリープ**によるたわみを小さくするには、圧縮側の鉄筋量を多くする。
- 床スラブの厚さは 80mm 以上、かつ、短辺有効スパンの 1/40 以上とし、床スラブの短辺方向の鉄筋間隔は 200mm 以下、長辺方向は 300mm 以下、かつ、**スラブ厚さの3倍以下**とする。
- 床スラブのひび割れを制御するため、鉄筋全断面積のコンクリート全断面積に対する割合を **0.4％以上**とする。

# 11-2 ▷ 鉄筋コンクリート構造②（全般2）

### 問題 1 □□□

鉄筋コンクリート構造に関する次の記述のうち、最も不適当なものはどれか。

1. 外柱の柱・梁接合部においては、一般に、靱性を確保するため、梁の下端筋は上向きに定着させ、梁の上端筋および下端筋の柱・梁接合部内における水平定着長さを十分にとる。
2. 柱および梁の剛性の算出において、ヤング係数の小さなコンクリートを無視し、ヤング係数の大きな鉄筋の剛性を用いた。
3. コンクリートの耐久設計基準強度$F_d$は、構造物の設計時に定めた耐久性を確保するために必要な強度であり、「計画供用期間の級」に応じて定められている。
4. 柱・梁接合部のせん断補強筋については、一般に、その間隔を、150mm以下、かつ、隣接する柱のせん断補強筋間隔の1.5倍以下とし、せん断補強筋比については、0.2％以上とする。

### 問題 2 □□□

鉄筋コンクリート構造に関する次の記述のうち、最も不適当なものはどれか。

1. 変形性能を高めるために、耐力壁の破壊形式を、基礎浮き上がり型にならないようにした。
2. 梁の圧縮鉄筋は、一般に、「クリープによるたわみの抑制」および「地震に対する靱性の確保」に効果がある。
3. 地震時に水平力を受ける柱のひび割れは、一般に、柱頭および柱脚に発生しやすい。
4. 柱の帯筋の端部については、帯筋の両端を溶接することにより、帯筋端部にフックを付けない設計とした。

## 解答

**問題1**

1. 外柱の柱・梁接合部では、**梁の下端筋は上向きに定着させ、梁の上端筋は下向きに定着**させるのがよい。このほうが、**靭性を確保するのに有利であり、せん断性能がよくなる**。このとき、上端筋および下端筋の柱・梁接合部内における水平定着長さを十分長く取る。

2. 柱および梁部材の剛性の算出においては、**コンクリートのヤング係数**を用いる。なお、断面二次モーメントにおいてもコンクリートの断面を用いる。

3. コンクリートの耐久設計基準強度 $F_d$ は、構造物の設計時に定めた耐久性を確保するために必要な圧縮強度であり、「計画供用期間の級」に応じて定められている。すなわち、**計画供用期間が長いほど耐久設計基準強度は大きく**定められている。

4. 柱・梁接合部のせん断補強筋すなわち帯筋の間隔は、**150mm 以下**とし、かつ、隣接する柱のせん断補強筋間隔すなわち帯筋間隔の **1.5 倍以下**とする。また、せん断補強筋比については、**0.2％以上**とする。

→ **正解 2**

**問題2**

1. 変形性能を高めるために、耐力壁の破壊形式は、**曲げ降伏型**か**基礎浮き上がり型**にする。壁に X 型のひび割れが入る**せん断破壊型は、脆性的な破壊形式**であるから避けるべきである。したがって、**基礎浮き上がり型**になってもやむを得ない。

2. **鉄筋はクリープによる変形がほとんど生じない**。したがって、梁の圧縮鉄筋を多くすれば、鉄筋が多くの圧縮応力を負担し、コンクリートの圧縮応力が減少して、「クリープによるたわみの抑制」に効果が出る。また、**圧縮側のコンクリートの応力負担が小さく**なるので、コンクリートの圧壊が抑制され、「地震に対する靭性の確保」に効果がある。

3. 地震時に繰り返し水平力を受ける**柱のひび割れ**は、柱頭および柱脚の曲げモーメントが大きくなって、**柱頭および柱脚に発生しやすく**なる。

4. 柱の帯筋の端部の設計については、帯筋の両端を溶接すれば、帯筋端部にフックを付けなくてもよい。その他の設計では、主筋を包むように **135°フック**を用いて定着するか、**スパイラル筋**を用いる方法などがある。

→ **正解 1**

### ここがツボ

- コンクリートに対する鉄筋の**ヤング係数比** $n$ は、表1のように、コンクリートの**設計基準強度** $F_c$ **が高くなるほど、小さくなる**。
- 耐久設計基準強度は、表2のように、**計画供用期間が長いほど、大きくなる**。
- 鉄筋は、引張に対して有効に働くとともに圧縮にも有効に働く。
- **引張鉄筋比** $p_t$ は、引張鉄筋断面積 $a_t$ を梁有効断面積 $bd$ で除す。

$$p_t = (a_t/bd) \times 100 \ [\%]$$

- **つり合い鉄筋比**は、引張鉄筋の応力度と圧縮側コンクリートの応力度が、**同時に許容応力度の達するとき**の鉄筋比である。梁の設計では、通常はつり合い鉄筋比以下なので鉄筋の本数で決まる。

表1 コンクリートに対する鉄筋のヤング係数比

| コンクリートの設計基準強度 $F_c$ [N/mm²] | ヤング係数比 $n$ = 鉄筋のヤング係数 $E_s$ / コンクリートのヤング係数 $E_c$ |
|---|---|
| $27 < F_c \leq 27$ | 15 |
| $27 < F_c \leq 36$ | 13 |
| $36 < F_c \leq 48$ | 11 |
| $48 < F_c \leq 60$ | 09 |

表2 コンクリートの耐久設計基準強度

| 計画供用期間の級 | 計画供用期間 | 耐久設計基準強度 [N/mm²] |
|---|---|---|
| 短期 | 30 年 | 18 |
| 標準 | 65 年 | 24 |
| 長期 | 100 年 | 30 |

# 12 鉄筋コンクリート構造2

## 12-1 ▷ 鉄筋コンクリート構造③（柱部材）

**問題1**

鉄筋コンクリート構造の柱部材に関する次の記述のうち、最も不適当なものはどれか。

1. 地震時に大きな変動軸力が作用する外柱の曲げ耐力および靱性能は、変動軸力が少ない同断面・同一配筋の内柱より低くなる。
2. 柱の付着割裂破壊を防止するために、柱の断面の隅角部に太径の鉄筋を用いる配筋とした。
3. 柱の断面が同じ場合、一般に、柱の内法の高さが短いほど、せん断強度は大きくなるが、粘り強さは小さくなる。
4. 柱主筋の継手位置は、部材応力と作業性を考慮して、柱の内法高さの下から1/4の位置に設ける。

**問題2**

鉄筋コンクリート構造の部材の靱性や破壊形式に関する次の記述のうち、最も不適当なものはどれか。

1. 純ラーメン部分の柱・梁接合部内において、柱・梁接合部のせん断強度を高めるために、帯筋量を増やした。
2. 耐力壁周囲の柱および梁は耐力壁を拘束する効果があるので、一般に、周囲に柱および梁を設けたほうが、耐力壁の靱性は増大する。
3. 曲げ降伏する耐力壁の靱性を高めるため、断面内の圧縮部分に当たる側柱のせん断補強筋を増やした。
4. 曲げ降伏する梁部材について、曲げ降伏後のせん断破壊を避けるため、曲げ強度に対するせん断強度の比を大きくした。

## 解答

**問題1**

1. **柱の変形・靱性は、軸方向力の大きさに影響を受ける**。地震時に大きな変動軸力が作用する外柱は、軸力が小さい同断面・同一配筋の内柱より曲げ耐力および靱性能は低い。

2. 柱の断面の隅角部に径の大きい異形鉄筋を配置すると、鉄筋に大きな力が作用し、付着に滑りが生じ、かぶり厚さが剥がれ落ちることにより応力低下が生じ、脆性的な破壊形式である**付着割裂破壊**が発生する。これを防ぐには、細い鉄筋を数多く入れるのがよい。

3. 柱の断面が同じ場合、柱の内法の高さ $h$ が短いほど**短柱**になり、せん断強度は大きくなるが、粘り強さが小さくなって、**脆性破壊の危険**が生じる。

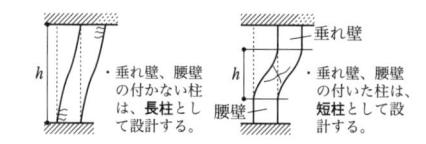

4. 柱主筋の継手範囲は、部材応力と作業性を考慮して、柱の内法高さの下から50cm以上、上から内法高さの1/4より下の位置に設けるとよい。

→ **正解 2**

**問題2**

1. 純ラーメン部分の**柱・梁接合部内におけるせん断強度**は、接合部の形式 $\kappa$、コンクリートの許容せん断応力度 $f_s$、接合部の有効幅 $b_j$ および柱せい $D$ で決まり、**帯筋量は関係しない**。短期許容せん断力は、${}_sQ_A = \kappa(f_s - 0.5)b_j \cdot D$ で求める。

2. 耐力壁の**付帯ラーメン**（耐力壁の四隅の柱および梁）は、耐力壁を拘束するので、**耐力や靱性を増大させる効果**がある。

3. **曲げ降伏する耐力壁の靱性を高める**には、付帯ラーメン柱の圧縮破壊を防止することに努め、断面内の圧縮部分に当たる側柱のせん断補強筋（帯筋）を増やすことは有効である。

4. 曲げ強度に対するせん断強度の比を大きくすると、曲げ降伏後のせん断破壊を避けることができ、部材の**変形能力を高める効果**がある。

→ **正解 1**

### ここがツボ

- 鉄筋コンクリート構造においては、曲げ破壊よりもせん断破壊に対して粘りの少ない急激な破壊（脆性破壊）を起こすことが多い。したがって、せん断破壊を起こさないように、**外力 $Q_D$ ≦ 内力 $Q_A$** と考え、次式でせん断補強筋量を算定する。

  長期設計用せん断力 ${}_LQ_D$ ≦ 長期許容せん断力 ${}_LQ_A$

  短期設計用せん断力 ${}_sQ_D$ ≦ 短期許容せん断力 ${}_sQ_A$

- 梁の許容せん断力（長期・短期ともに帯筋の補強効果を考慮する）

  長期：${}_LQ_A = b \cdot j\{\alpha \cdot {}_Lf_s + 0.5{}_{Lw}f_t(p_w - 0.002)\}$

  短期：${}_sQ_A = b \cdot j\{\alpha \cdot {}_sf_s + 0.5{}_{sw}f_t(p_w - 0.002)\}$

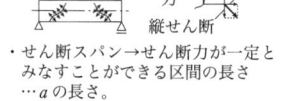

  ただし、$\alpha = \dfrac{4}{(M/Q \cdot d)+1}$、かつ、$1 \leq \alpha \leq 2$

- 柱の許容せん断力（短期は帯筋の補強効果を考慮する）

  長期：${}_LQ_A = b \cdot j \cdot \alpha \cdot {}_Lf_s$　　短期：${}_sQ_A = b \cdot j\{\alpha \cdot {}_sf_s + 0.5{}_{sw}f_t(p_w - 0.002)\}$

- 柱の長期許容せん断力 ${}_LQ_A$ は、長期荷重による**せん断ひび割れの発生を許さない**ので、帯筋の補強効果を考慮しない。

- せん断スパン→せん断力が一定とみなすことができる区間の長さ…$a$ の長さ。
- せん断スパン比→せん断スパン $a$ と有効せい $d$ の比 $a/d$ をいう。$M = Q \cdot a$ より $a = M/Q$ よって、$\dfrac{a}{d} = \dfrac{M}{Q \cdot d}$ となる。
- 部材が太くて短くなると、せん断スパン比（シアスパン比）は小さくなる。

図　せん断スパン比

# 12-2 ▷ 鉄筋コンクリート構造④（耐力壁）

### 問題1

図に示す開口を有する鉄筋コンクリート造の壁部材に関する次の記述のうち、最も不適当なものはどれか。

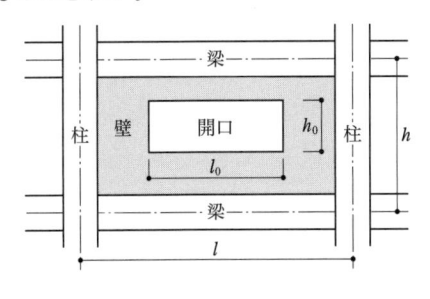

$h$（梁心間高さ）：3.2m　　$l$（柱心間長さ）：6.0m
$h_0$（開口高さ）：0.8m　　$l_0$（開口長さ）：2.0m

$$\text{式①}\quad \gamma_0 = \sqrt{\frac{h_0 \cdot l_0}{h \cdot l}} = \sqrt{\frac{0.8 \times 2.0}{3.2 \times 6.0}} = 0.29$$

$$\text{式②}\quad \gamma_1 = 1 - 1.25\gamma_0 = 1 - 1.25 \times 0.29 = 0.64$$

$$\text{式③}\quad \gamma_2 = 1 - \max\left[\gamma_0,\ \frac{l_0}{l},\ \frac{h_0}{h}\right] = 1 - 0.33 = 0.67$$

1. 式①を用いて算定した値が0.4以下であるので、開口のある耐力壁とみなす。
2. 一次設計時に用いるせん断剛性の低減率を式②を用いて算定する。
3. 一次設計時に用いる許容せん断耐力の低減率を、式①、式②および式③のうち最小値を用いて算定する。
4. 開口補強筋の量は開口の大きさを考慮して算定し、開口補強筋はD13以上、かつ、壁筋と同径以上の鉄筋を用いる。

### 問題2

図に示す耐力壁を有する鉄筋コンクリート造の建築物の耐震設計に関する次の記述のうち、最も不適当なものはどれか。

1. 図1に示す壁について、開口部の上端が上部梁に、下端が床版に接しているので、各階とも1枚の耐力壁として扱わなかった。
2. 図2に示す壁について、開口周比 $\gamma_0$ が0.4以下であることから無開口耐力壁のせん断剛性およびせん断耐力に、開口周比 $\gamma_0$ を乗じて低減を行った。
3. 図3に示す耐力壁の破壊形式を特定するために、耐力壁と同一面内（検討方向）の架構の部材に加え、耐力壁と直交する方向の部材を考慮して検討を行った。
4. 図4に示す架構について、連層耐力壁の回転変形が大きいことが想定されたので、壁脚部の固定条件を考慮して、負担せん断力を求めた。

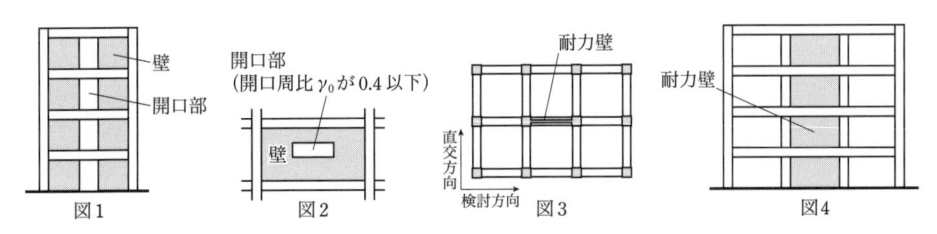

## ■解答

**問題1**

1. 式①は、**開口周比**で、$\gamma_0 = \sqrt{\dfrac{開口面積}{壁体面積}}$ で表し、この式で算定した値が **0.4 以下**であるから、開口のある耐力壁とみなすことができる。
2. 一次設計時に用いる**せん断剛性の低減率** $\gamma_1$ は、式②を用いて算定する。
3. 一次設計時に用いる**許容せん断耐力の低減率** $\gamma_2$ は、式③を用いて算定し、そのうち最小値を用いる。
4. 耐震壁の開口周囲の補強筋には、D13 以上、かつ、その耐震壁の壁筋と同径以上の異形鉄筋を用いる。このとき、開口の大きさを考慮して算定すること。　　　→ **正解 3**

**問題2**

1. 開口部の上端が上部梁に、下端が床版に接している場合は、耐力壁が左右に分かれるので、1 枚の耐力壁として扱わず、左右それぞれの**2 枚の耐力壁として扱う**。
2. 開口に対する**せん断剛性の低減率** $\gamma_1$ は、$\gamma_1 = 1 - 0.25\gamma_0$ より求める。

   開口に対する**せん断耐力の低減率** $\gamma_2$ は、$\gamma_{2-1} = 1 - \dfrac{l_0}{l}$、$\gamma_{2-2} = 1 - \dfrac{h_0}{h}$、$\gamma_{2-3} = 1 - \gamma_0$ のうち**最も小さい値**とする。このとき、開口周比 $\gamma_0$ は、$\gamma_0 = \sqrt{\dfrac{h_0 \cdot l_0}{h \cdot l}} \leq 0.4$ とする。したがって、無開口耐力壁のせん断剛性およびせん断耐力に開口周比 $\gamma_0$ を乗じるのではなく、せん断剛性の低減率 $\gamma_1$ およびせん断耐力の低減率 $\gamma_2$ を乗じて求める。なお、**剛性は堅さ**を、**耐力は強さ**を表す。
3. 耐力壁の破壊形式を特定するためには、耐力壁と同一構面内方向の架構の部材を検討するとともに、**耐力壁と直交方向の構面の部材をも考慮する必要がある**。これは、直交方向の架構（柱・梁）の強度も著しく影響し、その耐力壁が耐力を失うことも考慮してのことである。
4. 耐力壁の負担せん断力を考える場合、地震時水平力による連層耐力壁の回転変形を考慮しているが、基礎の浮き上がりなどによる回転変形が大きい場合には、負担せん断力が小さくなるので、**壁脚部の固定条件を考えに入れて設計する必要がある**。　　　→ **正解 2**

### ここがツボ

- 壁板の厚さは、120mm 以上、かつ、壁板の内法高さの 1/30 以上とする。
- 壁板の厚さが 200mm 以上ある場合は、壁筋を**複筋配置**とする。
- 壁板のせん断補強筋比は、直交する各方向に関し、それぞれ 0.25% 以上とする。
- 耐震壁の付帯ラーメン（耐震壁の四周のラーメン）の柱の主筋の全断面積は、原則として、柱のコンクリートの全断面積の 0.8% 以上とする。
- 耐震壁の付帯ラーメンの梁の主筋の算定においては、床スラブ部分を除く梁のコンクリート全断面積に対する主筋全断面積の割合を 0.8% 以上とする。
- 耐震壁の付帯ラーメンは、壁板を拘束してひび割れを分散させたり、ひび割れの貫通を防止し、耐力や靱性を増大させる効果がある。

# 13 鉄筋コンクリート構造3

## 13-1 ▷ 鉄筋コンクリート構造⑤(定着・付着・継手)

**問題 1** ☐☐☐

図1〜3に示す鉄筋コンクリート構造部材に使用される異形鉄筋の定着に関する次の記述のうち、最も不適当なものはどれか。ただし、$d$ は鉄筋径(呼び名の数値)とし、$D$ は折り曲げ内法直径とする。

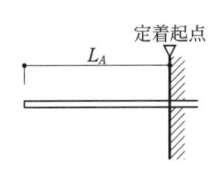

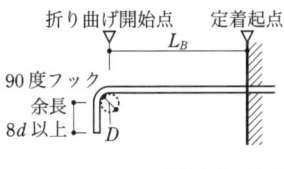

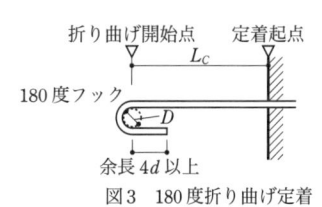

図1 直線定着　　図2 90度折り曲げ定着　　図3 180度折り曲げ定着

1. 図1に示す直線定着の必要長さ $L_A$ は、鉄筋強度が高いほど長くなる。
2. 同じ鉄筋およびコンクリートを使用した場合、図1に示す直線定着の必要長さ $L_A$ は、図2に示す90度折り曲げ定着の必要長さ $L_B$ より長い。
3. 同じ鉄筋およびコンクリートを使用した場合、図3に示す180度折り曲げ定着の必要長さ $L_C$ は、図2に示す90度折り曲げ定着の必要長さ $L_B$ より短い。
4. 図2に示す90度折り曲げた鉄筋の折り曲げ開始点以降の部分を、横補強筋で拘束された領域に定着する場合、定着性能は向上する。

**問題 2** ☐☐☐

鉄筋コンクリート構造における付着および定着に関する次の記述のうち、最も不適当なものはどれか。

1. 外周部の柱・梁接合部において、梁外端部の下端筋は上向きに折り曲げて定着し、梁主筋の水平投影長さは柱せいの0.75倍以上として、梁主筋の定着性能を確保した。
2. 剛節架構の柱・梁接合部内に通し配筋する大梁において、地震時に曲げヒンジを想定する梁接合部の主筋強度が高い場合、梁主筋の定着性能を確保するために、柱せいを大きくした。
3. 柱に定着する梁の引張鉄筋の定着長さにおいて、SD295Aの鉄筋を同一径のSD390の鉄筋に変更しても、定着長さは変わらない。
4. 鉄筋に対するコンクリートのかぶり部分は、鉄筋の防錆および鉄筋の付着力確保に役立っている。

■ 解答

問題1

1. 鉄筋の直線定着の必要長さ $L_A$ は、鉄筋強度が高いほど、負担応力が大きくなるので、定着長さを長くする必要がある。

2. 折り曲げ定着の場合、鉄筋が抜け出すのに大きな応力が必要になる。直線定着の場合は、鉄筋がそのまま抜け出すため、直線定着の必要長さ $L_A$ は、90度折り曲げ定着の必要長さ $L_B$ より長くする必要がある。

3. 必要投影定着長さは $l_{ab} = \dfrac{S \cdot \sigma_t \cdot d_b}{8 f_b}$ で計算するから、修正係数 $S$、鉄筋の存在応力度 $\sigma_t$ と異形鉄筋の呼び名に用いた数値 $d_b$ に比例し、短期許容付着応力度 $f_b$ に反比例する。したがって、同じ鉄筋およびコンクリートを使用した場合、180度折り曲げ定着の必要長さ $L_C$ と、90度折り曲げ定着の必要長さ $L_B$ は、**同じ長さ**になる。

4. 鉄筋の折り曲げ開始点以降の部分を、横補強筋で拘束されたコア内に定着するすれば、定着性能は向上する。

→ **正解 3**

問題2

1. 柱・梁接合部において、梁外端部の上端筋は下側に、下端筋は上向きに折り曲げて定着し、梁主筋の水平投影長さは柱せいの **0.75倍（3/4倍）以上** として、梁主筋の定着性能を確保する。

2. 剛節架構の柱・梁接合部内において、梁主筋を **通し配筋** とする場合、柱せいを大きくすると定着長さが長くなり、柱・梁接合部内での梁主筋の定着性能を向上させる。梁主筋に高い定着性能を確保することは、強度の高い梁主筋に曲げヒンジが発生したときに大きな引張力が作用しても有利に働くことになる。

3. 柱に定着する梁の引張鉄筋の定着長さは、鉄筋径および鉄筋強度に比例し、コンクリート強度に反比例する。したがって、SD295A から同一径の SD390 に変更すると、鉄筋の強度が大きくなるので、**定着長さは長くなる**。

4. 鉄筋に対するコンクリートのかぶり部分は、鉄筋の防錆、耐火被覆および鉄筋の付着力確保に役立っている（p.72、問題2の解答参照）。

→ **正解 3**

> **ここがツボ**
>
> ・定着長さは、柱の中心線を超えて、上端筋は **下向き** に折り曲げ、下端筋は **上向き** に折り曲げる。靱性確保に役立つ。
> ・最上階の1段筋の定着長さは、図1の鉛直部分の $L_A$ **のみが有効** である。
> ・最上階の2段筋や下端筋は、仕口面から主筋の折り曲げ起点までの長さ（水平定着長さ）を $L_B$、$L_C$ とする。
> ・一般階の上端筋や下端筋は、仕口面から主筋の折り曲げ起点までの長さ（水平定着長さ）を $L_D$ とする。
> ・外周部における柱・梁接合部の梁の主筋の必要投影定着長さは、柱せいの **0.75倍以上** とする（図2参照）。
>
> 図1 梁筋の定着長さ 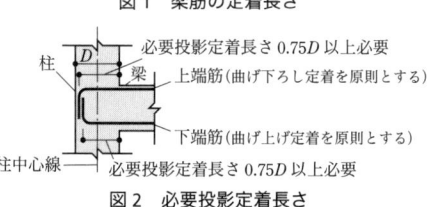
> 図2 必要投影定着長さ

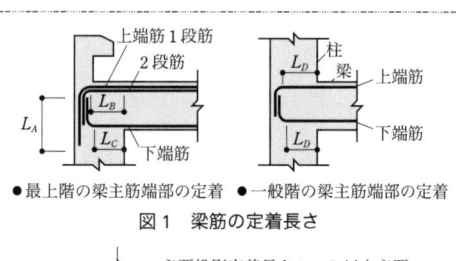

## 13-2 ▷ 鉄筋コンクリート構造⑥（配筋・ひび割れ）

### 問題1

鉄筋コンクリート構造の配筋に関する次の記述のうち、最も不適当なものはどれか。

1. 幅 300mm、せい 600mm、有効せい 540mm の梁に、引張鉄筋として D22 の主筋を 3 本（引張鉄筋比：0.71％）配筋した。

2. 幅 300mm、せい 600mm の梁に、D10 のあばら筋を 200mm 間隔（せん断補強筋比：0.23％）で配筋した。

3. 帯筋を 100mm 間隔で配筋した 700mm 角の柱と、幅 300mm、せい 600mm の梁との交差部である柱・梁接合部に、D13 の帯筋を 100mm 間隔（せん断補強筋比：0.36％）で配筋した。

4. 建築物の使用上の支障が起こらないことを確認しなかったので、厚さ 250mm の床版の短辺方向および長辺方向に、上端筋および下端筋としてそれぞれ D13 のスラブ筋を 300mm 間隔で床版前面に配筋した。

### 問題2

鉄筋コンクリート造壁付き剛節架構において、図のように矢印の向きに水平力を受けるとき、構造部材に生じる斜めひび割れ性状として、最も不適当なものは、次のうちどれか。

1. 耐力壁に生じる斜めひび割れ「a」
2. 柱梁接合部に生じる斜めひび割れ「b」
3. 梁部材に生じる斜めひび割れ「c」
4. 柱部材に生じる斜めひび割れ「d」

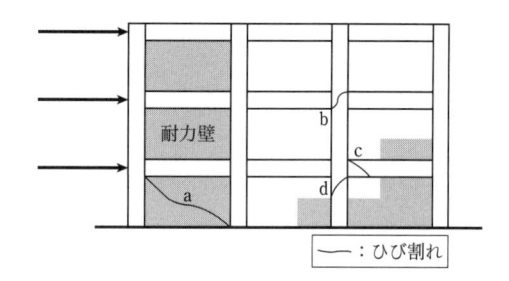

■解答

問題1

1. 長期荷重時に正負曲げモーメントを受ける梁断面の最小引張鉄筋比は、**0.4%以上**とする。したがって、設問では、0.4% < 0.71% なので OK。
2. 梁のあばら筋比は、**0.2%以上**とする。したがって、設問では 0.2% < 0.23% なので OK。
3. 梁・柱接合部のせん断補強筋比は、**0.2%以上**とする。したがって、設問では 0.2% < 0.36% なので OK。
4. スラブの短辺方向の鉄筋間隔は、**200mm 以下**とする。しかし、設問では、300mm 間隔なので NG。

→ **正解 4**

問題2

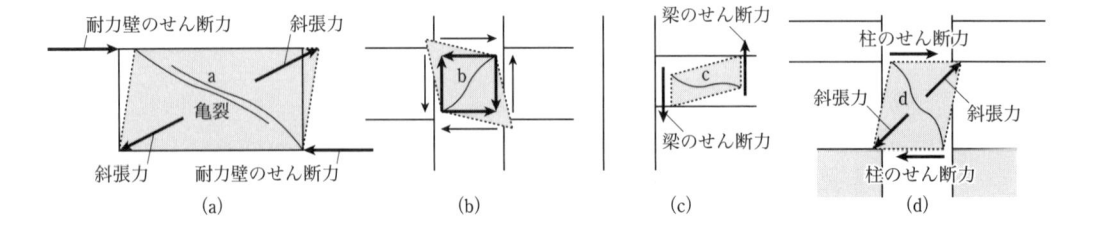

1. 上図(a)のように、耐力壁に生じる斜めひび割れは、耐力壁に正のせん断力が生じるから、**斜張力による斜め下向きのひび割れ**が発生する。
2. 上図(b)のように、柱に生じる正のせん断力の反力として柱・梁接合部には負のせん断力が生じ、梁に生じる負のせん断力の反力として柱・梁接合部には正のせん断力が生じる。よって、柱・梁接合部には、それらの合力としての**斜張力により斜め上向きのひび割れ**が発生する。
3. 上図(c)のように、梁部材に生じる斜めひび割れは、梁には負のせん断力が生じるので、**斜め下向きのひび割れ**が発生する。
4. 上図(d)のように、柱部材に生じる斜めひび割れは、柱には正のせん断力が生じるので、斜張力が図のように左斜め下向きと右斜め上向きに作用する。したがって、**斜張力と直角方向の斜め下向きのひび割れ**が発生する。

→ **正解 4**

● ここがツボ

- ラーメンに鉛直荷重が作用するときの梁の**曲げひび割れ**は、梁端部は上側に、中央部は下側に発生する。また、柱には、上部には外側に、下部には内側に発生する。
- 水平荷重による耐力壁の**せん断ひび割れ**は、荷重が左右に繰り返し働くから、右上がりと右下がりのひび割れが同時に壁面に発生する。すなわち、**X形のひび割れ**となる。
- 水平荷重による柱のせん断ひび割れは、やはり荷重が左右に繰り返し働くから、右上がりと右下がりのひび割れが同時に発生し、**柱中央部にX形のひび割れ**となる。
- **アルカリ骨材反応**による柱・梁のひび割れは中立軸付近に発生し、耐力壁のひび割れは亀甲状に発生する。

# 14 鉄筋コンクリート構造 4

## 14-1 ▷ 鉄筋コンクリート構造⑦（耐震設計）

**問題 1**　□□□

鉄筋コンクリート造の建築物の保有水平耐力計算において、構造特性係数$D_s$を算定する際に必要となる部材種別の判定に関する次の記述のうち、最も不適当なものはどれか。

1. 梁部材の種別を FA とするために、コンクリート設計基準強度$F_c$に対するメカニズム時の平均せん断応力度$\tau_u$の割合が、0.2 以上となるように設計した。
2. 壁式構造以外の構造の耐力壁部材の種別を WA とするために、コンクリート設計基準強度$F_c$に対するメカニズム時の平均せん断応力度$\tau_u$の割合が、0.2 以下となるように設計した。
3. 壁式構造の耐力壁部材の種別を WA とするために、コンクリート設計基準強度$F_c$に対するメカニズム時の平均せん断応力度$\tau_u$の割合が、0.1 以下となるように設計した。
4. メカニズム時において、耐力壁部材がせん断破壊したので、部材種別は WD とした。

**問題 2**　□□□

鉄筋コンクリート構造の建築物の耐震設計に関する次の記述のうち、建築基準法に照らして、最も不適当なものはどれか。

1. 耐震計算ルート①において、耐力壁のせん断設計における一次設計用地震力により生じるせん断力の 2 倍の値を、耐力壁の設計用せん断力とした。
2. 耐震計算ルート②-1において、柱や耐力壁のせん断設計の検討および剛性率・偏心率の算定を行ったので、塔状比の検討は省略した。
3. 耐震計算ルート③において、全体崩壊形となる剛節架構形式の建築物を対象とした場合、構造特性係数$D_s$は、建築物が崩壊機構を形成する際の応力を用いて算定した。
4. 耐震計算ルート③において、脆性破壊する柱部材を有する建築物を対象として、当該柱部材の破壊が生じた時点において、当該階の構造特性係数$D_s$ならびに保有水平耐力を算定した。

■ 解答

問題1

1. 部材種別を FA とするためには、**せん断破壊、付着割裂破壊、圧縮破壊**など急激な耐力の低下のおそれがある破壊を生じさせないことが条件になる。その上で、**梁部材の種別を FA とするためには**、「メカニズム時の平均せん断応力度 $\tau_u$/コンクリート設計基準強度 $F_c$」を 0.15 以下となるように設計しなければならない(「ここがツボ」表参照)。

2. 耐力壁の種別を WA とするためには、せん断破壊など急激な耐力の低下のおそれのある破壊を生じさせないことが条件になる。その上で、**壁式構造以外の構造の耐力壁部材の種別を WA とするためには**、$\tau_u/F_c$ を 0.2 以下となるように設計する(「ここがツボ」表参照)。

3. **壁式構造の耐力壁の種別を WA とするために**、$\tau_u/F_c$ を 0.1 以下となるように設計する。

4. メカニズム時に耐力壁部材がせん断破壊した場合は、2. の条件に当てはまらないので、WA、WB、WC 以外の部材種別、すなわち、その耐力壁の種別は WD となる。　→ 正解 1

問題2

1. **耐震計算ルート 1** において、**設計用せん断力は、柱と耐力壁で分担する**。耐力壁が負担するせん断力を仮定した場合、実際に作用する地震力と大きく相違する場合の安全性を考慮して、一次設計用地震力により負担するせん断力の **2 倍以上**の値を耐力壁の設計用せん断力としている。

2. **耐震計算ルート 2-1** において、建築物の地上部分の**塔状比が 4 以下**となることの確認が必要である。柱や耐力壁のせん断設計の検討および剛性率・偏心率の算定を行ったとしても、塔状比の検討は省略できない(p.139、「ここがツボ」図参照)。

3. 崩壊メカニズムには、**全体崩壊形**、**部分崩壊形**、**局部崩壊形**があり、これらを想定して、建築物における地上部分の各階ごとの保有水平耐力を算出する。**耐震計算ルート 3** において、**全体崩壊形**となる剛節架構形式の建築物を対象とした場合、構造特性係数 $D_s$ は、建築物が崩壊メカニズムを形成する際の応力を用いて算定する。

4. **耐震計算ルート 3** において、**局部崩壊形**となる柱部材が脆性破壊する建築物では、この場合が最も不利な条件になるのであれば、その階の柱部材が局部崩壊形に達した時点での構造特性係数 $D_s$ と保有水平耐力を算定できる。　→ 正解 2

● ここがツボ

・柱・梁および耐力壁の部材種別の条件とその種別を下表に示す。

表　柱・梁および耐力壁の部材種別

| 部材 | 柱および梁 | 柱 | 梁 | 耐力壁 | | 種別 |
| --- | --- | --- | --- | --- | --- | --- |
| | | | | 壁式構造以外の構造の耐力壁 | 壁式構造の耐力壁 | |
| | 破壊の形式 | メカニズム時の平均せん断応力度 $\dfrac{\tau_u}{\text{コンクリートの設計基準強度 } F_c}$ | $\dfrac{\tau_u}{F_c}$ | $\dfrac{\tau_u}{F_c}$ | $\dfrac{\tau_u}{F_c}$ | |
| 条件 | せん断破壊、付着割裂破壊および圧縮破壊その他の構造耐力上支障のある急激な耐力の低下のおそれのある破壊が生じない | 0.10 以下 | 0.15 以下 | | | 柱・梁 FA |
| | | | | 0.20 以下 | 0.10 以下 | 耐力壁 WA |
| | 柱および梁で FA、FB、FC のいずれにも該当しない場合 | | | | | FD |
| | 耐力壁で WA、WB、WC のいずれにも該当しない場合 | | | | | WD |

# 14-2 ▷ 鉄筋コンクリート構造⑧（計算問題）

### 問題1 □□□

図1のような断面をもつ鉄筋コンクリート構造の柱に曲げモーメント$M$と軸力$N$が作用した場合、この柱のひずみ度分布が図2であるときの軸力$N$に最も近いものは、次のうちどれか。ただし、条件は、イ～トのとおりである。

条件　イ．軸力は、柱の中心に作用する
　　　ロ．主筋（4－D25）の断面積の和 $a_g$：2028mm$^2$
　　　ハ．主筋の降伏応力度 $\sigma_y$：345N/mm$^2$
　　　ニ．コンクリートの圧縮強度 $\sigma_c$：30N/mm$^2$
　　　ホ．コンクリートおよび主筋の「応力度－ひずみ度」の関係は、図3とする。
　　　ヘ．コンクリートの終局ひずみ度 $\varepsilon_u$ は、主筋の降伏ひずみ度 $\varepsilon_y$ の2倍とする。
　　　ト．コンクリートは圧縮力のみを、主筋は圧縮力および引張力を負担する。

1. 2250kN
2. 2575kN
3. 3375kN
4. 4070kN

図1

図2

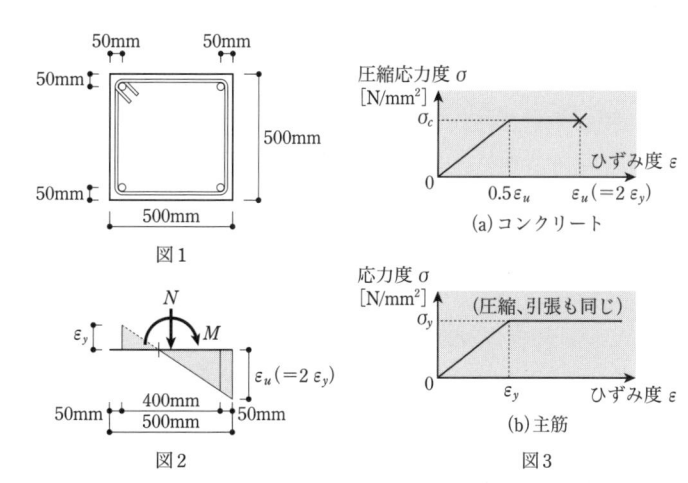

図3

### 問題2 □□□

図のような断面の鉄筋コンクリート造の梁について、上側圧縮、下側引張となる曲げモーメントが作用する場合、終局曲げモーメントの値に最も近いものは、次のうちどれか。ただし、コンクリートの圧縮強度は36N/mm$^2$、主筋1本当たりの断面積は507mm$^2$、主筋の材料強度は345N/mm$^2$ とする。

1. 400kN・m
2. 500kN・m
3. 600kN・m
4. 700kN・m

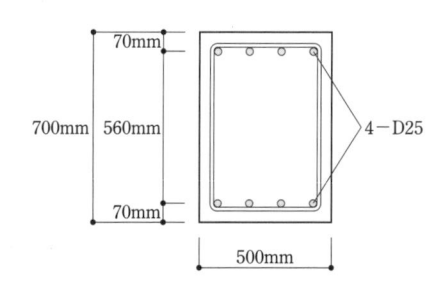

## 解答

**問題1**

図2のひずみ度分布より、引張主筋のひずみ度＝$\varepsilon_y$
圧縮コンクリートの縁のひずみ度＝$2\varepsilon_y$

したがって、このときの中立軸の位置および距離の関係は、右図(a)のようになる。$\varepsilon_y : 2\varepsilon_y = 1 : 2$

図3(a)のコンクリートの「応力度－ひずみ度」の関係より、コンクリートの応力度分布は、右図(b)のようになる。

図3(b)の主筋の「応力度－ひずみ度」の関係より、引張側主筋も圧縮側主筋も応力度は、$\sigma_y = 345\text{N/mm}^2$ となる。

柱断面の応力度分布をまとめると、右図(c)のようになる。

軸力$N$の大きさは、主筋では、引張側の応力と圧縮側の応力が等しく、お互いに打ち消し合うから軸力としては考えなくてよい。したがって、コンクリートの圧縮応力度の合力を求めれば、それが軸力$N$となる。軸力$N$は、右図(c)において、コンクリートの応力度分布の合力、すなわち、ここでは**応力度分布図の体積の大きさと同じになる。**

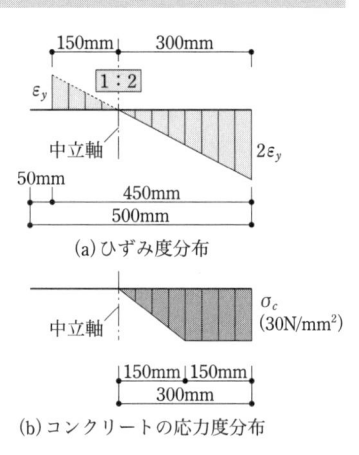

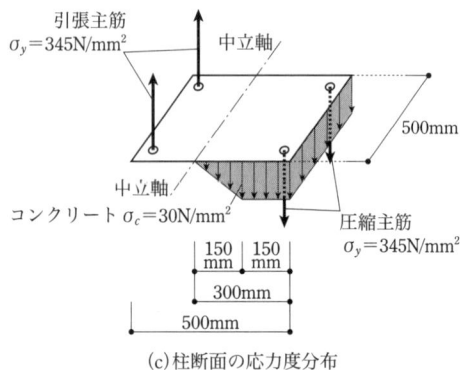

$$\text{軸力 } N = \left(\text{三角形部分 } \frac{150 \times 500 \times 30}{2}\right) + \text{四辺形部分 } 150 \times 500 \times 30$$

$$= 1125000 + 2250000 = 3375000\text{N} = \mathbf{3375\text{kN}}$$

➡ **正解 3**

**問題2**

下側引張鉄筋断面積：$a_t = 507 \times 4 = 2028\text{mm}^2$
鉄筋の材料強度　　：$\sigma_y = 345\text{N/mm}^2$
梁の有効せい　　　：$d = 700 - 70 = 630\text{mm}$

このときの終局曲げモーメント$M_u$は、次式より求める。

$$M_u = 0.9 \cdot a_t \cdot \sigma_y \cdot d = 0.9 \times 2028 \times 345 \times 630$$

$$= 396707220\text{N} \cdot \text{mm} = 396.7\text{kN} \cdot \text{m} \fallingdotseq \mathbf{400\text{kN} \cdot \text{m}}$$

➡ **正解 1**

> ### ここがツボ
>
> ・梁の終局曲げモーメント$M_u$は、$\boxed{M_u = a_t \cdot \sigma_y \cdot j = 0.9 \cdot a_t \cdot \sigma_y \cdot d}$ の略算式より計算する。
>
> このとき、$\boxed{j = 0.9d}$ とする。ただし、この略算式が用いられるのは、引張側鉄筋が先に終局耐力に達する場合である。
>
> ・圧縮側応力度の分布が求められない場合は、中立軸がわからないので、略算式を用いる。
>
> ・**あばら筋比** $p_w =$ (1組のあばら筋断面積$a_w$)／(梁幅$b \times$あばら筋間隔$x$) ≧ **0.2%** で計算する。

# 15 鉄骨構造 1

## 15-1 ▷ 鉄骨構造①（全般 1）

#### 問題 1

鉄骨構造に関する次の記述のうち、最も不適当なものはどれか。

1. SN490 材において、C 種は、B 種に比べて板厚方向に作用する引張力に対する性能が高められているので、角形鋼管柱の通しダイアフラム等のような板厚方向に大きな引張力を受ける部位への使用が有効である。
2. H 形断面梁の変形能力の確保において、梁の長さ、断面の形状・寸法が同じであれば、等間隔に設置する横補剛の必要箇所数は、梁材が「SN490 材の場合」より「SN400 材の場合」のほうが少ない。
3. SN 材の材料強度については、基準強度 $F$ に基づいて、圧縮、引張および曲げに対しては $F$ とし、せん断に対しては $F/\sqrt{3}$ とした。
4. 柱・梁に使用する材料を SN400B から SN490B に変更したので、幅厚比の制限値を大きくした。

#### 問題 2

鉄骨構造に関する次の記述のうち、最も不適当なものはどれか。

1. 横移動が拘束されていない剛節架構において、柱材の座屈長さは、梁の剛性を高めても節点間距離より小さくすることはできない。
2. せいの高い H 形断面を有する梁において、ウェブのせん断座屈を防ぐために、横補剛材を設けた。
3. 剛節架構において、SN400 材を用いる代わりに同一断面の SN490 材を用いても、弾性変形を小さくする効果はない。
4. 圧縮材の中間支点の横補剛材は、圧縮材に作用する圧縮力の 2% 以上の集中横力が加わるものとして設計することができる。

■ 解答

問題 1

1. SN490材のC種は、B種に加えて板厚方向に作用する引張力に対する性能を高めた材料である。よって、角形鋼管柱の通しダイアフラム等のような板厚方向に大きな引張力を受ける部位への使用が効果的である。

2. H形断面梁の変形能力の確保において、SN490材のほうがSN400材より大きな応力に抵抗できるので、等間隔に設置する横補剛の必要箇所数は**SN490材のほうが多くなる**。すなわち、高強度の鋼材を使用するほうが横補剛の箇所数が多くなる（間隔は小さくなる）。

3. SN材の材料強度の基準強度を$F$とした場合、圧縮、引張および曲げに対しては$F$の値を用い、せん断に対しては$F/\sqrt{3}$とする（「ここがツボ」表参照）。

4. 幅厚比の制限は、$\dfrac{b}{t_f} \leq 9.5\sqrt{\dfrac{235}{F}}$ などから計算するので、**基準強度$F$が大きく**（高強度に）**なるほど制限は厳しく**（小さく）なる。したがって、SN400BからSN490Bに変更すると、幅厚比の制限値を小さくしなければならない（p.90、「ここがツボ」表参照）。　→ **正解 4**

問題 2

1. 横移動が拘束されていない剛節架構の柱材の座屈長さは、梁の剛性が緩い場合、節点間距離より長くなる。また、梁が剛体である場合の柱の座屈長さは、節点間距離（階高）と等しくなる。よって、**梁の剛性を高めても節点間距離より小さくすることはできない**。

2. せいの高いH形断面の梁のウェブのせん断座屈を防ぐためには、**スチフナー**を用いる。なお、**横補剛材**は、曲げによる面外座屈を防ぐために用いる部材であり、横座屈を制御するためには、梁の弱軸回りの細長比を小さくするとよい。

3. 剛節架構において、鋼材の強度を大きくしてもヤング係数が変わらないので、たわみを小さくすることはできない。たわみを小さくするには、他の条件が同じならば、断面二次モーメント$I$（$=BD^3/12$）を大きくする。特に、梁せいを大きくすれば、たわみはより小さくなる。**材質を変更しても、弾性変形を小さくする効果はない**。

4. 圧縮材には座屈が生じるので、中間に支点となる横補剛材を用いる。このときの横補剛は、圧縮材に作用する圧縮力の**2%**以上の集中横力が加わるものとして設計する。　→ **正解 2**

● ここがツボ

・鋼材の基準強度$F$の値は、右下図のように決められている。すなわち、鋼材の**降伏点**の値と**引張強さの70%**の値のうち、**小さいほうの値**としている。
・下表に鋼材の許容応力度を示す。
・同じ鋼塊（インゴット）から圧延された鋼材の基準強度$F$は、**板厚の厚いものより板厚の薄いもののほうが高くなる**。

表　鋼材の許容応力度

| 長　期 | | | | | 短　期 | | | | |
|---|---|---|---|---|---|---|---|---|---|
| 圧縮 | 引張 | 曲げ | せん断 | 支圧 | 圧縮 | 引張 | 曲げ | せん断 | 支圧 |
| $\dfrac{F}{1.5}$ | $\dfrac{F}{1.5}$ | $\dfrac{F}{1.5}$ | $\dfrac{F}{1.5\sqrt{3}}$ | $1.25F$ | 長期の値の1.5倍 | | | | |

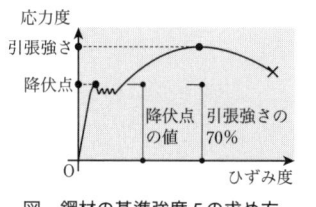

図　鋼材の基準強度$F$の求め方

# 15-2 ▷ 鉄骨構造②（全般2）

### 問題1

鉄骨構造に関する次の記述のうち、最も不適当なものはどれか。

1. SN400B材は、降伏比の上限を規定した炭素鋼材であり、SS400材に比べて、塑性変形能力が優れている。
2. 引張力を受ける箱形断面の上柱と下柱を工事現場で溶接する場合、工場で取り付けた裏当て金を用いて、突合せ溶接とする。
3. 塑性化が予想される部位については、降伏比の大きな材料を使用することにより、骨組の変形能力を高めることができる。
4. 柱の継手部を許容応力度設計する場合、継手部に作用する存在応力を十分に伝えられるものとし、部材の許容耐力の50％を超える耐力を確保した。

### 問題2

鉄骨構造に関する次の記述のうち、最も不適当なものはどれか。

1. 工場や体育館等の軽量な建築物の柱継手・柱脚の断面算定においては、暴風時の応力の組合せとして、積載荷重を除外した場合についても検討する。
2. ラーメン構造において、柱および梁にSN490Bを用い、小梁にはSN400Aを用いた。
3. 引張力を負担する筋かい材の設計において、筋かい材が塑性変形することにより地震エネルギーを吸収できるように、軸部の降伏強度を接合部の破断強度より十分に大きくした。
4. H形鋼の柱の設計において、フランジの局部座屈を防ぐため、フランジ厚を厚くし、フランジ幅を狭くした。

■解答

問題 1

1. **降伏比の値が小さいほど塑性変形能力に優れている**。SS400材は、降伏比の上限の規定はないが、SN400B材の厚さ12mm以上では降伏比の上限を規定している。また、塑性変形能力は、SN400B材のほうが優れている。

2. 柱の溶接は重要である。したがって、引張力を受ける箱形断面の上柱と下柱を工事現場で溶接する場合、工場で取り付けた**裏当て金**を用いて、上下柱（母材）と同等以上の耐力を有するように**突合せ溶接（完全溶込み溶接）**とするのがよい。

3. 降伏比は、「**降伏点／引張強さ**」で計算され、**この値が小さい鋼材**は、降伏してから破断するまで余裕があるので、**骨組の変形能力や靭性を高めることができる**。降伏比の小さい材料は、降伏点より引張強さがかなり大きく、その強度差によって粘り強さが増すのである。

4. 柱の継手部を許容応力度設計する場合、継手部に作用する存在応力を十分に伝えられるものとし、部材の許容耐力の1/2（50%）以下の耐力としてはならない。 → **正解 3**

問題 2

1. 工場や体育館等の軽量な建築物の柱継手・柱脚の断面算定においては、暴風時の応力の組合せとして、積載荷重が載っている場合と載っていない場合との両方を検討する必要がある。それは積載荷重を除外したときのほうが不利になる場合があるからである。

2. **SN490B材は、溶接に適し**、耐震上主要な構造部分の柱および梁に用いるが、**SN400Aは、溶接に適さない**ので、大梁に高力ボルト接合する小梁等に用いる。

3. 引張力を負担する筋かい材の設計において、筋かい材が塑性変形することにより地震エネルギーを吸収できるように、**接合部の破断強度を軸部の降伏強度より十分に大きくなる**設計とすることが重要である。

4. フランジ厚$t_f$を厚くし、フランジ幅$b$を狭くすると、**幅厚比（$=b/t_f$）が小さくなる**ので、フランジの局部座屈は生じにくくなる（「ここがツボ」表参照）。 → **正解 3**

● ここがツボ

・降伏比は「**降伏点／引張強さ**」で算出される値で、**降伏比が小さいと降伏してから引張強さに達するまで余裕ができるので、塑性化領域が拡大し、部材の塑性変形能力が高くなる**。
・高張力鋼など高強度の部材ほど、降伏点が高くなり、引張強さに近づくので降伏比が大きくなり、塑性変形能力が低い材料となる。
・幅厚比（幅$b$／厚さ$t_f$）の制限は、部材断面の平板部分が局部座屈を起こさないためのもので、下表のように決められている。
・ステンレス鋼のヤング係数は、明確な降伏点がないので、**0.1%オフセット耐力時の勾配**から求める。

表　幅厚比・径厚比の制限

| 柱および種別 | 柱または圧縮材 | | 梁材 | | 鋼管の径厚比 |
|---|---|---|---|---|---|
| | フランジ | ウェブ | フランジ | ウェブ | |
| FA | $\dfrac{b}{t_f} \leq 9.5\sqrt{\dfrac{235}{F}}$ | $\dfrac{d}{t_w} \leq 43\sqrt{\dfrac{235}{F}}$ | $\dfrac{b}{t_f} \leq 9\sqrt{\dfrac{235}{F}}$ | $\dfrac{d}{t_w} \leq 60\sqrt{\dfrac{235}{F}}$ | $\dfrac{D}{t} \leq 50\left(\dfrac{235}{F}\right)$ |

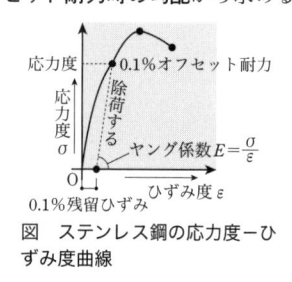

図　ステンレス鋼の応力度－ひずみ度曲線

# 16 鉄骨構造2

## 16-1 ▷ 鉄骨構造③（溶接）

**問題1**

鉄骨構造の溶接に関する次の記述のうち、最も不適当なものはどれか。

1. 被覆アーク溶接によるレ形またはK形開先の部分溶込み溶接の場合、有効のど厚は、開先の深さ全部とすることはできない。
2. 隅肉溶接の有効長さは、まわし溶接を含めた溶接の全長から、隅肉サイズの2倍を減じたものとすることができる。
3. ビードの長さが短い溶接においては、溶接入熱が小さく冷却速度が速いため、靱性の劣化や低温割れを生じる危険性が小さくなるので、組立溶接はショートビードとするほうがよい。
4. 許容値を超える仕口部のずれや突合せ継手のくい違いが生じた場合には、適切な補強を行えばよい。

**問題2**

鉄骨構造の溶接に関する次の記述のうち、最も不適当なものはどれか。

1. 溶接ひずみおよび残留応力が小さくなるように設計した。
2. 溶接部の非破壊試験において、放射線透過試験、超音波探傷試験、磁粉探傷試験、浸透探傷試験のうち、内部欠陥の検出には超音波探傷試験が適している。
3. 隅肉溶接継目ののど断面に対する短期許容応力度は、接合される鋼材の溶接部の基準強度に等しい値とした。
4. 溶接金属の機械的性質は、溶接条件の影響を受けるので、溶接部の強度を低下させないために、パス間温度が規定値より高くならないように管理した。

■ 解答

問題1

1. 被覆アーク溶接によるレ形またはK形開先の部分溶込み溶接の場合、有効のど厚は、開先深さより3mmを差し引いた値とする。よって、全部の深さとすることはできない。
2. 隅肉溶接の有効長さは、まわし溶接を含めた溶接の全長から、**隅肉のサイズの2倍**を減じたものとする。この部分は、溶込み不足などが生じていることが多いので溶接長さには含めない。なお、応力を負担する隅肉溶接の有効長さは、サイズの**10倍以上**、かつ、**40mm以上**とする。また、側面隅肉溶接で、有効長さが隅肉のサイズの**30倍**を超えるときは、応力の不均等分布を考慮して許容応力度を低減する。
3. ビードの長さが短い溶接においては、溶接入熱が小さく冷却速度が速いため、靱性の劣化や低温割れを生じる危険性が高まるので、**組立溶接にはショートビード**を用いてはならない。
4. 許容値を超えるダイアフラムと梁のフランジの仕口部のずれやブラケットと梁の突合せ継手のくい違いが生じた場合には、仕口部および継手部の鋼材の長期および短期応力に対する各許容応力度に基づいて求めた当該部分の耐力以上の耐力を有するように適切な補強を行う必要がある。

→ 正解 3

問題2

1. **溶接ひずみ**は外観上、機能上問題であり、**残留応力**は耐力上問題であるから、極力それらが小さくなるように設計・製作しなければならない。
2. 溶接部の非破壊試験において、内部欠陥の検出には**超音波探傷試験（UT）**が適している。この試験は、溶接部分に探触子を当て、超音波を発して、反射波の状態により欠陥を発見する方法である。割れ、溶込み不足、ブローホールなどの検出に有効である。
3. 隅肉溶接継目ののど断面に対する短期許容応力度は$F/\sqrt{3}$であるから、接合される鋼材の溶接部の基準強度$F$とは異なる値となる。
4. パス間とは、**溶接の進行方向に沿って行う1回の溶接操作の間**をいう。溶接金属の機械的性質は、パス間の温度が規定値より高くなると、温度降下が大きくなって溶接部の強度が低下するおそれがあるので、溶接の温度条件をしっかりと管理することが大切となる。

→ 正解 3

ここがツボ

・右図の溶接金属は、溶接材料から溶接部に移行した溶着金属と溶接部の中で母材が溶融した部分からなる。また、図の(a)の部分は、**熱影響部**といい、溶接などの熱で組織、冶金的性質、機械的性質などが変化を生じた、溶融してない母材の部分である。

・図に示した方法は**突合せ溶接**である。この溶接部の許容応力度は、母材の許容引張応力度と同じとすることができる。

・応力を伝達する重ね継手は、2列以上の隅肉溶接を用いるのを原則とし、**薄いほうの板厚の5倍以上**、かつ、**30mm以上**を重ね合わせる。

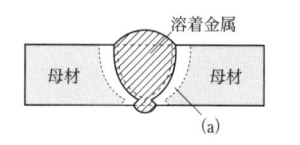

図　突合せ溶接

## 16-2 ▷ 鉄骨構造④（高力ボルト・応力負担）

**問題1**

鉄骨構造において使用する高力ボルトに関する次の記述のうち、最も不適当なものはどれか。

1. 高力ボルト摩擦接合部（浮き錆を除去した赤錆面）の一面せん断の短期許容せん断応力度は、高力ボルトの基準張力の 0.45 倍である。
2. 高力ボルト摩擦接合においては、一般に、すべり耐力以下の繰返し応力であれば、ボルト張力の低下、摩擦面の状態の変化を考慮する必要はない。
3. 高力ボルトの最小縁端距離は、所定の構造計算を行わない場合、自動ガス切断縁の場合よりも手動ガス切断縁の場合のほうが大きい値である。
4. 高力ボルトにせん断力と引張力が同時に作用する場合、作用する応力の方向が異なるので、高力ボルトの許容せん断応力度は低減しなくてよい。

**問題2**

鉄骨構造において使用する高力ボルトに関する次の記述のうち、最も不適当なものはどれか。

1. F10T の高力ボルト摩擦接合において、使用する高力ボルトが同一径の場合、一面摩擦接合 4 本締めの許容耐力は、二面摩擦接合 2 本締めの場合と同じである。
2. 高力ボルト摩擦接合は、ボルト軸部のせん断力と母材の支圧力によって応力を伝達する接合方法である。
3. H 形鋼の梁の現場接合部には、遅れ破壊を生じない F10T の高力ボルトを用いる。
4. 1 つの継手に高力ボルト摩擦接合と溶接接合とを併用する場合、高力ボルトの締付けを溶接に先立って行うことにより、両方の許容耐力を加算した。

## 解答

### 問題1

1. 浮き錆を除去した赤錆面をもつ高力ボルト摩擦接合部の一面せん断の短期許容せん断応力度は $0.45T_0$ より求める。$T_0$ は高力ボルトの基準張力である。したがって、一面せん断の短期許容せん断応力度は、**基準張力 $T_0$ の 0.45 倍**となる（「ここがツボ」参照）。

2. 高力ボルト摩擦接合においては、すべり耐力以下の繰返し応力であれば、ボルト張力の低下、摩擦面の状態の変化を考慮する必要はない。一般に、高力ボルト摩擦接合の疲労による強度低下は、接合部材によって起きる。

3. 高力ボルトの最小縁端距離（はしあき、へりあき）は、所定の構造計算を行わない場合、径 20mm のボルトでは自動ガス切断縁の場合は 26mm で、手動ガス切断縁の場合は 34mm であるから、自動ガス切断縁の場合よりも手動ガス切断縁の場合のほうが大きい値である。

4. 高力ボルトにせん断力と引張力が同時に作用する場合、**ボルト軸方向に引張られる**と、**接合面に働いている圧縮力が減少し摩擦力も低下する**ので、高力ボルトの許容せん断応力度は、引張力に応じて**低減**しなければならない。　　　　　　　　　　→ **正解 4**

### 問題2

1. 高力ボルト摩擦接合において、1面せん断の許容せん断耐力は、$R_s = (\pi d^2/4)f_s$ から求め、2面せん断では $R_s = (\pi d^2/4)f_s \times 2$ から求める。したがって、1面摩擦接合4本締めの許容せん断耐力は、2面摩擦接合2本締めの許容せん断耐力と同じである（「ここがツボ」図参照）。

2. 通常の場合の高力ボルト摩擦接合は、ボルト軸部の締付け力によって生じる**母材間の摩擦力**によって応力伝達を行う設計であって、ボルト軸部のせん断力と母材の支圧力によって応力を伝達する接合方法ではない。ただし、接合部の終局破断耐力の検討に当たっては、応力は高力ボルト軸部のせん断力と母材の支圧力によって伝達されるものとして設計する。

3. 高力ボルトの種類には、F8T、F10T、F11T がある。このうち、**F11T** は、ある年数が経過した後、突然破断するという脆性的な**遅れ破壊**が生じることがあるので、使用が控えられている。したがって、H 形鋼の梁の現場接合部には、遅れ破壊が生じることがない F10T の高力ボルトを用いている。

4. 1つの継手の中に高力ボルトと溶接とを併用する場合、溶接より**先**に高力ボルトの締付けを行った部分については、両方の許容耐力を加算することができる。　　→ **正解 2**

### ここがツボ

- 二面せん断は、一面せん断の 2 倍の許容耐力がある。
- せん断力のみを受ける高力ボルト摩擦接合部の設計においては、繰返し応力の効果は考慮しなくてよい。

一面せん断の許容せん断力
$$R_s = \frac{\pi d^2}{4} \cdot f_s$$

二面せん断の許容せん断力
$$R_s = \frac{\pi d^2}{2} \cdot f_s$$

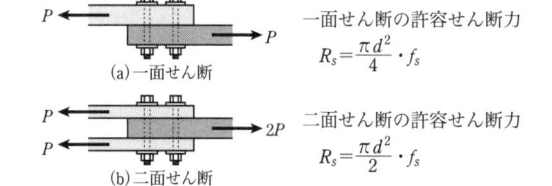

【高力ボルトの軸断面に対する許容せん断応力度】
- 一面せん断の場合
  長期許容せん断応力度 $f_s = 0.3T_0$
  短期許容せん断応力度 $f_s = 0.45T_0$
  $T_0$：基本張力
  F10T の場合 $T_0 = 500\text{N/mm}^2$

図　一面せん断と二面せん断

# 17 鉄骨構造 3

## 17-1 ▷ 鉄骨構造⑤（接合部）

**問題 1**

鉄骨構造における接合部に関する次の記述のうち、最も不適当なものはどれか。

1. 地震力を受けないトラス部材の接合部の設計において、存在応力に対して安全であり、かつ、接合部の耐力が部材の許容耐力の 1/2 を上回るようにした。
2. 柱・梁接合部の H 形断面梁端部フランジの溶接接合において、変形性能の向上を期待して、梁ウェブ部にスカラップを設けないノンスカラップ工法を用いた。
3. 柱・梁仕口部の保有耐力接合において、SN490B を用いる場合、仕口部の最大曲げ強度は、梁の全塑性モーメントの 1.1 倍以上となるように設計した。
4. 継手にリベットを使用した既存建築物に増築を行うに当たって、既存部分の継手を溶接により補強する場合、既存のリベットは既存部分の固定荷重を支えるものとして利用し、増築部分の固定荷重および積載荷重による応力は溶接によって伝える併用継手として設計した。

**問題 2**

鉄骨構造における接合部に関する次の記述のうち、最も不適当なものはどれか。

1. 部分溶込み溶接ののど断面に対する許容せん断応力度は、完全溶込み（突合せ）溶接の場合と同じ値である。
2. 柱の継手部分において、断面内に引張応力が生じていなかったので、柱の端面を削り仕上げとし、密着する構造として、その部分の圧縮力および曲げモーメントの 1/4 を接触面から伝えるものとした。
3. 通しダイアフラム形式の柱と梁の仕口において、ダイアフラムと梁フランジとの突合せ溶接のくい違いを避けるために、フランジの板厚を梁ダイアフラムの板厚に比べて厚くした。
4. 柱の現場継手の位置は、継手に作用する応力をできるだけ小さくするために、階高の中央付近とした。

■解答

問題1

1. トラス部材の設計において、接合部は存在応力に対して十分に安全であり、かつ、接合部の耐力が部材の許容耐力の1/2を上回るようにしなければならない。決して許容耐力の1/2以下としてはならない。

2. **スカラップとは、溶接線の交差を避けるために部材に設けた扇形の切り欠き**をいう。近年、大きな地震によってスカラップ部分で破断した例があるため、柱・梁接合部のH形断面梁端部フランジの溶接接合において、変形性能の向上を期待して、梁ウェブ部にスカラップを設けないで、特別な裏当て金を使用して完全溶込み溶接を行う**ノンスカラップ工法**が用いられるようになってきた。

3. 柱・梁仕口部の保有耐力接合では、必要な塑性変形が生じるまで破断しない設計とする。このとき、柱・梁仕口部の梁にSN490Bを用いる場合、仕口部の最大曲げ強度は、梁の全塑性モーメントの**1.2倍以上**となるように設計しなければならない。また、SN400級の部材を使用する場合は、**1.3倍以上**となるように設計する（「ここがツボ」表参照）。

4. 継手にリベットを使用した既存建築物に増築を行う場合、既存のリベットは既存部分の固定荷重を支えるものとして利用でき、増築部分の固定荷重および積載荷重による応力は溶接によって伝える併用継手として設計することができる。　　　　　　　　　　→ **正解 3**

問題2

1. 部分溶込み溶接ののど断面に対する許容せん断応力度は、$F/1.5\sqrt{3}$であり、完全溶込み（突合せ）溶接の場合も$F/1.5\sqrt{3}$であるから、**同じ値**となる。

2. 柱の継手において断面内に引張応力が生じていない場合は、柱の端面を削り仕上げとして密着し、圧縮力および曲げモーメントの1/4を接触面から伝えるものとすることができる。

3. **通しダイアフラム形式**は、柱を梁の上下フランジの位置で切断して3分割し、そこに上下2枚のダイアフラムを入れて、再度溶接し、1本の柱として接合する形式である。梁は上下のダイアフラムにフランジを溶接する。このとき、ダイアフラムと梁フランジとの突合せ溶接のくい違いがあってはならないので、**ダイアフラムの板厚を梁フランジの板厚より厚く設計**しておくとよい。

4. 柱の現場継手の位置は、継手に作用する曲げモーメントをできるだけ小さくするために、**階高の中央付近**とするのがよい。構造耐力上でも有利である。　　　　　　→ **正解 3**

! ここがツボ

- 箱型断面の柱にH形鋼を剛接合する場合、梁のフランジは母材と同等以上の耐力を有する**突合せ溶接（完全溶込み溶接）**とし、ウェブはせん断力が負担できるような**隅肉溶接**とする。このとき、梁のウェブには**スカラップ**を設けて、溶接線が交差しないように配慮する。

- 梁・柱の仕口部および継手部を保有耐力接合とするためには、次式で確認を行う。

  接合部の破断耐力 ≧ α・保有水平耐力時の応力

表　保有耐力接合の安全率 α

| 部位 | 作用する応力 | 400級 | 490級 |
|---|---|---|---|
| 仕口部 | 曲げ | 1.3 | 1.2 |
| 継手部 | 曲げ・せん断 | 1.3 | 1.2 |

# 17-2 ▷ 鉄骨構造⑥（筋かい）

## 問題 1

鉄骨構造の筋かいに関する次の記述のうち、最も不適当なものはどれか。

1. 有効細長比 $\lambda$ が小さい筋かい（$\lambda = 20$ 程度）は、有効細長比 $\lambda$ が中程度の筋かい（$\lambda = 80$ 程度）に比べて変形能力が高い。
2. 偏心 K 形筋かい付き骨組は、適切に設計することにより、剛節骨組と類似のエネルギー吸収能力の高い骨組とすることができる。
3. 山形鋼を用いた引張力を負担する筋かいの接合部に高力ボルトを使用する場合、全断面有効として設計することができる。
4. 引張力を負担する筋かいの設計において、筋かいが塑性変形することにより地震のエネルギーを吸収できるように、接合部の破断強度は、軸部の降伏強度に比べて十分に大きくする。

## 問題 2

鉄骨構造の筋かいに関する次の記述のうち、最も不適当なものはどれか。

1. 山形鋼を用いた筋かいの有効断面積の計算においては、筋かいの断面積からファスナー孔による欠損部分および突出脚の無効部分の断面積を差し引いて求める。
2. 座屈拘束ブレースは、軸力材（芯材）の外側を座屈拘束材で囲むことにより軸力材の座屈による強度低下が防止されており、塑性変形能力に優れた筋かいである。
3. 保有耐力接合において、筋かいに山形鋼を用いた場合、筋かいの端部をガセットプレートに接合する一列の高力ボルトの本数を 2 本から 4 本に変更すると、筋かい材の軸部有効断面積は小さくなる。
4. 細長比の大きい部材を筋かいに用いる場合、筋かいは引張力に対してのみ有効な引張筋かいとして設計する。

## ■解答

### 問題1

1. 許容圧縮応力度は、**有効細長比 λ が小さくなるほど大きくなる**。したがって、有効細長比 λ = 20 程度の筋かいは、λ = 80 程度の筋かいに比べて変形能力が高くなる。
2. 適切に設計された**偏心 K 形筋かい**は、剛節骨組（ラーメン架構）と同等の高いエネルギー吸収能力をもつ骨組となる。
3. 山形鋼を用いた引張力を負担する筋かいの接合部に高力ボルトを使用する場合でも、全断面積 $A$ からファスナー孔断面積 $a_0$ などを差し引いた**有効断面積 $A_0$** を用いて設計する。
4. **引張力を負担する筋かいの設計**において、接合部が破断すると建築物が崩壊する可能性があり、また、筋かいが塑性変形することにより地震のエネルギーを吸収できることも考慮して、接合部の破断強度は、軸部の降伏強度に比べて十分に大きくとるようにする。**接合部の破断耐力 ≧ 筋かい軸部の降伏耐力 ×1.2** によって確認を行う。　　➡ **正解 3**

### 問題2

1. 山形鋼をガセットプレートの**片側のみ**に接合した筋かいの有効断面積の計算では、筋かいの全断面積 $A$ からファスナー孔による欠損部分 $a_0$ および突出脚の 1/2 の無効部分の断面積を差し引いて断面設計を行うことができる。このとき、高力ボルトの本数によって無効部分を決めることもできる。**有効断面積 $A_0 = A - \sum a_0 - $ 無効断面積**（「ここがツボ」表参照）。
2. **座屈拘束ブレース**は、軸力材（芯材）にアンボンド材が塗布され、鋼材ブレースの外側を座屈拘束材（コンクリートやモルタル）で囲むことにより軸力材の座屈による強度低下が防止されており、塑性変形能力に優れた筋かいである。
3. **保有耐力接合**において、山形鋼1本を用いた筋かい材を一列の高力ボルトでガセットプレートに接合する場合、高力ボルトの本数が多くなると、突出脚の無効部分の断面積が小さくなるので、結果的に筋かい材の軸部有効面積は大きくなる（「ここがツボ」参照）。
4. **細長比の大きい部材は、圧縮力に対して極めて弱い**。したがって、細長比の大きい筋かいを用いる場合は、引張力に対してのみ有効な引張筋かいとして設計するとよい。　➡ **正解 3**

### ここがツボ

- 山形鋼1本を用いた筋かい材を一列の高力ボルトでガセットプレートに接合する場合、高力ボルトの本数が2本、3本、4本と多くなると、突出脚 $h$ の無効部分 $h_0$ の長さが $0.7h$、$0.5h$、$0.33h$ と小さくなるので、筋かい材の有効断面積 $A_0$ は大きくなる（右表参照）。
- 筋かい材は、接合部の破断強度を軸部の降伏強度より十分に大きくする。
- 筋かいの端部および接合部が破断しないことの確認を次式で行う。

  **接合部の破断耐力 $A_j \cdot \sigma_u$ ≧ $\alpha \cdot$ 筋かいの降伏耐力 $A_g \cdot F$**

  $A_j$：接合部の有効断面積　　$\sigma_u$：接合部の破断応力度
  $\alpha$：安全率 1.2　　$A_g$：筋かいの全断面積　　$F$：筋かい材の基準強度

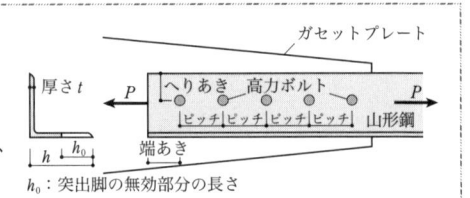

図　高力ボルト接合部

$h_0$：突出脚の無効部分の長さ

表　$h_0$ の長さ

| | 一列のボルトの本数 | | | | |
|---|---|---|---|---|---|
| | 1本 | 2本 | 3本 | 4本 | 5本 |
| 山形鋼 | $h - t$ | $0.7h$ | $0.5h$ | $0.33h$ | $0.25h$ |
| 溝形鋼 | $h - t$ | $0.7h$ | $0.5h$ | $0.25h$ | $0.20h$ |

・ボルトの本数が多くなるほど突出脚部分の断面積が小さくなる。

## 17-3 ▷ 鉄骨構造⑦（柱脚・その他）

**問題 1**

図のような鉄骨構造の柱脚の設計に関する次の記述のうち、最も不適当なものはどれか。ただし、許容応力度計算は行わないものとする。

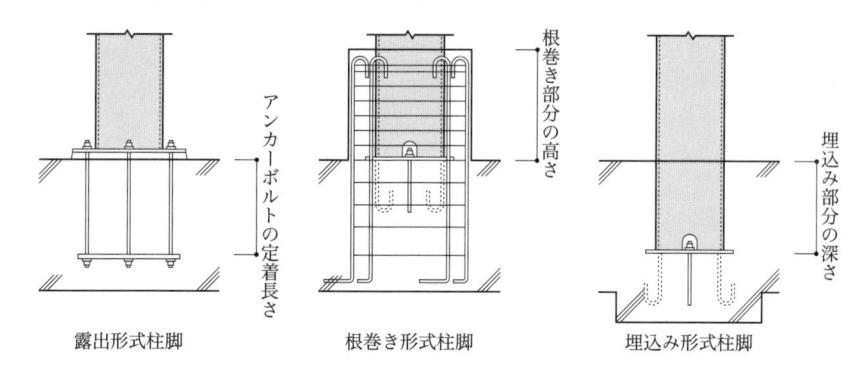

露出形式柱脚　　根巻き形式柱脚　　埋込み形式柱脚

1. 露出形式柱脚において、所定の構造計算を行わなかったので、アンカーボルトの基礎に対する定着長さとしてアンカーボルトの径の10倍を確保した。
2. 露出形式柱脚において、柱の最下端の断面積に対するアンカーボルトの全面積の割合を20％以上とした。
3. 根巻き形式柱脚において、根巻き部分の高さを柱幅（柱の見付幅のうち大きいほう）の2.5倍とし、根巻き頂部のせん断補強筋を密に配置した。
4. 埋込み形式柱脚において、鉄骨柱のコンクリートへの埋込み部分の深さを、柱幅（柱の見付幅のうち大きいほう）の2倍以上とした。

**問題 2**

鉄骨構造における接合部に関する次の記述のうち、最も不適当なものはどれか。

1. 柱脚の形式として露出形式柱脚を用いる場合、柱脚の降伏せん断耐力は、「ベースプレート下面とコンクリートとの間に生じる摩擦耐力」と「アンカーボルトの降伏せん断耐力」との和とした。
2. 軸方向力と曲げモーメントが作用する露出形式柱脚の設計において、ベースプレートの大きさを断面寸法とする鉄筋コンクリート柱と仮定して、引張側アンカーボルトを鉄筋とみなして許容応力度設計を行った。
3. 露出形式柱脚とする場合、柱脚の形状により固定度を評価し、反曲点高比を定めて柱脚の曲げモーメントを求め、アンカーボルトおよびベースプレートを設計した。
4. 根巻き形式柱脚において、根巻きの上端部に大きな力が集中して作用するので、この部分の帯筋の数を増やした。

■ 解答

問題1

1. **露出形式柱脚**では、アンカーボルトの基礎に対する定着長さをアンカーボルトの径の **20 倍以上**確保する必要がある。
2. **露出形式柱脚**において、柱の最下端のコンクリート断面積に対するアンカーボルトの鋼材の全断面積の割合は、**20%以上**を必要とする。
3. **根巻き形式柱脚**において、根巻き部分の高さを柱幅の **2.5 倍以上**とし、根巻き頂部のせん断補強筋を密に配置する。このとき、柱幅は、柱の見付幅のうち大きいほうを採用する。
4. **埋込み形式柱脚**において、鉄骨柱をコンクリートの基礎に埋め込む深さは、柱幅の **2 倍以上**とする。このとき柱幅は、柱の見付幅のうち大きいほうを採用する。　　→ **正解 1**

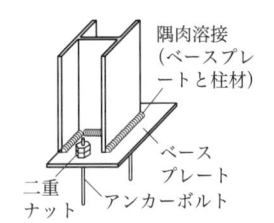

問題2

1. **露出形式柱脚**の降伏せん断耐力は、「ベースプレート下面とコンクリートとの間に生じる摩擦耐力」は期待できるが、せん断力をアンカーボルトに負担させる場合には、摩擦耐力を加算できない。「ベースプレート下面とコンクリートとの間に生じる摩擦耐力」か「アンカーボルトの降伏せん断耐力」のうち、**いずれか大きいほうの値**とする。
2. **露出形式柱脚**の設計においては、軸方向力と曲げモーメントに対してはベースプレートの大きさを断面寸法とする鉄筋コンクリート柱と仮定し、引張側アンカーボルトを鉄筋とみなして許容応力度設計を行うことができる。
3. **露出形式柱脚**とする場合、柱脚の形状によって固定度を評価する。固定度の評価によって反曲点高比が異なるから、反曲点高比を定めてから柱脚の曲げモーメントを求め、アンカーボルトおよびベースプレートを設計する。
4. **根巻き形式柱脚**では、根巻きの上端部に大きな力が集中して作用するので、この部分の帯筋の数を増やして、コンクリートで強固に固定する。　　→ **正解 1**

### ここがツボ

- **露出形式柱脚**において、伸び能力のあるアンカーボルトとして、ねじ部の有効断面積が軸部と同等以上である**転造ねじアンカーボルト**を用いるとよい。
- ベースプレートおよびアンカーボルトからなる**露出形式柱脚**は、軸方向力およびせん断力とともに、回転量の拘束に伴う曲げモーメントに対しても設計する。
- 柱脚の形式に**根巻き形式**を用いる場合、根巻き高さを柱幅（柱の見付け幅のうち大きいほう）の 2.5 倍とし、根巻き頂部のせん断補強筋を密に配置する。
- **埋込み形式柱脚**とする場合、鉄骨柱のコンクリートへの埋込み深さを、柱の断面せい（柱の見付け幅のうち大きいほう）の **2 倍以上**とする。
- **埋込み形式柱脚**において、曲げモーメントとせん断力は、埋込み部の鉄骨柱と基礎コンクリートとの間の**支圧力**および埋込み部の**補強筋**によって伝達されるものとする。

# 18 鉄骨構造 4

## 18-1 ▷ 鉄骨構造⑧（耐震設計）

**問題 1**

鉄骨構造の耐震設計に関する次の記述のうち、最も不適当なものはどれか。

1. 「耐震計算ルート 1」を適用する場合、地震力の算定においては、標準せん断力係数 $C_0$ を 0.3 以上とした。
2. 「耐震計算ルート 1」の計算において、筋かい材がある場合、筋かい端部および接合部が破断しないことを確かめる必要がある。
3. 「耐震計算ルート 2」を適用する場合、柱部材を構成する板要素の幅厚比を大きくして、圧縮応力を受ける部分に局部座屈を生じることなく、より大きな塑性変形能力が得られるようにした。
4. 「耐震計算ルート 2」で設計を行ったが、偏心率を満足することができなかったので、ルートを変更し、保有水平耐力および必要保有水平耐力を算定して耐力の確認を行った。

**問題 2**

板厚 6mm 以上の一般構造用角形鋼管（STKR 材）およびプレス成形角形鋼管（BCP 材）の通しダイアフラム形式の柱材を用いた建築物の耐震設計に関する次の記述のうち、最も不適当なものはどれか。ただし、特別な調査・研究によらないものとする。

1. 「耐震計算ルート 1」において、BCP 柱材に対し、地震力による柱応力の割増を行い、許容応力度計算を行った。
2. 「耐震計算ルート 2」において、最上階の柱頭部および 1 階の柱脚部を除くすべての接合部については、BCP 柱材に対し、梁曲げ耐力の和が柱曲げ耐力の和の 1.5 倍以上となるように設計した。
3. 「耐震計算ルート 2」において、1 階の柱脚部については、STKR 柱材に対し、地震時応力を割り増して、許容応力度等計算を行った。
4. 「耐震計算ルート 3」において、BCP 柱材に対し、局部崩壊メカニズムとなったので、柱の耐力を低減して算定した保有水平耐力についても必要保有水平耐力以上であることを確認した。

## 解答

**問題1**

1. 「**耐震計算ルート1**」を適用する場合、比較的構造規模が小さい鉄骨造の建築物の地震力の算定では、標準せん断力係数 $C_0$ を **0.3以上**とすることができる（p.139、「ここがツボ」表1参照）。

2. 「**耐震計算ルート1**」の計算は、構造規模が比較的小さい建築物で、標準せん断力係数 $C_0$ を 0.3以上とし、筋かい端部・接合部が破断しないことを確かめる。このとき、筋かい材の端部・接合部は、軸部の降伏強度の **1.2倍以上**の強度をもつ設計とする。

3. 「**耐震計算ルート2**」を適用する場合、柱部材を構成する板要素の幅厚比を大きくすると、圧縮応力を受ける部分に局部座屈が生じやすくなるので、塑性変形能力は小さくなる。圧縮応力を受ける部分の板要素の幅厚比は、**小さくするのがよい**（p.140、「ここがツボ」表2参照）。

4. 「**耐震計算ルート2**」で設計を行う場合、剛性率・偏心率を満足することができないときは、**耐震計算ルート3**に変更して、保有水平耐力および必要保有水平耐力を算定して耐力の確認を行う必要がある。

→ **正解 3**

**問題2**

1. **BCP柱材**は、常温で鋼板を曲げ加工しているから、**コーナー部分が塑性化**している。したがって、6mm以上のBCP材を柱に使用する場合、地震力による柱の応力を**割り増し**たり、柱耐力を低減したりする必要がある。

2. 一般的に、**接合部**については、**柱曲げ耐力の和が、梁曲げ耐力の和の1.5倍以上**となるように設計する。柱・梁接合部については、梁側に塑性ヒンジを先に生じさせる設計とするのが望ましい。

3. 「**耐震計算ルート2**」では、剛性率・偏心率、塔状比の他に、**その他の規定**がある。この規定には、1階の柱脚部については、**STKR柱材**に対して、地震時応力を割増して、許容応力度等計算を行うことが定められている（p.140、「ここがツボ」その他の規定参照）。

4. 「**耐震計算ルート3**」では、**保有水平耐力 $Q_u$ ≧ 必要保有水平耐力 $Q_{un}$** を確認することが必要である。このとき、BCP柱に対して、局部崩壊メカニズムとなった場合、柱の耐力を低減して算定した保有水平耐力 $Q_u$ が必要保有水平耐力 $Q_{un}$ 以上であることを確認する必要がある。

→ **正解 2**

### ここがツボ

- 筋かいを「耐震計算ルート2」で設計する場合、筋かいの水平力分担率 $\beta$ に応じて下表の割合で割増する。筋かいの水平力分担率 $\beta$ は、$\beta = \dfrac{\text{筋かいが分担する水平力}}{\text{その階に生じる水平力}}$ で計算する（下図参照）。
- 塔屋や屋上突出物には、地震時に、建築物本体に比べて、大きい加速度が作用する。

図　筋かいの水平分担率 $\beta$

筋かいの水平力分担率 $\beta = \dfrac{Q_{筋かい}}{P}$

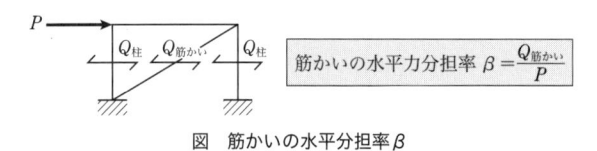

表　水平力分担率 $\beta$ による割増係数

| $\beta \leq \dfrac{5}{7}$ の場合 | $\beta > \dfrac{5}{7}$ の場合 |
|---|---|
| $1 + 0.7\beta$ | 1.5 |

# 18-2 ▷ 鉄骨構造⑨（計算問題）

## 問題1

図1のような鉄骨骨組について、図2に鉛直荷重時の曲げモーメントと柱脚反力、図3に地震による水平荷重時の曲げモーメントと柱脚反力を示している。地震時に柱に生じる短期の「圧縮応力度と圧縮側曲げ応力度の和」の最大値として、最も適当なものは、次のうちどれか。ただし、柱は、断面積 $A = 1.0 \times 10^4 \mathrm{mm}^2$、断面係数 $Z = 2.0 \times 10^6 \mathrm{mm}^3$ とし、断面検討用の応力には節点反力を用いる。

図1　骨組形状

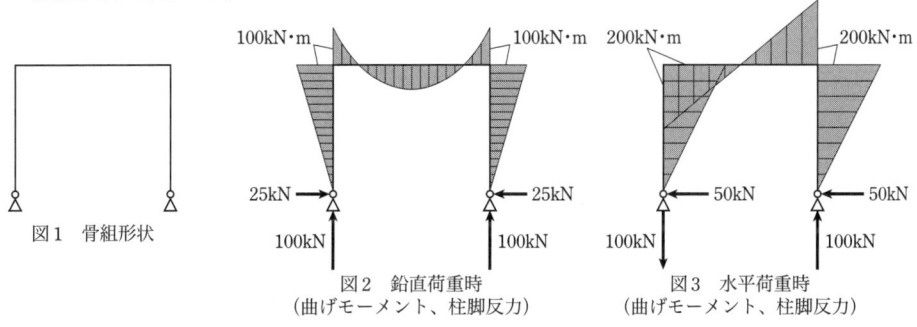

図2　鉛直荷重時
（曲げモーメント、柱脚反力）

図3　水平荷重時
（曲げモーメント、柱脚反力）

1. $150 \mathrm{N/mm}^2$
2. $160 \mathrm{N/mm}^2$
3. $170 \mathrm{N/mm}^2$
4. $180 \mathrm{N/mm}^2$

## 問題2

図1のような荷重を受ける鉄骨構造による門形ラーメンにおいて、曲げモーメントおよび柱脚の反力が図2のように求められている。曲げモーメントと軸方向力の組合せにより、柱の断面A-Aに生じる圧縮応力度の最大値に最も近いものは、次のうちどれか。ただし、条件は、イ〜ニのとおりとする。

条件
- イ．断面A-Aは、梁のフランジの下端にあり、柱脚からの高さ2.5mの位置にあるものとする
- ロ．柱は、断面積 $6.0 \times 10^3 \mathrm{mm}^2$、断面係数 $5.0 \times 10^5 \mathrm{mm}^3$ となる
- ハ．柱脚は、ベースプレート位置において、ピン支承とする
- ニ．柱および梁の質量の影響は、無視するものとする

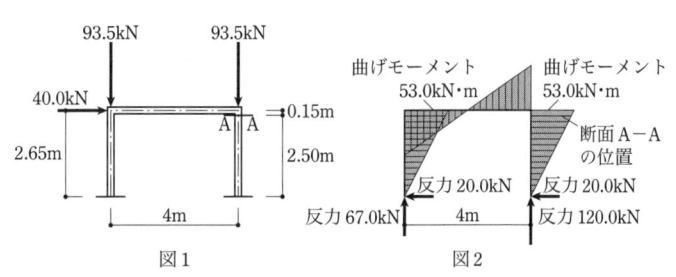

1. $70 \mathrm{N/mm}^2$
2. $80 \mathrm{N/mm}^2$
3. $100 \mathrm{N/mm}^2$
4. $120 \mathrm{N/mm}^2$

## 解答

**問題 1**

短期応力は、**鉛直荷重時応力＋水平荷重時応力**より求める。

柱の短期圧縮応力 $N = 100\text{kN} + 100\text{kN} = 200\text{kN} = 20 \times 10^4 \text{N}$

柱の断面積 $A = 1.0 \times 10^4 \text{mm}^2$

$\therefore$ 短期圧縮応力度 $\sigma_c = \dfrac{N}{A} = \dfrac{20 \times 10^4 \text{N}}{1.0 \times 10^4 \text{mm}^2} = 20\text{N/mm}^2$

柱の短期曲げモーメント $M = 100\text{kN·m} + 200\text{kN·m} = 300\text{kN·m} = 300 \times 10^6 \text{N·mm}$

柱の断面係数 $Z = 2.0 \times 10^6 \text{mm}^3$

$\therefore$ 短期曲げ応力度 $\sigma_b = \dfrac{M}{Z} = \dfrac{300 \times 10^6 \text{N·mm}}{2.0 \times 10^6 \text{mm}^3} = 150\text{N/mm}^2$

したがって、短期圧縮応力度 $\sigma_c$ と短期曲げ応力度 $\sigma_b$ の和 $\sigma$ は、

$\sigma = \sigma_c + \sigma_b = 20\text{N/mm}^2 + 150\text{N/mm}^2 = \mathbf{170\text{N/mm}^2}$

→ 正解 3

**問題 2**

軸方向力 $N = 120.0\text{kN} = 120.0 \times 10^3 \text{N}$、断面積 $A = 6.0 \times 10^3 \text{mm}^2$

断面 A-A の位置の曲げモーメント $M = $ 反力 $20.0\text{kN} \times 2.5\text{m} = 50\text{kN·m} = 50 \times 10^6 \text{N·mm}$

断面係数 $Z = 5.0 \times 10^5 \text{mm}^3$

したがって、圧縮応力度 $\sigma_c = \dfrac{N}{A} + \dfrac{M}{Z} = \dfrac{120.0 \times 10^3}{6.0 \times 10^3} + \dfrac{50 \times 10^6}{5 \times 10^5} = 20 + 100 = \mathbf{120\text{N/mm}^2}$

→ 正解 4

### ここがツボ

◆長方形断面の梁の設計

・曲げモーメントに対する設計は、次式で計算する。

$$\text{曲げ応力度 } \sigma_b = \dfrac{M}{Z} \leq \text{許容曲げ応力度} f_b \; [\text{N/mm}^2]$$

・せん断力に対する設計は、次式で計算する。

$$\text{せん断応力度 } \tau_{\max} = 1.5 \dfrac{Q}{A_w} \leq \text{許容せん断応力度} f_s \; [\text{N/mm}^2]$$

◆柱の設計

・柱のように、圧縮軸方向力と曲げモーメントを同時に受ける材は、次式で計算する。

$$\dfrac{\sigma_c}{f_c} + \dfrac{{}_c\sigma_b}{f_b} \leq 1 \quad \text{または} \quad \dfrac{{}_t\sigma_b - \sigma_c}{f_t} \leq 1$$

$f_c$：許容圧縮応力度 [N/mm²]　　$\sigma_c$：圧縮応力度 [N/mm²]
$f_b$：許容曲げ応力度 [N/mm²]　　${}_c\sigma_b$：圧縮側曲げ応力度 [N/mm²]
$f_t$：許容引張応力度 [N/mm²]　　${}_t\sigma_b$：引張側曲げ応力度 [N/mm²]

・最大圧縮応力度は、次式で計算する。

$$\sigma_c = -\dfrac{N}{A} - \dfrac{M}{Z} \; [\text{N/mm}^2]$$

# 19 鉄骨鉄筋コンクリート構造

## 19-1 ▷ 鉄骨鉄筋コンクリート構造① (全般1)

**問題1** □□□

鉄骨鉄筋コンクリート構造に関する次の記述のうち、最も不適当なものはどれか。

1. 鉛直荷重を受ける架構の応力および変形の計算は、一般に、鉄筋コンクリート構造の場合と同様に行うことができる。
2. 梁に設けることができる貫通孔の径は、鉄筋コンクリート構造に比べて、鉄骨部材に適切に補強を施すことにより、大きくすることができる。
3. 柱・梁接合部において、梁の主筋が柱の鉄骨ウェブに当たる場合は、鉄骨の溶接線に当たらないような位置に貫通孔を設ける。
4. 架構の靱性を高めるため、柱の軸圧縮耐力に対する崩壊メカニズム時の軸方向力の比が大きくなるように設計した。

**問題2** □□□

鉄骨鉄筋コンクリート構造に関する次の記述のうち、最も不適当なものはどれか。

1. 優れた靱性が得られるように、鉄筋コンクリート造耐力壁の周囲に、十分なせん断耐力と靱性を有する鉄骨を配した鉄骨鉄筋コンクリート造の架構を設けた。
2. 柱・梁接合部において、柱の鉄骨部分の曲げ耐力の和を、梁の鉄骨部分の曲げ耐力の和の65%としたので、両部材間の鉄骨部分の応力伝達に対する安全性の検討を省略した。
3. 構造特性係数$D_s$の算定に当たって、耐力壁の想定される破壊モードがせん断破壊以外であったので、その耐力壁の種別をWCとした。
4. 柱および梁の大部分が鉄骨鉄筋コンクリート構造の階の構造特性係数$D_s$は、鉄筋コンクリート構造の場合の数値から0.05以内の数値を減じた数値とすることができる。

## 解答

**問題1**

1. 鉛直荷重を受ける架構の応力および変形の計算は、鋼材の影響が小さい場合は、鉄筋コンクリート構造の場合と同様に行うことができる。ただし、鋼材の影響が大きい場合は、その影響を考慮して計算する。
2. 梁に設けることができる貫通孔は、**梁せいの0.4倍以下**、かつ、**鉄骨せいの0.7倍以下**とすることができる。これは、鉄筋コンクリート構造に比べて、鉄骨ウェブ面に補強板を溶接したり、スリーブを用いて有効に補強を施せるので、貫通孔を大きく開けることができる。
3. 柱・梁接合部において、梁の主筋が柱の鉄骨ウェブに当たる場合は、**断面性能を損わないように**、貫通孔を設けることができる。ただし、**フランジ**には貫通孔を設けてはならない。
4. 架構の靱性を高めるためには、柱に大きな軸方向力を加えないようにするのがよい。すなわち、崩壊メカニズム時の柱の軸方向力を軸圧縮耐力で除した値を**小さくする**ことによって構造特性係数 $D_s$ が小さくなり、靱性が高くなる（p.140、「ここがツボ」表2参照）。　→ **正解 4**

**問題2**

1. 鉄骨鉄筋コンクリート構造であっても耐力壁部分は鉄筋コンクリート構造である。したがって、優れた靱性が得られるように、鉄筋コンクリート造の耐力壁の周囲の骨組に鉄骨を内蔵させたり、鉄骨筋かいを用いることによって、十分なせん断耐力と変形能力を有する鉄骨鉄筋コンクリート造の架構を設けることができる。
2. 柱・梁接合部において、柱の鉄骨部分の曲げ耐力の和を、梁の鉄骨部分の曲げ耐力の和の**0.4倍以上2.5倍以下**とすれば、両部材間の鉄骨部分の応力伝達に対する安全性の検討を省略することができる。したがって、設問の**65％（0.65倍）**ならば安全性の検討を省略してもよい。
3. 構造特性係数 $D_s$ の算定に当たって、耐力壁の想定される破壊モードがせん断破壊以外であれば耐力壁の種別を WA とする。せん断破壊の場合は、耐力壁の種別を WC とする（p.140、「ここがツボ」表2参照）。
4. 鉄骨鉄筋コンクリート構造の階の構造特性係数 $D_s$ は、最も小さな値では0.25〜0.35であり、最も大きな値では0.40〜0.50である。鉄筋コンクリート構造の場合の数値は、最も小さな値では0.30〜0.40であり、最も大きな値では0.45〜0.55である。したがって、鉄筋コンクリート構造の数値から0.05以内の数値を減じた数値とすることができる。　→ **正解 3**

---

**ここがツボ**

- 鉄骨はコンクリートに拘束されているから、**鉄骨部分には局部座屈が生じないものとする**。ただし、鉄骨部分の幅厚比・径厚比が、鉄骨構造の場合の制限値の**1.5倍以内**とし、H形鋼のウェブでは**2.0倍以内**とすること。
- 柱の断面算定では、軸方向力 $N$ と曲げモーメント $M$ の負担割合は任意である。
- 鉄骨材料のコンクリートに対する許容付着応力度を計算する場合、コンクリートを充填しにくいフランジの下側などの部分を除いた付着面積とする。
- あばら筋比・帯筋比は、非充腹形鉄骨を用いた場合：0.2％以上、開断面充腹形鉄骨（I形鋼、H形鋼）の場合：0.1％以上、被覆型および充腹被覆型鋼管コンクリートの場合：0.2％以上とする。

# 19-2 ▷ 鉄骨鉄筋コンクリート構造②（全般2）

## 問題1

鉄骨鉄筋コンクリート構造に関する次の記述のうち、最も不適当なものはどれか。

1. 鉄骨鉄筋コンクリート構造は、一般に、鉄筋コンクリート構造の弱点であるせん断破壊を鉄骨で補い、鉄骨構造の弱点である座屈を鉄筋コンクリートで補ったものである。
2. 鉄骨部分の幅厚比が大きい場合、鉄骨の局部座屈が架構の塑性変形能力を低下させる場合がある。
3. 鉄骨に対するコンクリートのかぶり厚さは、耐火性、耐久性等を確保するとともに、鉄骨と鉄筋（主筋やあばら筋）の納まりやコンクリートの充填性に配慮して150mmとした。
4. 部材に充腹形鉄骨を用いた場合、コンクリートの断面が鉄骨により二分されるので、非充腹形鉄骨を用いた場合に比べて耐震性能が低下する。

## 問題2

鉄骨鉄筋コンクリート構造に関する次の記述のうち、最も不適当なものはどれか。

1. コンクリート充填鋼管（CFT）の柱の耐力評価において、実況に応じた強度試験により確認した場合は、鋼管とコンクリートの相互拘束（コンファインド）効果を考慮することができる。
2. 柱の塑性変形能力は、軸方向力が小さく、全断面の曲げ耐力に対する鉄骨部分の負担の割合が大きいほど、向上する。
3. 柱の設計において、鉄筋コンクリート部分と鉄骨部分とを一体として、局部座屈が生じない断面とした場合、施工時の局部座屈に対する検討を省略した。
4. コンクリート充填鋼管（CFT）の柱において、梁からのせん断力は、柱・梁接合部にダイアフラム、シャーコネクター等を使用しない場合、充填コンクリートと鋼管との付着力により充填コンクリートに伝達される。

■解答

問題1

1. **鉄骨鉄筋コンクリート構造**は、一般に、鉄筋コンクリート構造の弱点である脆性的なせん断破壊を鉄骨で補い、鉄骨構造の弱点である座屈を鉄筋コンクリートで補ったもので、**靱性に富む構造**となっている。

2. コンクリートが鉄骨を拘束することによって、鉄骨部分には局部座屈が生じにくいものとしている。しかし、鉄骨部分の幅厚比が大きいと、フランジの長さが長いか、ウェブの厚さが薄くなるかなので、鉄骨の局部座屈が架構の塑性変形能力を低下させる場合が生じてくる。

3. 梁鉄骨に対するコンクリートのかぶり厚さは、耐火性、耐久性等を確保するためには50mm以上としているが、主筋やあばら筋の納まりを考慮して**150mm程度**としている場合が多い。

4. 部材に**充腹形鉄骨**を用いた場合、部材は荷重に対して一体として働くから靱性が増し、**耐震性能が向上する**。非充腹形鉄骨を用いた場合は、それぞれの部材が一体として働かないので**耐震性能は低下**する。　　　　　　　　　　　　　　　　　　　→ 正解 4

問題2

1. 鋼管とコンクリートの**相互拘束（コンファインド）効果**とは、鋼管が充填コンクリートを拘束することによってコンクリートの耐力が増加し、充填コンクリートが鋼管の局部座屈を抑える効果のことである。したがって、コンクリート充填鋼管（CFT）の柱の耐力評価において、実況に応じた強度試験により確認した場合は、鋼管とコンクリートの相互拘束効果を考慮し、コンクリートの短期許容圧縮応力度を割り増すことができる。

2. **柱は、過大な軸方向力を受けると、塑性変形能力が低下する**。したがって、柱の塑性変形能力は、軸方向力が小さく、かつ、全断面の曲げ耐力に対するコンクリート部分の応力負担を減らし、鉄骨部分の負担の割合を大きくすることにより、塑性変形能力は向上する（p.140、「ここがツボ」表2参照）。

3. 柱の設計において、鉄筋コンクリート部分と鉄骨部分とを一体として、局部座屈が生じない断面として算定する。しかし、**施工時の局部座屈に対する検討は入念に行わなければならない**。

4. コンクリート充填鋼管（CFT）の柱において、梁からのせん断力は、充填コンクリートと鋼管との付着力により充填コンクリートに**軸方向力**として伝達される。ただし、柱・梁接合部にダイアフラムやシヤーコネクターなどを使用しないこととする。　→ 正解 3

● ここがツボ

・設計用せん断力は、鉄骨部分および鉄筋コンクリート部分が負担している設計用曲げモーメントの比率で負担させる。
・鉄筋コンクリート部分のせん断破壊には、鉄筋コンクリートの**せん断破壊**と、鉄骨による**せん断付着破壊**がある。
・鉄筋コンクリート部分のせん断補強筋比は、0.6％を超える場合でも **0.6％**として計算する。
・コンクリート充填鋼管（CFT）造では、鋼管が型枠となり（型枠不要）、鉄筋も入れる必要がない。

# 19-3 ▷ 鉄骨鉄筋コンクリート構造③（累加計算）

## 問題 1

鉄骨鉄筋コンクリート構造に関する次の記述のうち、最も不適当なものはどれか。

1. 梁の許容せん断力は、鉄骨部分の許容せん断力と鉄筋コンクリート部分の許容せん断力との和として算定する。
2. 梁の曲げ耐力は、鉄骨部分の曲げ耐力と鉄筋コンクリート部分の曲げ耐力との和として算定する。
3. 柱の曲げ強度は、鉄骨部分と鉄筋コンクリート部分のそれぞれの終局耐力の累加が最大となる一般化累加強度式により算定することができる。
4. 大梁の終局せん断強度を、鉄骨部分と鉄筋コンクリート部分のそれぞれについて計算した終局せん断強度の和とした。

## 問題 2

鉄骨鉄筋コンクリート構造に関する次の記述のうち、最も適当なものはどれか。

1. 柱の短期荷重時のせん断耐力に対する検討に当たっては、鉄骨部分と鉄筋コンクリート部分の許容せん断耐力の和が、設計用せん断力を下回らないものとする。
2. 部材の終局せん断耐力は、鉄骨部分と鉄筋コンクリート部分において、それぞれの「曲げで決まる耐力」と「せん断で決まる耐力」のいずれか小さいほうの耐力を求め、それらの耐力の和とすることができる。
3. 埋込み形式柱脚の終局曲げ耐力は、柱脚の鉄骨断面の終局曲げ耐力と、柱脚の埋込み部の支圧力による終局曲げ耐力を累加することによって求めた。
4. 柱・梁接合部の終局耐力は、鉄骨部分と鉄筋コンクリート部分のそれぞれの終局耐力がそれぞれの設計用耐力を下回らないように設計しなければならない。

## 解答

### 問題1

1. **梁の許容せん断力**は、鉄骨部分の許容せん断力が設計用せん断力を上回り、鉄筋コンクリート部分の許容せん断力が設計用せん断力を上回るように設計しなければならない。決して**それぞれの和として**算定してはならない（「ここがツボ」表参照）。
2. **梁や柱の曲げ耐力**は、鉄骨部分の曲げ耐力と鉄筋コンクリート部分の曲げ耐力との**和**として算定することができる。
3. **柱の曲げ強度**は、鉄骨部分と鉄筋コンクリート部分のそれぞれの終局耐力の**累加強度式**で算定できる。累加強度式には、「単純累加強度式」と「一般化累加強度式」があり、終局耐力が最大となる一般化累加強度式により算定するのが経済的である。
4. 大梁のせん断強度は、累加計算することができないが、**大梁の終局せん断強度**は、鉄骨部分と鉄筋コンクリート部分のそれぞれについて計算した終局せん断強度の**和**とすることができる。

→ **正解 1**

### 問題2

設問は、**最も適当な選択肢**を選ぶ問題である（「ここがツボ」表参照）。

1. **柱の短期荷重時のせん断耐力**に対する検討では、鉄骨部分と鉄筋コンクリート部分のそれぞれの短期許容せん断耐力が、それぞれの設計用せん断力を下回らないようにする。決してそれぞれの和として算定してはならない。
2. **部材の終局せん断耐力**は、鉄骨部分の終局せん断耐力と鉄筋コンクリート部分の終局せん断耐力の和として求めることができる。ただし、「曲げで決まる耐力」と「せん断で決まる耐力」のいずれか小さいほうの**耐力の和**とする。よって、正しい。
3. 埋込み形式柱脚の**終局曲げ耐力**は、鉄骨部分の終局曲げ耐力 $_sM_u$ と鉄筋コンクリート部分の終局曲げ耐力 $_rM_u$ との**累加**によって求める。このとき、鉄骨部分の終局曲げ耐力 $_sM_u$ は、柱脚の鉄骨断面の終局曲げ耐力 $_sM_{u1}$ と、柱脚の埋込み部の支圧力による終局曲げ耐力 $_sM_{u2}$ のうち、**小さいほうの**値とする。
4. 柱・梁接合部の**終局耐力**は、鉄骨部分の終局耐力と鉄筋コンクリート部分の終局耐力の**和**が、設計用耐力を下回らないように設計すればよい。

→ **正解 2**

### ここがツボ

- 累加方式については右表に示す。
- 鉄骨鉄筋コンクリート構造の耐力は、鉄骨部分の耐力と鉄筋コンクリート部分の耐力の累加式により求める。ただし、梁の長期および短期許容せん断力と柱の短期許容せん断力は累加計算することができない。

**表　許容耐力の累加方式**

| | | 長期許容耐力 | 短期許容耐力 | 終局耐力 |
|---|---|---|---|---|
| $N$と$M$に対する設計 | 梁 | Sの許容耐力＋RCの許容耐力 | | Sの耐力＋RCの耐力 |
| | 柱 | | | |
| $Q$に対する設計 | 梁 | SとRCのそれぞれで検討。Sの許容せん断力≧Sの設計用せん断力、かつ、RCの許容せん断力≧RCの設計用せん断力 | | |
| | 柱 | RCにひび割れを生じさせない。RCの長期の$Q$に$S$による効果を加算する。 | 累加でなくSとRCそれぞれで検討する。 | |
| | 柱・梁接合部 | | Sの耐力＋RCの耐力 | |

- コンクリートの圧縮側鉄骨比に応じて低減した許容圧縮応力度 $f'_c$ は、圧縮側鉄骨比 $_sP_c$ に応じて、$f'_c = f_c(1 - 15\,_sP_c)$ の式により計算する。したがって、$_sP_c = _sa_c/bD = 1/15 (\fallingdotseq 6.7\%)$ のとき、$f'_c = 0$ となりコンクリートの耐力を無視することになる。

# 20 各種構造総合

## 20-1 ▷ 各種構造総合①

**問題 1**

建築構造に関する次の記述のうち、最も不適当なものはどれか。

1. 壁式鉄筋コンクリート構造は、一般に、鉄筋コンクリートラーメン構造に比べて、保有水平耐力が大きく、優れた靱性も期待できる。
2. 壁式ラーメン鉄筋コンクリート造は、梁間方向を連層耐力壁による壁式構造とし、桁行方向を偏平な断面形状の壁柱からなるラーメン構造とする構造である。
3. コンクリート充填鋼管（CFT）柱は、コンクリートが充填されていない同じ断面の中空鋼管の柱に比べて、水平力に対する塑性変形能力が高い。
4. 壁式鉄筋コンクリート構造において、耐力壁に使用するコンクリートの設計基準強度を $18N/mm^2$ から $24N/mm^2$ に変更すると、必要となる壁量を減じることができる。

**問題 2**

建築構造に関する次の記述のうち、最も不適当なものはどれか。

1. 木造建築物の壁量の算定において、構造用面材と筋かいを併用した軸組の倍率は、それぞれの倍率の和が5を超える場合であっても、5とする。
2. 壁式ラーメン鉄筋コンクリート造の建築物は、地上15階建、軒の高さ45mとすることができる。
3. 積層ゴムアイソレータを用いた免震構造は、地震時において、建築物の固有周期を短かくすることにより、建築物に作用する地震力（応答加速度）を小さくすることができる。
4. プレス成形角形鋼管（BCP材）は、冷間加工を行う原材の材質がSN材のB種またはC種に準拠している。

## 解答

### 問題1

1. **壁式鉄筋コンクリート構造**は、鉄筋コンクリートラーメン構造に比べて、壁体によって耐震性能を確保する構造であるから、保有水平耐力は大きくなるが、変形能力が小さく、脆性的な破壊が生じるおそれがあるので、**靭性は期待できない**（p.146、「ここがツボ」参照）。

2. **壁式ラーメン鉄筋コンクリート造**は、梁間方向を1層から最上層まで連続した耐力壁をもつ連層耐力壁で構成し、桁行方向を偏平な断面形状の壁柱と梁からなる壁式ラーメン構造で構成されている。

3. **コンクリート充填鋼管(CFT)柱**は、鋼管が充填コンクリートを拘束することによってコンクリートの耐力が高くなり、曲げ耐力や変形性能が増大する。したがって、CFT柱は、コンクリートが充填されていない同じ断面の中空鋼管の柱に比べて、水平力に対する塑性変形能力が高くなる。

4. **壁式鉄筋コンクリート構造**において、耐力壁に使用するコンクリートの設計基準強度は、18N/mm²以上必要である。これを24N/mm²に変更すると、必要壁量を$\sqrt{18/F_c}$まで低減することができる。ただし、$\sqrt{1/2}$**倍**、かつ、−50mm/m²までとする。　　→ **正解 1**

### 問題2

1. **木造建築物の壁量**の算定において、構造用面材と筋かいを併用した軸組の倍率は、それぞれの倍率の和とすることができるが、5を超える場合は、5としなければならない。

2. **壁式ラーメン鉄筋コンクリート造**の建築物は、梁間方向を連層耐力壁による壁式構造とし、桁行方向を偏平な断面形状の壁柱と梁からなるラーメン構造とする構造である。その規模は、地上**15階建以下**、軒の高さ**45m以下**とする。

3. **積層ゴムアイソレータ**を用いた免震構造は、地震時において、建築物の固有周期を**長く**することによって、建築物に作用する**地震力（応答加速度）を小さく**する構造である。一般に、固有周期が長くなると、加速度が小さくなり、水平力も小さくすることができる。

4. **プレス成形角形鋼管**（BCP235材）は、材質がSN材のB種またはC種の鋼板を冷間プレス加工して、角形鋼管として製造されたものである。コーナー部が塑性化しているので、**十分な変形能力は期待できない**。　　→ **正解 3**

### ここがツボ

- 鉄骨鉄筋コンクリート構造において、鉛直荷重を受ける架構の応力および変形の計算は、構造体を平面架構として扱い、一般に、架構と荷重が対称な場合は節点の移動がないので、水平変位が無視でき、鉄筋コンクリート構造の場合と同様に行うことができる。
- 壁式ラーメン鉄筋コンクリート構造に使用するコンクリートおよびモルタルの設計基準強度$F_c$は、21N/mm²以上とする。
- 壁式ラーメン鉄筋コンクリート構造の耐力壁の厚さは150mm以上とし、両端は壁柱に接合し、緊結すること。
- スラブは鉄筋コンクリート造とし、その厚さは130mm以上とする。

## 20-2 ▷ 各種構造総合②

**問題 1**

建築構造に関する次の記述のうち、最も不適当なものはどれか。

1. 鉄筋コンクリート構造の梁において、圧縮側の鉄筋量を増やしても、クリープによるたわみを小さくする効果はない。
2. 免震構造の建築物は、大地震時においても、建築物に生じる加速度を低減することができるので、振動を嫌う精密機器や美術品を収納する建築物に適している。
3. 空気膜構造において、構造部材として使用するケーブル部材は、原則として、引張力のみに抵抗する線形弾性部材と仮定する。
4. 鉄骨梁とコンクリートスラブとを緊結した合成梁の曲げ剛性を求める場合、原則として、「鉄骨梁」と「有効幅および有効厚さ内のコンクリートスラブ」との全断面を有効とする完全合成梁と仮定する。

**問題 2**

建築構造に関する次の記述のうち、最も不適当なものはどれか。

1. 木造2階建の在来工法による建築物で、延べ面積500m² 以下、高さ13m 以下、かつ、軒高9m 以下のものについては、偏心率および剛性率の検討を行わなかった。
2. 鉄筋コンクリート構造の柱は、一般に、主筋を増すことにより、靱性を高めることができる。
3. 鉄骨柱の根巻き型柱脚において、鉄筋コンクリート部分の曲げ降伏先行とするため、根巻きの高さを柱径の3倍とした。
4. 種類が異なる鉄筋 SD295A と SD345 との継手において、鉄筋の製造会社が同一で、かつ、鉄筋径が同一であったので、ガス圧接とした。

■解答

問題1

1. 鉄筋コンクリート構造の梁において、**鉄筋はクリープ変形がない材料**なので、圧縮側の鉄筋量を増やすと、鉄筋が負担する圧縮力が多くなり、コンクリートが負担する圧縮力が少なくなるので、梁のクリープによるたわみを小さくする効果がある。

2. **免震構造**の建築物は、水平剛性の小さい積層ゴム支承や摩擦係数の小さいすべり支承等を用いた**免震層で地震力を抑制し**、上部構造の周期を長くすることによって、大地震時においても、建築物に生じる**加速度を低減する**ことができるので、振動を嫌う精密機器や美術品を収納する建築物に適している。

3. **空気膜構造**は、空気圧により膜材が膨らみ、その膜材を構造部材として支えるケーブルには、ケーブルに直角方向の力を引張力に変えて抵抗する線形弾性部材と仮定して設計する。

4. **合成梁**は、鉄骨梁とコンクリートスラブとを緊結させて、一体の梁として設計する。曲げ剛性を求める場合、「鉄骨梁」と「有効幅および有効厚さ内のコンクリートスラブ」との全断面を有効とする**完全合成梁**と仮定している。　　　　　　　　　　　　→ **正解 1**

問題2

1. 木造建築物において、**高さが13mを超え**、または**軒高が9mを超える**ものは、二次設計が必要であり、**3階建以上**、または**延べ面積が500m²を超える**ものは、一次設計が必要である。ただし、設問のように木造建築物で、2階建以下、高さ13m以下、軒高9m以下、かつ、延べ面積が500m²以下のものは、構造計算の必要がないので、偏心率および剛性率の検討を行わなくてもよい。なお、中規模建築物において、木造以外の建築物では、**2階建以上**、または**延べ面積200m²を超える**ものは、一次設計が必要となる。

2. 鉄筋コンクリート構造の柱において、**主筋を増すと強度は増すが、靭性を高めることにはならない**。靭性を高めるには、せん断補強筋を増し、曲げ降伏が先になるように設計する。

3. 鉄骨柱の根巻き型柱脚において、鉄筋コンクリート部分の曲げ降伏先行とするため、根巻きの高さを**柱径の2.5倍以上**とするので、3倍は安全側なのでよしとする。

4. 種類が異なっても、鉄筋の製造会社が同一で、かつ、鉄筋径が同一であれば、SD295Aの鉄筋とSD345の鉄筋の継手は、ガス圧接とすることができる。　　　　　　→ **正解 2**

### ここがツボ

- **免震構造**とは、水平剛性の小さい積層ゴム支承や摩擦係数の小さいすべり支承等を用いた免震層で地震力を抑制し、上部構造の周期を**長く**することによって、大地震時においても、建築物に生じる**加速度を低減**することができる構造である。鉄筋コンクリート構造など固有周期が短い建築物ほど免震構造による水平力の低減が大きい。
- 積層ゴムアイソレータを用いた免震構造は、地震時における建築物に作用する加速度が小さくなるとともに水平力も小さくなる。しかし、**地盤と建築物との相対変位は大きくなる**。
- **制振構造**は、地震や風による建築物の揺れを制御することができる構造である。
- わが国でも、**30階建以上**、高さ**100m以上**の鉄筋コンクリート造建築物が見られるようになってきた。

# 21 土質と地盤

## 21-1 ▷ 土質と地盤①

**問題 1**

土質および地盤に関する次の記述のうち、最も不適当なものはどれか。

1. 粘性土の粘着力および内部摩擦角は、三軸圧縮試験によって求めることができる。
2. 一軸圧縮試験および三軸圧縮試験の土質試験は、ボーリング孔内から採取した試料を物理的・力学的に変化しないように運搬して、室内で試験を行う。
3. 地盤の沈下には即時沈下と圧密沈下があり、圧密沈下は、砂質地盤が長時間かかって圧縮され、間隙が減少することにより生じる。
4. 地震動が作用している軟弱な地盤においては、地盤のせん断ひずみが大きくなるほど、地盤の減衰定数は増大し、せん断剛性は低下する。

**問題 2**

土質および地盤に関する次の記述のうち、最も不適当なものはどれか。

1. 地盤の極限鉛直支持力は、一般に、土のせん断破壊が生じることにより決定される。
2. ボーリング孔内水平載荷試験により、水平地盤反力係数を求めることができる。
3. スウェーデン式サウンディング試験により、原位置における土の硬軟、締まり具合または土層の構成を判定するための静的貫入抵抗を求めることができる。
4. 砂質地盤の許容応力度の算定において、支持力係数は、内部摩擦角が小さくなるほど大きくなる。

■解答

問題1

1. **三軸圧縮試験**は、粘性土の**粘着力**および**内部摩擦角**を求める試験である。砂質土についても調査できる。
2. **一軸圧縮試験**（粘性土の一軸圧縮強さや粘着力などを求める試験）や三軸圧縮試験の土質試験は、ボーリング孔内からサンプリングした試料の物理的・力学的性質を測定する試験である。
3. **圧密沈下**は、粘性土地盤が長時間かかって圧縮され、間隙水が徐々に絞り出されて、間隙が減少することにより生じる現象である。**即時沈下**は、透水係数の大きい砂質土地盤に生じ、載荷と同時に短時間に間隙水が流出することにより生じる沈下である。
4. 地震動が作用している軟弱な地盤においては、地盤内に発生するせん断ひずみが増加すると、地盤には亀裂が生じて破壊が発生する。この破壊により**地盤のせん断剛性が低下**し、振動エネルギーが吸収されることにより**地盤の減衰定数は増大**する。　→ 正解 3

問題2

1. 土は、**滑り面でせん断破壊する**。したがって、基礎底面の下にある地盤の極限鉛直支持力は、そこにある土のせん断破壊（ずれによる破壊）が生じることにより決まる。
2. **ボーリング孔内水平載荷試験**は、孔壁に圧力を加え、孔壁の変位を測定して地盤の変形係数を求める試験である。この変形係数から**水平地盤反力係数**を求めることができる。
3. **スウェーデン式サウンディング試験**は、ロッドの先にスクリューを取り付け、載荷状態で回転させて一定量を貫入させるのに要する**半回転数を測定する**ことによって、原位置における土の締まり具合や硬軟の度合い、土層構成を判定するための静的貫入抵抗が求められる。
4. 砂質地盤の許容応力度は、**長期許容応力度** $q_a = 1/3(i_c \cdot \alpha \cdot C \cdot N_c + i_\gamma \cdot \beta \cdot \gamma_1 \cdot B \cdot N_\gamma + i_q \cdot \gamma_2 \cdot D_f \cdot N_q)$ で求める。このとき、$N_c$、$N_\gamma$、$N_q$ は、内部摩擦角に応じた支持力係数で、内部摩擦角（右図参照）が小さくなるほど小さくなり、許容応力度も小さくなる。　→ 正解 4

> ここがツボ
> - **地層**には、沖積層、洪積層、第三紀層などがあり、順に地耐力が大きくなる。
> - **標準貫入試験**において、同じ $N$ 値であっても、砂質地盤と粘土質地盤とでは同じ地耐力にはならない。$N$ 値が同じならば、砂質土より粘性土のほうが地耐力が大きくなる。
> - **平板載荷試験**は、30cm角や円の載荷板を用いて支持力特性を調べるものである。調査できる範囲は、載荷板幅の1.5～2.0倍程度の深さまでである。
> - 平板載荷試験の結果から長期許容支持力度を求める場合、通常、得られた降伏荷重度の1/2、極限荷重度または最大荷重度の1/3のうち**最も小さい値**とする。
> - 液体から可塑性に変化する境目の含水比を**液性限界**といい、可塑性から半固体状態に変化する境目の含水比を**塑性限界**という。
> - 右表に砂質土と粘性土の性質の比較を示した。
>
> 表 砂質土と粘性土の性質の比較
>
> |  | 砂質土 | 粘性土 |
> | --- | --- | --- |
> | 粒径 | 大 | 小 |
> | 内部摩擦角 | 大 | 小 |
> | 粘着力 | 小 | 大 |
> | 即時沈下量 | 大 | 小 |
> | 圧密沈下量 | 小 | 大 |
> | 透水係数 | 大 | 小 |

# 21-2 ▷ 土質と地盤②

### 問題 1

土質および地盤に関する次の記述のうち、最も不適当なものはどれか。

1. 受働土圧は、構造体（擁壁）が土から離れる側に移動した場合の圧力である。
2. 三軸圧縮試験は、拘束圧を作用させた状態における圧縮強さを調べるもので、土の粘着力および内部摩擦角を求めることができる。
3. 圧密試験により求められる圧密降伏応力、圧縮指数、体積圧縮係数、圧密係数等は、粘性土地盤が載荷される場合の沈下量や沈下速度の解析に用いられる。
4. 液状化の判定を行う必要がある飽和土層は、一般に、地表面から20m程度以内の深さの沖積層で、細粒分含有率が35％以下の土層である。

### 問題 2

土質および地盤に関する次の記述のうち、最も不適当なものはどれか。

1. 繰返しせん断応力比が同程度の砂質土層の場合、有効上載圧や細粒分含有率の影響を考慮した補正 $N$ 値が大きいほど液状化しやすい。
2. 砂質土においては、一般に、$N$ 値が大きくなると内部摩擦角は大きくなる。
3. 有機質土など含水比が大きい地盤においては、一次圧密終了後も二次圧密というクリープ的な塑性沈下に注意する必要がある。
4. 地盤改良の効果は、$N$ 値の変化や採取コアの圧縮強度により確認されることが多い。

## 解答

**問題1**

1. **受働土圧**は、構造体（擁壁）が土を押しのける側に移動しようとし、土中に滑り面が発生しようとする状態で擁壁に作用している土圧である。

2. **三軸圧縮試験**とは、土中の深いところでは拘束力が大きくなるから、この応力状態に近い状態で行う試験をいう。たとえば、円柱供試体を圧力室に置いて、側圧として水などの液圧を加え、かつ、軸方向の圧力も加えて破壊させ、圧縮強さを調べる試験方法である。この試験により、**土の粘着力**および**内部摩擦角**を求めることができる。

3. **圧密試験**は、供試体の側面を拘束し、軸方向に加圧して圧密状態をつくり、圧密降伏応力、圧縮指数、体積圧縮係数、圧密係数等を測定することにより、**粘性土地盤の沈下量**や**沈下速度**の解析に用いる。

4. 液状化が生じる可能性があるかどうかを判定するには、地表面から**20m以内**の深さの軟弱な地層である沖積層で、細粒土が少ないと液状化が生じやすくなるので、細粒分含有率が**35%以下**の飽和土層を調べる必要がある。
   → 正解 1

**問題2**

1. 上載圧が加わると、$N$値は大きく出る傾向にある。砂質土層においては、有効上載圧や細粒分含有率の影響を考慮した補正$N$値であっても、値が大きくなるほど液状化はしにくくなる。なお、繰返しせん断比は、繰返しせん断力比 $= \dfrac{繰返しせん断力振幅}{鉛直有効応力}$ で求める。

2. 砂質土において、$N$値からは相対密度や内部摩擦角などが推定できる。このとき、$N$値が大きくなると、**内部摩擦角は大きくなり、支持力が増大する**。

3. 長時間かかって土中の間隙水が徐々に周囲へ絞り出されて沈下する圧密沈下を**一次沈下**という。一次圧密終了後も有効応力が作用していて、クリープ的な塑性沈下が進行することがある。これを**二次圧密**といい、有機質土など**含水比が大きい地盤**では注意する必要がある。

4. 地盤改良工法における固化工法の一種である**深層混合処理工法**では、その効果は、$N$値の変化や採取コアの一軸圧縮強度により確認されることが多い。
   → 正解 1

---

### ここがツボ

- 土の**一軸圧縮試験**では、粘性土地盤の粘着力、摩擦力、変形係数などを求めることができる。
- **液状化現象**とは、地表面近くの水で飽和した粒径が比較的均一な緩い中粒砂の飽和地盤が、地震動によって振動を受け、流動化して地耐力を失ってしまう現象をいう。
- 液状化が起こりやすい要素としては、水で飽和した地盤で、①細粒土含有率が低い（35%以下）、②地下水位が地表面に近い、③地盤の$N$値が小さい（15程度）、④地震入力が大きい、などが挙げられる。
- 地表面から**20m以内**の深さにある沖積層は、液状化の判定を行う必要がある。
- 構造体に作用する土圧の大小関係は、**受働土圧＞静止土圧＞主働土圧**の順である。
- 過圧密された粘性土層の場合、地下水を汲み上げて水位を下げても、地中応力が先行圧密応力以下であれば、通常、沈下量は無視することができる。

# 22 基礎構造

## 22-1 ▷ 基礎構造①（直接基礎）

**問題 1** □□□

直接基礎に関する次の記述のうち、最も不適当なものはどれか。

1. 一様な水平地盤における基礎の即時沈下量は、基礎の短辺長さに反比例し、沈下係数（基礎底面の形状と剛性によって決まる係数）および基礎に作用する荷重度に比例する。
2. 長期的に作用する固定荷重、積載荷重および積雪荷重に対しては、即時沈下と圧密沈下の計算が必要である。
3. 基礎の極限鉛直支持力は、支持力式により求める場合、基礎の底面積と極限鉛直支持力度の積として求められる。
4. 地盤の液状化がなく、偏土圧等の水平力が作用していない建築物の直接基礎は、地震による水平力に対し、基礎底面と地盤との摩擦により抵抗できると考えられている。

**問題 2** □□□

直接基礎に関する次の記述のうち、最も不適当なものはどれか。

1. 直接基礎の使用限界状態に対応する検討項目のうち、「基礎の変形角および傾斜角」は、上部構造に対する影響を確認するための項目である。
2. 水平地盤上の円形基礎の即時沈下量は、地盤を一様な半無限弾性体と仮定すれば、基礎に作用する荷重度が同じ場合、基礎の直径に比例する。
3. 同一地盤に設ける直接基礎の単位面積当たりの極限鉛直支持力度は、支持力式により求める場合、一般に、基礎底面の平面形状にかかわらず同じ値となる。
4. 直接基礎の基礎スラブの構造強度を検討するときには、一般に、基礎スラブの自重およびその上部の埋め戻し土の重量は含めない。

■ 解答

問題1

1. 一様な水平地盤における**基礎の即時沈下量** $S_E$ は、**基礎の短辺長さ** $B$ および沈下係数 $I_S$（基礎底面の形状と剛性によって決まる係数）ならびに基礎に作用する荷重度 $q$ [kN/m²] に比例し、地盤のヤング係数 $E$ には反比例する。**即時沈下** $S_E = I_S \cdot \dfrac{1-\nu^2}{E} \cdot q \cdot B$ [m] により求める。

2. 長期的に作用する固定荷重、積載荷重および積雪荷重に対しては、即時沈下と圧密沈下の両方の計算が必要である。即時沈下と圧密沈下を加え合わせて沈下量の検討を行う。

3. **基礎の極限鉛直支持力** $R_u$ [kN] は、$R_u = q_u \cdot A$ より求める。
   このとき、$q_u$ は極限鉛直支持力度 [kN/m²]、$A$ は基礎の底面積 [m²] とする。

4. **直接基礎**は、地震時の上部構造からの水平力に対し、基礎底面と地盤との摩擦により抵抗できると考えられる。ただし、液状化などの地盤破壊がないこと、かつ、偏土圧等の水平力が作用していなことが必要である。　　　　　　　　　　　　　　　　→ 正解　1

問題2

1. 直接基礎の**使用限界状態**とは、基礎の変形、傾斜によって上部構造に支障が生じる限界状態をいう。したがって、その使用限界状態に対応する検討項目には、日常的に作用する荷重等、上部構造に対する影響を確認するための項目が盛り込まれている。

2. 水平地盤上の基礎の即時沈下量は、基礎の短辺長さ $B$ に比例する。ただし、円形基礎の場合は直径であるから、地盤を一様な半無限弾性体と仮定すれば、基礎に作用する荷重度が同じ場合、**基礎の直径に比例する**。

3. 同一地盤に設ける直接基礎の単位面積当たりの極限鉛直支持力度は、支持力式により求める場合、基礎底面の平面形状によって**異なる値**をとる。

   極限鉛直支持力度 $q_u = i_c \cdot \alpha \cdot C \cdot N_c + i_\gamma \cdot \beta \cdot \gamma_1 \cdot B_n \cdot N_\gamma + i_q \cdot \gamma_2 \cdot D_f \cdot N_q$

   $\alpha$、$\beta$：基礎底面の形状係数（右表参照）

   | 基礎底面の形状 | 正方形の基礎 | 長方形の基礎 | 円形の基礎 |
   |---|---|---|---|
   | $\alpha$ の値 | 1.2 | 1.0 + 0.2（短辺/長辺） | 1.2 |
   | $\beta$ の値 | 0.3 | 0.5 − 0.2（短辺/長辺） | 0.3 |

4. 直接基礎の基礎スラブの**構造強度を検討**するときには、一般に、基礎スラブの自重およびその上部の埋め戻し土の重量は含めない。これは、地盤の地反力と基礎スラブの自重およびその上部の埋め戻し土の重量とが打ち消し合うからである。ただし、**基礎底面積の検討**を行うための接地圧では、上部構造からの荷重、基礎スラブの自重およびその上部の埋め戻し土の重量を含めた重量を用いて設計する。　　　→ 正解　3

ここがツボ

・砂質地盤では、等しい荷重度を加えたとき、基礎底面が大きいほど地盤の広く深い位置まで影響が及ぶので、即時沈下量は大きくなる。
・直接基礎の鉛直支持力を計算するときの地盤定数は、①支持地盤の粘着力、②支持地盤の内部摩擦角、③支持地盤および根入れ部の土の単位体積重量、である。
・極限鉛直支持力は、「地盤の粘着力に起因する支持力」＋「地盤の自重に起因する支持力」＋「根入れによる押さえ効果に起因する支持力」の総和として求める。

## 22-2 ▷ 基礎構造②（杭基礎1）

### 問題1

杭基礎に関する次の記述のうち、最も不適当なものはどれか。

1. 長い杭において、杭頭の固定度が大きくなると、杭頭の曲げモーメントは小さくなる。
2. 杭に作用する軸方向力は、支持杭に摩擦力が作用する場合、一般に、中立点において最大となる。
3. 杭および一様な地盤を弾性と仮定すれば、杭頭に加わる水平力が同じ場合、杭頭変位は、水平地盤反力係数や杭径が大きいほど減少する。
4. 地震時に地盤が液状化すると、液状化層の水平地盤反力係数は急激に低下し、動的変位が増大する。

### 問題2

杭基礎に関する次の記述のうち、最も不適当なものはどれか。

1. 基礎杭の先端地盤の許容応力度の大小関係は、先端地盤が同一の場合、「打込み杭」＞「セメントミルク工法による埋込み杭」＞「アースドリル工法等による場所打ちコンクリート杭」である。
2. 杭の極限鉛直支持力は、極限先端支持力と極限周面摩擦力との和で表す。
3. 極限周面摩擦力は、砂質土部分の極限周面摩擦力と粘性土部分の極限周面摩擦力のうち、小さいほうの値とする。
4. 杭の引抜き抵抗力の計算においては、杭の自重を考慮することができるが、地下水位以下の部分については、浮力による低減を考慮する。

## 解答

### 問題1

1. 長い杭の場合、**杭頭の固定度が大きくなる**と、杭頭の回転拘束が強くなり、水平剛性が大きくなって、**杭頭の曲げモーメントも大きくなる。**

2. 杭に作用する軸方向力は、支持杭に**負の摩擦力（ネガティブフリクション）**が作用する場合、杭と地盤の沈下量が等しくなる中立点より上部では負の摩擦力（下向き）が、下部では正の摩擦力が作用するから、中立点において最大となる。なお、負の摩擦力が作用すると杭先端の軸方向力は大きくなる。

3. **水平地盤反力係数**は、地盤を水平方向に単位量変形させたときの単位面積当たりの水平反力をいう。したがって、**水平地盤反力係数が大きい**ということは、地盤が杭を水平方向に強く支持するので、**杭頭変位は小さくなる。**また、**杭径が大きくなる**と、杭の曲げ剛性が大きくなり、かつ、杭幅が大きくなって大きな面積で地盤が杭を支えるので、**杭頭変位は小さくなる。**

4. 地震時に地盤が液状化すると、**液状化層の水平地盤反力係数は急激に低下**し、杭の水平変位が大きくなるので、その検討が必要となる。最も安全な設計法は、液状化層の水平地盤反力係数を無視して設計することである。　　　　　　　　　　　　**→ 正解 1**

### 問題2

1. **基礎杭の先端地盤の許容応力度**の大小関係は、先端地盤が同一の場合、**打込み杭＞セメントミルク工法による埋込み杭＞アースドリル工法等による場所打ちコンクリート杭**の順になる。これは、**地盤の締固め**によるものの順である。

2. **杭の極限鉛直支持力**は、先端の支持力の極限抵抗力と杭周面の極限摩擦力との**和**とする。

3. **極限周面摩擦力**は、砂質土部分の極限周面摩擦力と粘性土部分の極限周面摩擦力との**和**とする。なお、砂質土の杭の**極限周面摩擦力度**は、**場所打ちコンクリート杭＞埋込み杭＞打込み杭**の順になる。これは、**杭表面の平滑度の大小関係**によるものの順である。

4. 杭の引抜き抵抗力の計算では、杭の自重と杭周面の摩擦抵抗力を考慮することができるが、地下水位以下の部分については、杭の**浮力**を考慮しなければならない。　　**→ 正解 3**

#### ここがツボ

- **杭基礎**とは、地盤が軟弱で許容支持力が不足したり、沈下が大きい場合に用いる杭である。
- **支持杭**は、上部構造の荷重を杭を利用して良質地盤で支える杭である（下図参照）。
- **摩擦杭**は、杭周辺の摩擦力で支持する杭である。
- **杭基礎の許容支持力**は、杭の支持力のみによるものとし、一般に、基礎スラブ底面の地盤の許容支持力を加算してはならない。
- 地盤沈下が生じている地域において、圧密層を貫く支持杭の**長期**の荷重について設計する場合、**負の摩擦力（ネガティブフリクション）**を検討する必要がある。なお、短期の荷重については考慮しなくてよい。負の摩擦力は、摩擦杭より支持杭のほうが大きい。また、軟弱地盤中の摩擦杭に杭と地盤の相対変位が生じなければ負の摩擦力は生じない。

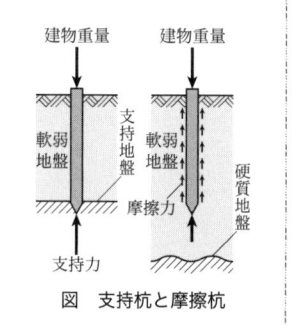

図　支持杭と摩擦杭

# 22-3 ▷ 基礎構造③（杭基礎2）

## 問題1

杭基礎に関する次の記述のうち、最も不適当なものはどれか。

1. 長い杭において、杭頭の固定度が小さくなると、「杭頭の曲げモーメントの値」および「杭の地中部最大曲げモーメントの値」はいずれも小さくなる。
2. 1本当たりの鉛直荷重が等しい場合、群杭の沈下量は、一般に、単杭の沈下量に比べて大きい。
3. 基礎スラブおよび杭頭接合部の設計に当たっては、それぞれの強度および杭頭接合部の回転剛性を検討する。
4. 杭基礎に作用する主な引き抜き荷重には、「常時および洪水時における建築物の地下部分に作用する浮力」、「地震時や暴風時における建築物の転倒モーメントによる荷重」等がある。

## 問題2

杭基礎に関する次の記述のうち、最も不適当なものはどれか。

1. 単杭の鉛直支持力は、「鉛直載荷試験」または「杭の施工法の影響を考慮した支持力算定式」により評価する。
2. 地盤沈下地帯における負の摩擦力を受ける杭については、「杭の沈下量、基礎の変形角および傾斜角」および「杭体の強度」の検討を行う。
3. 杭基礎の終局限界状態に対応する地盤の要求性能は、「変形性能の限界に達して急激な耐力の低下を生じないこと」および「部材が脆性的な破壊を生じないこと」である。
4. 同一の建築物で支持層の深さが極端に異なり、やむを得ず杭基礎と直接基礎を併用する場合には、不同沈下に対する検討を十分に行う。

■ 解答

問題1

1. 長い杭において、**杭頭の固定度が小さくなると**、「杭頭の曲げモーメントの値」は**小さく**なり、「杭の地中部最大曲げモーメントの値」は**大きく**なる。杭頭の水平変位も大きくなる。
2. **群杭**は、杭が密集しているので、地盤に及ぼす沈下の影響の範囲が深くなり、1本当たりの杭頭鉛直荷重が等しい場合、群杭の沈下量は、**単杭の沈下量に比べて大きくなる**。
3. 基礎スラブおよび杭頭接合部の強度は、限界状態に応じて設計用限界値が設定され、杭頭接合部の回転剛性は、回転角としては基礎スラブ底面に対する杭頭の杭軸の回転角を検討し、固定度としては全体の杭頭回転角で評価し、検討する。
4. 杭基礎に作用する主な引き抜き荷重には、重量が軽い建築物の場合、「常時および洪水時における建築物の地下部分に作用する浮力」に対する検討が必要である。また、細長い建築物の場合、「地震時や暴風時における建築物の転倒モーメントによる引き抜き荷重」を検討する必要がある。

→ **正解 1**

問題2

1. **単杭の鉛直支持力**は、「鉛直載荷試験」により限界支持力を評価する。また、杭の施工法は、打込み杭、埋込み杭、場所打ちコンクリート杭に分けられ、「杭の施工法の影響を考慮した支持力算定式」により求めた極限先端支持力と極限周面摩擦力との和として計算する。
2. 地盤沈下地帯における**負の摩擦力を受ける杭**について、「杭の沈下量、基礎の変形角および傾斜角」は、上部構造の安定性のための要求性能に対して定められる。また、「杭体の強度」は、弾性限界強度としての検討を行う。
3. 杭基礎の終局限界状態に対応する**地盤の要求性能**は、「敷地における地盤全体の安定性が失われないこと」および「杭基礎に作用する荷重が地盤から定まる杭基礎の最大抵抗力に達しないこと」である。なお、設問は、**基礎部材**の要求性能である。
4. **同一建築物に異種の基礎を用いることは好ましくない**。やむを得ず異種の基礎を併用する場合には、直接基礎は地中梁の剛性を大きくし、杭基礎は支持杭として負の摩擦力を計算するなど、不同沈下に対する検討を十分に行う。

→ **正解 3**

● ここがツボ

・支持杭の支持力は、**杭先端の抵抗力と杭周面の摩擦抵抗力との和**としている。
・鋼管杭を打ち込んだときの極限鉛直支持力は、開端杭より閉端杭のほうが大きい。
・群杭基礎の場合、水平耐力は各杭を単杭とみなしたときの水平耐力の総和より小さい。
・基礎部分に加わる水平力は、構造体の根入れ部分の深さなどによって異なるが、杭には**全水平力の3割以上を負担させる**（右図参照）。
・粘性土中に多数の摩擦杭（群杭）を打ち込むと、**杭周辺の摩擦力が低下**し、群杭中の1本当たりの支持力は単杭の支持力より小さくなる。
・砂質土中に多数の杭（群杭）を打ち込むと、**杭間の砂が締め固められ**、群杭中の1本当たりの支持力は、単杭の支持力より大きくなる。

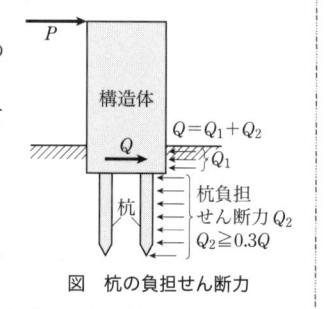

図　杭の負担せん断力

$Q = Q_1 + Q_2$
杭負担せん断力 $Q_2$
$Q_2 \geq 0.3Q$

# 23 その他の構造

## 23-1 ▷ 壁式鉄筋コンクリート構造

**問題1**

壁式鉄筋コンクリート構造に関する次の記述のうち、最も不適当なものはどれか。

1. 耐力壁の最小せん断補強筋比は、標準せん断力係数の下限値により算定された層せん断力をせん断補強筋が負担できることを目安に定められている。
2. 軟弱地盤上において、基礎梁を剛強とした場合、最下階の床を鉄筋コンクリート構造としなくてもよい。
3. 壁が上下階で連続しない場合、上階の壁を耐力壁として有効なものとするためには、上階の耐力壁が負担する軸方向力と水平力とを、下階の耐力壁に伝達させる必要がある。
4. 耐力壁の開口部の隅角部において、開口縁の縦筋および横筋に所定の鉄筋量を割り増して配筋することにより、ひび割れの拡大防止に有効な斜め筋を配筋しないことができる。

**問題2**

壁式鉄筋コンクリート構造に関する次の記述のうち、最も不適当なものはどれか。

1. 耐力壁の壁量が規定値に満たない場合、「層間変形角が制限値以内であること」および「保有水平耐力が必要保有水平耐力以上であること」を確認する必要がある。
2. 耐力壁に使用するコンクリートの設計基準強度にかかわらず、必要とされる壁量は同じである。
3. 耐力壁の長さの計算において、換気扇程度の大きさの小開口で適切な補強を行ったものは、開口部として考慮しなくてよい。
4. 壁式鉄筋コンクリート構造は、一般に、耐震強度は大きいが、優れた靱性は期待できない。

## ■解答

[問題1]

1. 耐力壁の**最小せん断補強筋比**は、標準せん断力係数 $C_0$ の下限値（$C_0 = 0.2$）を用いて計算した層せん断力を、せん断補強筋が負担することができることを確認して決定する。

2. **最下階の床**は、通常の場合、鉄筋コンクリート構造としなくてもよいが、軟弱地盤上においては、基礎梁を剛強とした場合でも、**最下階の床は鉄筋コンクリート構造**とする。

3. 一般には、**耐力壁は上下階で連続して設ける必要がある**。しかし、耐力壁が上下階で連続しない場合は、上階の壁を耐力壁として有効なものとするために、上階の耐力壁が負担する軸方向力と水平力とを、下階の耐力壁に伝達させる必要がある。その方法は、軸方向力に対しては、スラブの面外剛性を確保し、水平力に対しては耐力壁の回転を拘束する必要がある。

4. 一般には、**耐力壁の開口部の隅角部**には、ひび割れの拡大防止に対して**斜め筋**を配筋するが、開口縁の縦筋および横筋に所定の鉄筋量より多く（斜め筋の必要断面積の **0.7 倍以上**を加えて）配筋した場合には、斜め筋を配筋しなくてもよい。　　　　　　　→ 正解 2

[問題2]

1. **壁式鉄筋コンクリート構造**において、耐力壁の壁量が規定値に満たない場合、「層間変形角が 1/2000 の制限値以内であること」を確認するとともに「保有水平耐力が必要保有水平耐力以上であること」を確認すれば、壁量の規定が適用されなくなる。

2. **耐力壁の壁量**は、使用するコンクリートの設計基準強度 $F_c$ が 18N/mm² を超える場合は、その大きさに応じて壁量の規定値を $\sqrt{18/F_c}$ まで低減できる。低減できる大きさは、$\sqrt{1/2}$ **倍**、かつ、$-$ 50mm/m² までである。

3. **耐力壁の長さ**の計算において、換気扇程度の大きさの小開口で適切な補強を行ったものは、開口部として考慮しなくてよい。それ以外のものは開口部として扱う。なお、開口部は耐力壁の長さには算入しない。

4. **壁式鉄筋コンクリート構造**は、鉄筋コンクリート造の耐力壁やスラブを一体に構成する壁式構造で、鉛直荷重と水平力に有効に働くように造られているので、耐震強度は大きい。しかし、**塑性変形能力に乏しく、優れた靭性は期待できない**。　　　　　　　→ 正解 2

### ここがツボ

- 壁式鉄筋コンクリート構造の耐力壁の実長は、水平断面の長さをいい、同一実長 $l$ をもつ部分の高さ $h$ の 30％以上、かつ、**450mm 以上**とする（下図参照）。
- 耐力壁の垂直方向の断面積に対して横筋の断面積の割合および水平方向の断面積に対して縦筋の断面積の割合は、下表の値以上とする。これを耐力壁の**せん断補強筋比**という。
- 壁梁の主筋は D13 以上とし、せん断補強筋比は **0.15％以上**とする。

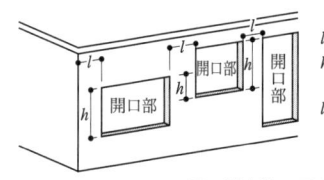

$l \geq 0.3h$ かつ 450mm 以上
$h$：同一実長を有する部分の高さ
$l$：耐力壁の長さ

図　耐力壁の長さ

表　耐力壁のせん断補強筋比

| 階 | | | 補強筋比 |
|---|---|---|---|
| 地上階 | 地階を除く階数が 1 の建築物（平家建） | | 0.15％ |
| | 地階を除く階数が 2 以上の建築物 | 最上階 | 0.15％ |
| | | 最上階から数えた階数が 2 の階 | 0.20％ |
| | | その他の階 | 0.25％ |
| 地下階 | | | 0.25％ |

# 23-2 ▷ 擁壁・プレストレストコンクリート構造

### 問題 1

擁壁に関する次の記述のうち、最も不適当なものはどれか。

1. 擁壁の転倒に対する検討においては、安定モーメントが常時の土圧等による転倒モーメントの 1.5 倍を上回ることを確認する。
2. 擁壁に作用する土圧は、一般に、背面土の内部摩擦角が大きくなるほど小さくなる。
3. 擁壁のフーチング底面の滑動に対する抵抗力は、粘土質地盤より砂質地盤のほうが小さい。
4. 擁壁の設計に用いる土圧は、一般に、主働土圧とし、必要に応じて地震動を考慮した土圧についても検討する。

### 問題 2

プレストレストコンクリート構造に関する次の記述のうち、最も不適当なものはどれか。

1. プレストレスト鉄筋コンクリート（PRC）造の建築物の設計は、長期設計荷重時に部材に発生する曲げひび割れのひび割れ幅を目標値以下になるように行う。
2. プレストレストコンクリート構造におけるポストテンション方式とは、コンクリートの硬化後、PC 鋼材に引張力を導入することにより、コンクリートに圧縮力を与え、その鋼材をコンクリートに定着させてプレストレスを与える方式である。
3. ポストテンション工法において、シース内に充填するグラウトは、PC 鋼材を腐食から防護し、シースと PC 鋼材との付着を確保すること等を目的とする。
4. プレストレストコンクリート造におけるプレストレスの導入は、プレストレスを受ける部分のコンクリートの圧縮強度が 15N/mm² に達してから行う。

## 解答

**問題1**

1. **擁壁の転倒に対する検討**においては、**受働土圧**による安定モーメント（円弧滑りに対する抵抗力）が、常時の主働土圧による転倒モーメントの**1.5倍**を上回るように設計する。
2. 一般に、背面土の**内部摩擦角が大きくなる**ほど、擁壁を押す力が弱くなるので、擁壁に作用する土圧は小さくなる。
3. 擁壁のフーチング底面の**滑動に対する抵抗力**は、地盤の摩擦係数によって決まる。摩擦係数の標準値は、**粘性土で 0.35、砂質土では 0.55** であるから、**粘性土地盤より砂質土地盤のほうが抵抗力が大きい**。
4. 擁壁の設計に用いる**土圧**は、擁壁の背面から常時押している**主働土圧**とし、必要に応じて地震動を考慮した土圧についても検討する。

→ **正解 3**

**問題2**

1. プレストレスト鉄筋コンクリート(PRC)造の建築物の設計は、**フルプレストレッシング(FPC)設計**や、**パーシャルプレストレッシング(PPC)設計**と異なり、長期設計荷重時に部材に**曲げひび割れの発生を許容する**が、ひび割れ幅を目標値以下とする設計法である。
2. プレストレストコンクリート構造における**ポストテンション方式**は、コンクリート躯体内にシースを入れて打込み、コンクリートの硬化後、シース内に PC 鋼材を挿入してから引張力を導入し、コンクリートに圧縮力を与え、その鋼材をコンクリートに定着させてプレストレスを与える方式である。なお、**プレテンション方式**は、先に PC 鋼材に引張力を導入しておいてコンクリートを打設し、硬化後、引張力を取り除き、コンクリートの付着力によってプレストレスを与える方式である。
3. **グラウト**とは、PC 鋼材を腐食から防護し、かつ、高温下においてシースと PC 鋼材との付着力が著しく低下しないを目的としている。ポストテンション工法に用いるシース内に充填するグラウトには、セメントペーストが用いられる。
4. プレストレストコンクリート造における**プレストレスの導入時のコンクリートの圧縮強度**は、プレストレス導入直後の最大圧縮応力度の**1.7倍以上**、かつ、プレテンション方式では 30N/mm² 以上、ポストテンション方式では 20N/mm² 以上に達してから行う。

→ **正解 4**

### ここがツボ

- 擁壁背面側にあらかじめ十分な排水装置を講ずる場合、擁壁に作用する土圧は考慮せずに設計することができる。
- 擁壁が水平方向に長く連続する場合には、状況に応じて伸縮継手を設けるとよい。
- プレストレストコンクリート構造は、鉄筋コンクリート構造に比べてひび割れの可能性が低い。したがって、梁にプレストレスを導入することにより、大スパン構造が可能になる。
- ポストテンション方式によるプレストレストコンクリート構造において、あらかじめ有効な防錆材（グリース等）により被覆された緊張材を使用する場合、緊張材が配置されたシース内にグラウトを注入しなくてもよい。これを**アンボンド PC 工法**という。

# 24 耐震計画

## 24-1 ▷ 耐震計画①

**問題 1**

免震構造に関する次の記述のうち、最も不適当なものはどれか。

1. 中間層免震構造を採用したので、火災時を考慮して、免震装置に耐火被覆を施した。
2. 超高層免震建築物の設計において、転倒モーメントにより大きな引張軸力が生じるため、天然ゴム系のアイソレータを採用した。
3. 基礎免震構造を採用したので、地震時における下部構造と上部構造との相対変位に対するクリアランスの確保に注意した。
4. 天然ゴム系のアイソレータを用いた免震構造において、アイソレータだけでは減衰能力が不足するので、ダンパーを組み込んだ。

**問題 2**

建築物の耐震計画に関する次の記述のうち、最も不適当なものはどれか。

1. 積層ゴムアイソレータを用いた基礎免震構造は、地震時において、建築物に作用する水平力を小さくすることはできるが、地盤と建築物の間の相対変位は大きくなる。
2. 制振構造に用いられる鋼材や鉛などの履歴減衰型の制振部材は、履歴エネルギー吸収能力を利用するものであり、大地震時に小さな層間変形から当該部分を塑性化させることが有効である。
3. 各階で重心と剛心が一致しているが、剛性率が0.6未満の階があると、地震時にねじれ振動を起こし損傷を受けやすい。
4. 鉄骨造の建築物の計画において、梁間方向を純ラーメン構造、桁行方向をブレース構造とする場合、方向別に耐震計算ルートを採用してもよい。

■解答

問題1

1. 中間層に**免震構造を採用**する場合は、火災のことを考慮して、免震装置に耐火被覆を施す必要がある。

2. **超高層免震建築物の設計**において、水平力により転倒モーメントが生じることを考慮すると、柱に大きな引張軸力が生じるので、**天然ゴム系のアイソレータは、引張力に抵抗できないので、採用することはできない**。

3. **基礎免震構造を採用**する場合、地震時における**下部構造と上部構造との相対変位が大きくなる**ので、クリアランスの確保が重要になる。

4. 天然ゴム系のアイソレータのみでは免震能力が不足する場合は、地震エネルギーを吸収する減衰機能をもつ**ダンパーを組み込んで併用する**ことがある。

→ **正解 2**

問題2

1. 積層ゴムアイソレータを用いた**基礎免震構造**は、固有周期を長くすることにより、地震時において、建築物に作用する加速度および水平力を小さくすることはできるが、**地盤と建築物の間の相対変位は、逆に大きくなる**。

2. **制振構造**に用いられる鋼材や鉛などの履歴減衰型の制振部材（ダンパー）は、履歴エネルギー吸収能力を利用するものであり、大地震時に小さな層間変形でダンパーを塑性化させ、柱・梁接合部などを塑性化から守ることに有効である。

3. **剛性率**は、建築物の高さ方向の剛性分布のバランスの指標で、各階で重心と剛心が一致している場合でも、**剛性率が0.6未満**の階があると、その階が剛性の少ない柔らかい階になり、変形や損傷が集中しやすくなって先に降伏してしまう。また、**偏心率**は、建築物の平面的な剛性分布のバランスの指標で、各階で重心と剛心が一致していない場合、**偏心率が0.15以上**の階があると偏心が大きくなり、地震時にねじれ振動を起こし、剛心から遠い隅角部の部材が損傷を受けやすくなる（p.144、「ここがツボ」参照）。

4. 鉄骨造の建築物の計画では、梁間方向、桁行方向の方向別に耐震計算ルートを採用してもよい。しかし、階ごとに異なった耐震計算ルートを採用することはできない。

→ **正解 3**

!ここがツボ

・地震時に大きな水平加速度が建築物に直接作用しにくいように、積層ゴム支承などの機構を設け**免震構造**とする。
・剛性率や偏心率の算定に用いる耐力壁の剛性は、大地震時に剛性低下することが明らかな場合を除いて、剛性低下率を用いて低減してはならない。
・鉄筋コンクリート造の既存建築物の耐震改修工事において、柱の変形能力の向上を図る補強工事の1つに、**炭素繊維巻き付け補強**がある。
・鉄骨鉄筋コンクリート構造の柱脚を非埋込み形とした場合、その柱脚の最終耐力は、「アンカーボルト」「ベースプレート直下のコンクリート」および「ベースプレート周囲の鉄筋コンクリート」の部分の終局耐力を累加することによって算定することができる。

# 24-2 ▷ 耐震計画②

**問題 1**

既存鉄筋コンクリート造の建築物の耐震診断に関する次の記述のうち、最も不適当なものはどれか。

1. 第一次診断において、構造耐震指標 $I_s$ が 0.5 であったので、建築物は安全と判断した。
2. 第一次診断において、建築年数のほか、建築物の変形や壁・柱のひび割れ等を考慮して、経年指標 $T$ を決定した。
3. 建築物の構造耐力上主要な部分が、昭和 56 年 6 月 1 日における建築基準法の規定に適合していたので、耐震診断の必要性は低いと判断した。
4. 第一次診断において、1 階がピロティ形式であったので、形状指標 $S_D$ を低減した。


**問題 2**

建築物の耐震計画に関する次の記述のうち、最も不適当なものはどれか。

1. 建築物の固有周期は、地盤の卓越周期と一致しないようにする方が望ましい。
2. 建築物の耐震性を向上させる有効な方法には、構造体の強度を大きくすること、構造体の靱性を高めること、建築物全体を軽量化すること等がある。
3. 帳壁、内装材、外装材等の取付け部分の検討に当たっては、地震力によって生じる水平方向の層間変位を考慮する必要がある。
4. 腰壁や垂れ壁の付いた鉄筋コンクリート構造の柱（短柱）は、一般に、それらの付かない同一構面内の柱に比べて、地震時の靱性（塑性変形能力）が大きく、破壊しにくい。

■ 解答

問題1

1. 第一次診断において、**構造耐震指標 $I_S$/構造耐震判定指数 $I_{SO}$ ≧ 1.0** を満足させる必要がある。構造耐震判定指数 $I_{SO}$ は、$I_{SO} = E_S \cdot Z \cdot G \cdot U$ より求める。このとき、$E_S$ は、第一次診断として 0.8 を、第二次・第三次診断では 0.6 を採用している。また、地域指標 $Z$ は 1.0、地盤指標 $G$ が一般の場合 1.0 とし、用途指標 $U$ は通常 1.0 であるから、第一次診断では $I_{SO} = E_S \cdot Z \cdot G \cdot U = 0.8 \times 1.0 \times 1.0 \times 1.0 = 0.8$ となって、構造耐震指標 $I_S$ は **0.8 以上** なければ建築物は安全とはいえない。

2. 第一次診断において、建築年数のほか、建築物の変形や壁・柱のひび割れおよび火災経験や仕上げ状態等の耐震性低下の条件を考慮して、**経年指標 $T$ を 0.7～1.0** の値として決定する。

3. 建築物の構造耐力上主要な部分が、昭和 56 年 6 月 1 日における建築基準法の規定に適合している場合は、**新耐震設計** が適用されているので、耐震診断の必要性は低いと判断できる。

4. 第一次診断において、**形状指標 $S_D$** は 0.5～1.0 の値で、ピロティ・吹き抜けや建築物のくびれなど建築物の形状によって、1.0 から数値を差し引く。したがって、1 階がピロティ形式の場合は、形状指標 $S_D$ を低減しなければならない。　　　　　　　　　　　→ **正解 1**

問題2

1. 建築物の固有周期は、**地盤の卓越周期** と一致すると、共振現象が起こり、振動が増幅されるので、極力地盤の卓越周期と一致しないようにする方が望ましい。

2. 建築物の **耐震性を向上させる有効な方法** には、①構造体の強度を大きくすること、②構造体の塑性変形能力（靭性）を高めること、③建築物全体を軽量化する（地震力を低減させる）こと等がある。

3. 帳壁（カーテンウォール）、内装材、外装材等の取付け部分の検討に当たっては、地震力によって生じる水平方向の層間変位（**層間変形角 1/200 以下**）を考慮する必要がある。

4. 腰壁や垂れ壁の付いた鉄筋コンクリート構造の柱（**短柱**）は、一般に、それらの付かない同一構面内の長柱に比べて剛性が大きくなり、過大なせん断力を負担することにより、地震時に **塑性変形能力が小さくなり、脆性破壊** しやすくなる。その対策として、柱際に **完全スリット** を設けて腰壁や垂れ壁との縁を切り、**短柱** にならないようにする（上図参照）。　→ **正解 4**

> ここがツボ
> ・耐震診断には、第一次から第三次までの診断法があり、診断が高次になるほど算定法は詳しくなり、精度も高くなる。
> ・**第一次診断法** では、壁式や耐震壁の多い建物を対象にしている。
> ・ラーメン構造や壁が少ない建物は、柱崩壊型となりやすいので、**第二次診断** を採用する。
> ・建築物の一次固有周期は、同じ構造形式の場合、建築物の高さが高いものほど長くなる。
> ・垂れ壁や腰壁が付く鉄筋コンクリート構造の柱が多い場合には、当該柱および当該階の耐力を大きくしておく等の方法がある。

# 25 耐震設計・耐風設計

## 25-1 ▷ 耐震設計①（建築物の規模と構造計算）

**問題 1**

建築物の耐震設計に関する次の記述のうち、最も不適当なものはどれか。

1. 高さが60mを超える建築物の構造方法は、荷重および外力によって各部分に連続的に生じる力および変形を把握し、安全性を確認したので、耐久性等関係規定への適合性の確認を省略した。
2. 高さ60mを超える建築物について、時刻歴応答解析により安全性の確認を行う場合、地震地域係数$Z$が同じ建設地であっても、一般に、表層地盤の増幅特性が異なれば、検討用地震波は異なる。
3. 高さ60mを超える超高層建築物の耐震安全性の検証は、一般に、敷地の地盤特性を考慮した地震動等に対する時刻歴応答解析により行う。
4. 超高層建築物の構造計算において、建築物の水平方向に作用する地震力については、一般に、継続時間60秒以上の地震動を用いた時刻歴応答解析により、安全性を確かめる。

**問題 2**

建築物の耐震設計に関する次の記述のうち、最も不適当なものはどれか。

1. 地上6階建の建築物（1階が鉄骨鉄筋コンクリート造、2階以上が鉄骨造）の構造計算において、2階以上の部分の必要保有水平耐力を、鉄骨造の構造特性係数$D_s$を用いて計算した。
2. 高さ25mの鉄骨鉄筋コンクリート造、地上6階建の建築物の構造計算において、塔状比が4.9であり、剛性率および偏心率の規定値を満足していたので、許容応力度等計算により安全性の検討を行った。
3. 高さ30m、鉄骨鉄筋コンクリート造、地上7階建の建築物において、外壁から突出する部分の長さ2.5mの鉄筋コンクリート造の片持階段について、その部分の鉛直震度を$1.0Z$（$Z$：地震地域係数）として、本体への接続部も含めて安全性の検証を行った。
4. 高さ30m、鉄骨鉄筋コンクリート造、地上7階建の建築物において、3階の耐力壁の取り付かない単独柱については、曲げ降伏先行となるようにせん断耐力を高めた。

## 解答

**問題 1**

1. 高さが 60m を超える建築物の構造方法は、荷重および外力によって各部分に連続的に生じる力および変形を把握し、時刻歴応答解析などによる構造計算で安全性を確認するとともに、**耐久性等関係規定への適合性を確認**しなければならない（法第 20 条）。

2. 高さ 60m を超える建築物について、時刻歴応答解析により安全性の確認を行う場合、建築物に作用する地震動は、**中地震**（稀に発生する地震動）と**大地震**（極めて稀に発生する地震動）の 2 種類に分けられているので、地震地域係数 $Z$ が同じ建設地であっても、表層地盤の増幅特性によって検討用地震波は異なる。

3. 高さ 60m を超える超高層建築物の耐震安全性の検証は、敷地の地盤特性を考慮した地震動等に対する時刻歴応答解析により行っている。このとき、**時刻歴応答解析**とは、超高層建築物に水平方向の力が作用する地震動は、工学的基盤における加速度応答スペクトルに適合するもので、①開始から終了までの継続時間を **60 秒以上**とし、②適切な時間の間隔で地震動の数値が明らかにされていること、および③構造耐力上安全であることを検証するために②の数値を数個用意し、その上で、**中地震**（稀に発生する地震動）によって建築物の構造耐力上主要な部分が損傷しないこと、および**大地震**（極めて稀に発生する地震動）によって建築物が倒壊、崩壊等しないことを運動方程式に基づき確かめることである。よって、地震動に対する応答を時間の経過を考慮して、直接求める解析法である（平成 12 年告示 1461 号）。

4. 3. の解説参照。　　　　　　　　　　　　　　　　　　　　　　　→ **正解 1**

**問題 2**

1. 1 階が鉄骨鉄筋コンクリート造、2 階以上が鉄骨造の混合構造の建築物の構造計算では、2 階以上の部分の必要保有水平耐力を、鉄骨造の構造特性係数 $D_s$ を用いて計算し、1 階の構造特性係数 $D_s$ は、鉄骨鉄筋コンクリート造の $D_s$ を用いて計算する。

2. 高さ 31m 以下の建築物の構造計算においては、塔状比は **4.0 以下**としなければならない。したがって、塔状比が 4.9 の場合、剛性率および偏心率の規定値を満足していたとしても、許容応力度等計算ではなく、**保有水平耐力計算**により安全性の検討を行なわなければならない（p.139、「ここがツボ」図参照）。

3. 建築物の外壁から水平に突出する片持階段や片持バルコニーは、その部分の長さが **2.0m を超える**場合、鉛直方向の振動のおそれがあるので、その部分の**鉛直震度**を地震地域係数 $Z$ に 1.0 を乗じた値とし、本体への接続部も含めて安全性の検証を行う。

4. 耐力壁の少ない階を有する建築物は、その階で層破壊する危険性を含んでいる。よって、耐力壁の取り付かない単独柱がせん断破壊しないよう、**曲げ降伏が先行する形式**とするために、せん断耐力や靭性を高める必要がある。　　　　　　　→ **正解 2**

## ここがツボ

- 建築物の規模は、次のように分けられる。
  
  超高層建築物、大規模建築物、中規模建築物、小規模建築物

- 構造計算の方法は、次のように分類され、下表のようにまとめることができる。
  
  時刻歴応答解析、許容応力度計算、許容応力度等計算、保有水平耐力計算、限界耐力計算

- 中規模建築物や小規模建築物であっても、許容応力度等計算、保有水平耐力計算、または限界耐力計算を行った場合は、**構造計算適合性判定が必要**である。また、大臣認定のプログラムを使用した場合も**構造計算適合性判定は必要**である。
- 限界耐力計算と超高層建築物の構造計算を行う場合、適用する仕様規定は、**耐久性等関係規定のみ**を用いる。

表　建築物の規模と構造計算

| 建築物の規模 | 対象建築物 | | 構造計算の方法 |
|---|---|---|---|
| 超高層建築物 | 高さが60mを超える建築物 | | ・時刻歴応答解析 |
| 大規模建築物 | 高さが60m以下の建築物で次の条件を満たすもの | | ◆高さ31mを超える建築物<br>・保有水平耐力計算<br>・限界耐力計算<br>のどちらかを選ぶ<br><br>◆高さ31m以下の建築物<br>・許容応力度等計算<br>・保有水平耐力計算<br>または<br>・限界耐力計算<br>のどちらかを選ぶ |
| | 木造 | 高さが13mを超えるもの、または、軒高9mを超えるもの | |
| | 鉄骨造 | 地上4階建て以上のもの、または、高さが13mを超えるもの、もしくは、軒高9mを超えるもの | |
| | RC造・SRC造・これらの併用構造 | 高さ20mを超えるもの | |
| | RC造・SRC造以外の構造を含む併用構造 | 地上4階建て以上のもの、または、高さが13mを超えるもの、もしくは、軒高9mを超えるもの | |
| | その他、平成19年国交省告示第595号に定める建築物 | | ・構造計算適合性判定 |
| 中規模建築物 | 上記以外の建築物で、次の条件を満たすもの | | ・許容応力度計算<br>（一次設計のみ）<br><br>・構造計算適合性判定の要否 |
| | 木造 | 地上3階建て以上、または、延べ面積500m²を超えるもの | |
| | 木造以外の建築物（組積造等含む） | 地上2階建て以上、または、延べ面積200m²を超えるもの | |
| | 組積造に限る | 高さが13mを超えるもの、または、軒高9mを超えるもの | |
| 小規模建築物 | 上記以外の建築物 | | ・構造計算必要なし |

- 以下に限界耐力計算の基本的な用語の定義を示す。
  - **損傷限界**とは、建築物の耐用年限中に少なくとも一度は発生する程度（数十年に一回程度：中規模）の地震力の作用後において、建築物の安全性、使用性および耐久性が低下せず、そのための補修を必要としない限界をいう。
  - **安全限界**とは、建築物の耐用年限中に極めて稀に発生する程度（数百年に一回程度：大規模）の地震力に対して、鉛直支持部材がその支持能力を保持しつつ水平変形し、倒壊・崩壊に至らない限界をいう。
  - **損傷限界耐力**とは、各階のいずれかの部材が最初に短期許容応力度に達するときの各階の水平力に対する耐力をいう。
  - **安全限界耐力**とは、保有水平耐力から安全限界耐力を算定するとき、建築物のどれかの階が最初に保有水平耐力に達するときの建築物の耐力をいう。このときの建築物の耐力は、第1層のせん断力である。

- 限界耐力計算と保有水平耐力計算の違いは、限界耐力計算が最大変形量まで考えていることである。すなわち、限界耐力計算は、保有水平耐力計算の考え方をさらにもう一歩推し進めて塑性域の変形まで考慮して、建築物が倒壊する状態までを明確にした計算方法である。
- 限界耐力計算の考え方の概要を次に示す。
  ① 建築物の耐用年限中に少なくとも一度は遭遇するであろう積雪・暴風・地震に対して、建築物が損傷しないことを確認すること。
   a) 地震時以外の常時、および稀に発生する規模の積雪・暴風時の荷重に対する検討は、一次設計と同様の計算を行う。
   b) 建築物の耐用年限中に少なくとも一度は発生する中規模程度の地震（数十年に1回程度発生）に対しては、**損傷限界の検討**を行う。

   損傷限界の検討は、中地震時の**応答せん断力**に対して、次のように検討する。

   　　各部材の応力度≦短期許容応力度
   　　層間変形角≦1/200（1/120 の緩和もある）　の確認

   よって、**中地震に対して、建築物の構造上欠陥となる損傷を生じないことの検証**を行う。
  ② 数百年に一度の極めて稀に発生する大規模な積雪・暴風・地震に対して、建築物が倒壊・崩壊しないことを確認すること。
   a) 極めて稀に発生する大規模な積雪・暴風については、

   　　1.4倍の積雪荷重により生ずる力

   　　1.6倍の風圧力により生ずる力

   に対して、**材料強度による耐力の検討**をそれぞれについて行う。
   b) 建築物の耐用年限中に極めて稀に発生する大規模な地震（数百年に1回程度発生）に対しては、**安全限界の検討**を行う。

   安全限界の検討は、大地震時の振動の減衰による**加速度の低減率 $F_h$** を乗じた応答加速度より求めた**応答せん断力**に対して、次のように検討する。

   　　大地震時の各階の応答せん断力≦各階の保有水平耐力　の確認

   よって、**大地震に対して、建築物の倒壊・崩壊等に至らないことの検証**を行う。
  ③ 限界耐力計算の考え方をまとめると図1のようになる。

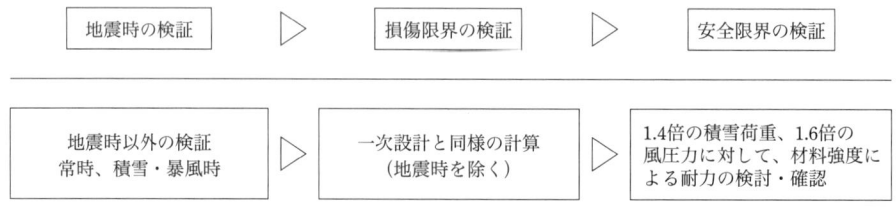

図1　限界耐力計算の考え方

- 限界耐力計算において、極めて稀に発生する大規模な地震動に対して建築物の各階の保有水平耐力を確かめる場合、建築物の変形状態およびその変形能力による効果は、振動の減衰による**加速度の低減率 $F_h$** を用いて算定する。
- 安全限界の検証に用いる標準加速度応答スペクトルの大きさは、損傷限界の検証に用いる大きさの**5倍**とする（図2参照）。

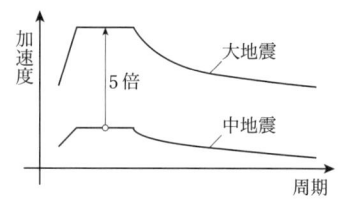

図2　加速度応答スペクトル

## 25-2 ▷ 耐震設計②（構造計算の流れ・フロー）

### 問題 1

建築物の耐震計算に関する次の記述のうち、最も不適当なものはどれか。

1. 高さ40m、鉄骨鉄筋コンクリート造、地上10階建の建築物の場合、剛性率および偏心率が規定値を満足しているので、保有水平耐力の算出を行わず、許容応力度等計算を行った。
2. 高さ20m、鉄骨造、地上5階建の建築物の場合、層間変形角が1/200以下であることの確認および保有水平耐力が必要保有水平耐力以上あることの確認を行った。
3. 高さ10m、鉄筋コンクリート造、地上3階建の建築物の場合、鉄筋コンクリートの柱・耐力壁の水平断面積が規定値を満足しているので、保有水平耐力の算出を行わなかった。
4. 延べ面積100m²、高さ5m、鉄筋コンクリート造、平家建の建築物の場合、仕様規定をすべて満足しているので、保有水平耐力の算出を行わなかった。

### 問題 2

建築物の耐震計算に関する次の記述のうち、最も不適当なものはどれか。

1. 耐震計算ルート1において、耐力壁のせん断設計における一次設計用地震力により生じるせん断力の2倍の値を、耐力壁の設計用せん断力とした。
2. 耐震計算ルート2-1において、柱や耐力壁のせん断力設計の検討および剛性率・偏心率の算定を行ったので、塔状比の検討は省略した。
3. 耐震計算ルート3において、脆性破壊する柱部材を有する建築物を対象として、当該柱部材の崩壊が生じた時点において、当該階の構造特性係数$D_s$ならびに保有水平耐力を算定した。
4. 耐震計算ルート3において、全体崩壊形となる剛節架構形式の建築物を対象とした場合、構造特性係数$D_s$は、建築物が崩壊機構を形成する際の応力を用いて算定した。

■ 解答

問題 1

1. 高さが 40m の建築物は、高さが 31m を超えているので、剛性率および偏心率が規定値を満足していても、「**耐震計算ルート 3**」に進み、保有水平耐力の確認を行わなければならない（「ここがツボ」図参照）。

2. 高さが 20m の建築物は、高さが 31m を超えていないので、層間変形角が 1/200 以下であることの確認を行うとともに、「**耐震計算ルート 2**」に進んで剛性率・偏心率などの確認を行ってもよいが、耐震計算ルート 3 に進んで保有水平耐力が必要保有水平耐力以上あることの確認を行ってもよい。ただし、剛性率・偏心率、塔状比などが規定値を満足しない場合は、「**耐震計算ルート 3**」に進まなければならない。

3. 高さが 10m の鉄筋コンクリート造の建築物は、高さが 20m を超えていないので、柱・耐力壁の水平断面積が規定値 $\sum 2.5\alpha \cdot A_w + \sum 0.7\alpha \cdot A_c \geq Z \cdot W \cdot A_i$ を満足していれば、「**耐震計算ルート 1**」で終了し、保有水平耐力計算は行わなくてもよい（「ここがツボ」表 1 参照）。

4. **延べ面積 100m²、高さ 5m、平家建**の鉄筋コンクリート造の建築物は、**仕様規定をすべて満足**していれば、保有水平耐力の算定などの構造計算は行わなくてもよい。 → **正解 1**

問題 2

1. 「耐震計算ルート 1」において、**設計用せん断力は、柱と耐力壁で分担する**。耐力壁が負担するせん断力の大きさを仮定する場合、実際に作用する地震力と大きく相違する場合の安全性を考慮して、一次設計用地震力により負担するせん断力の **2 倍**の値を耐力壁の設計用せん断力としている。

2. 「耐震計算ルート 2-1」において、建築物の地上部分の**塔状比が 4 以下**となることの確認が必要である。柱や耐力壁のせん断設計の検討および剛性率・偏心率の算定を行ったとしても、**塔状比の検討は省略することはできない**。なお、塔状比が 4 を超える場合には、「耐震計算ルート 3」に進み、基礎杭の圧縮方向および引抜き方向の極限支持力を算定することによって、**建築物が転倒しないことを確認する**（「ここがツボ」図参照）。

3. 「耐震計算ルート 3」において、局部破壊形式となる柱部材が脆性破壊する建築物では、この場合が最も不利な条件になるのであれば、その階の柱部材が局部破壊形に達した時点での構造特性係数 $D_s$ ならびに保有水平耐力を算定する。

4. 「耐震計算ルート 3」において、全体崩壊形となる剛節架構形式の建築物を対象とした場合、構造特性係数 $D_s$ は、建築物が崩壊メカニズムを形成する際の応力を用いて算定する。

→ **正解 2**

## ここがツボ

- 構造計算の流れを図に示す。
- 構造計算適合性判定を要しない建築物として、「**耐震計算ルート1**」を適用する条件としての規模と構造規定を表1に示す。

```
一次設計
  ┌─ 許容応力度計算による確認
  │   ・荷重・外力による応力の計算（N、Q、Mの算出）
  │   ・応力による応力度の計算（σ、τの計算）
  │   ・応力度≦許容応力度の確認
  │   ・屋根葺き材の耐風計算

二次設計
  構造計算適合性判定の要否
    NO → ルート1 → END
    YES
     ├─ 高さ≦31m
     │    層間変形角の確認（1/200 または 1/120）
     │    YES
     │    剛性率・偏心率の確認
     │    ・剛性率≧0.6（6/10）
     │    ・偏心率≦0.15（15/100）
     │    ・塔状比≦4.0
     │    YES → その他の規定 → YES → ルート2 → 構造計算適合性判定 → END
     │    NO ↓
     └─ 高さ>31m
          YES
          保有水平耐力の確認
          ・$Q_u \geq Q_{un}$ の確認
            （保有水平耐力 $Q_u$（内力）は、材料強度による）
          ・$Q_{un} = D_s \cdot F_{es} \cdot Q_{ud}$
          ・転倒の検討（塔状比>4の場合）
          YES → ルート3 → 構造計算適合性判定 → END
```

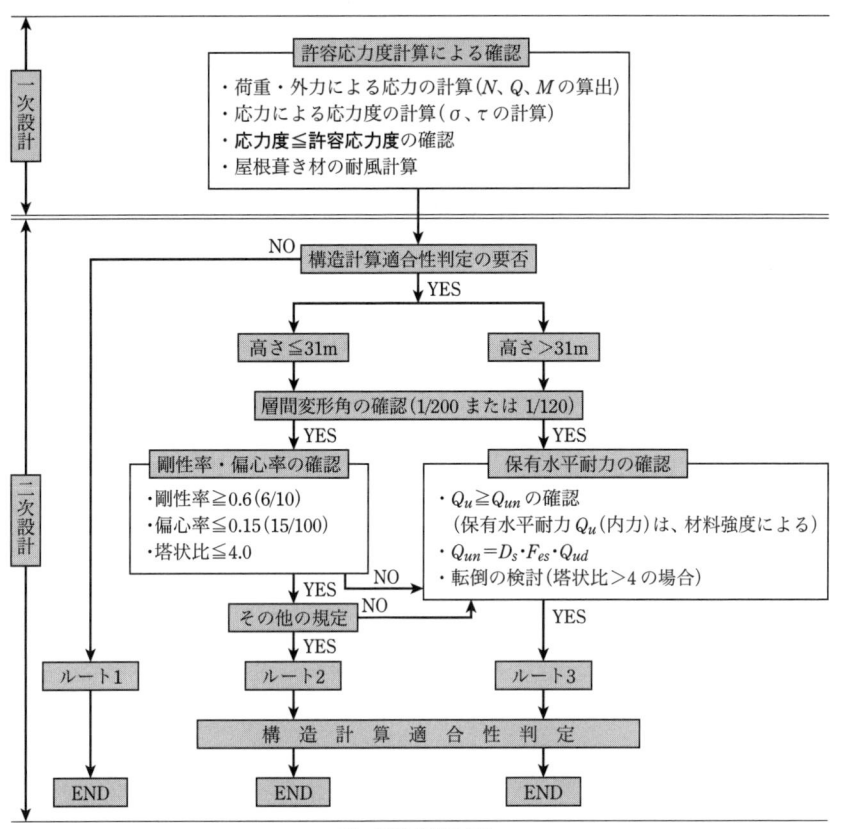

図　構造計算の流れ

表1　構造計算適合性判定を要しない建築物

| 構造種別 | 木造建築物 | 鉄骨造建築物 | 鉄筋コンクリート造建築物 |
|---|---|---|---|
| 高さ | 高さ13m以下または軒高9m以下 | 高さ13m以下または軒高9m以下 | 高さ20m以下 |
| 階数（地階を除く） | | ルート1-1：階数3以下<br>ルート1-2：階数2以下 | |
| 延べ面積 | | ルート1-1：500m²以下<br>ルート1-2：500m²以下<br>（ただし、平屋建では3000m²以下） | |
| スパン | | ルート1-1：6m以下<br>ルート1-2：12m以下 | |
| 構造規定<br>（すべてを満たすこと） | | ルート1-1：$C_0 \geq 0.3$として地震力を割り増した許容応力度設計<br>筋かい端部・接合部の破断防止<br>ルート1-2：$C_0 \geq 0.3$として地震力を割り増した許容応力度設計<br>筋かい端部・接合部の破断防止<br>偏心率≦0.15の確認 | 各階の壁量・柱量の確保<br>$\Sigma 2.5\alpha \cdot A_w + \Sigma 0.7\alpha \cdot A_c$<br>$\geq Z \cdot W \cdot A_i$<br>（鉄骨鉄筋コンクリート造の柱の場合は、0.7を1.0として計算する） |

- 建築物の高さが31mを境として計算方法が変わる。
- 高さ31mを超える建築物では、保有水平耐力計算を行わなくてはならない。
- 高さ31m以下の建築物では、許容応力度等計算を行うことが可能であり、その場合は、保有水平耐力計算は行わなくてよい。
- 中規模建築物や小規模建築物において、「**耐震計算ルート1**」が適用されれば、構造計算適合性判定を必要としない。
- 「**耐震計算ルート2**」は、高さ31m以下の建築物に適用され、**許容応力度等計算**を行う。
- 「**耐震計算ルート2**」における**その他の規定**には、次のようなものがある。
    a) 鉄筋コンクリート構造・鉄骨鉄筋コンクリート構造の場合
      - 強度型の耐震性においては、壁量・柱量を確保すること（p.146、「ここがツボ」図参照）
      - 靱性型の耐震性においては、靱性のある全体崩壊型となる崩壊メカニズムの確保。
    b) 鉄骨構造の場合
      - 筋かいの水平力分担率 $\beta$ による応力の割増。
      - 筋かいの端部・接合部および柱・梁の仕口部・継手部の破断防止。
      - 1階にSTKR柱を用いた場合の柱脚部の応力の割増。
      - 局部座屈等の防止。
- 「**耐震計算ルート3**」は、高さ31mを超える建築物に適用され、**保有水平耐力計算**を行う。
- 「**耐震計算ルート3**」の必要保有耐力計算において、構造特性係数 $D_s$ を小さくして、靱性を高める要因を表2に示す。
- 1つの建築物において、梁間方向と桁行方向では、別々の耐震計算ルートを適用することができる。ただし、階ごとに異なる耐震計算ルートを適用することはできない。

表2　$D_s$ が小さくなる要因と各部材の種別

| 構造種別 | 部材名 | $D_s$ を小さくし靱性を高める要因 | 各部材の種別 靱性大→靱性小 |
|---|---|---|---|
| 鉄筋コンクリート造 | 柱・梁 | ・$\dfrac{\text{柱の内法高さ}}{\text{柱の幅}}$ → 大きくする<br>・軸方向応力度 → 小さくする<br>・引張鉄筋比 → 小さくする<br>・コンクリートの設計基準強度 → 大きくする | FA → FB → FC → FD |
| | 耐力壁 | ・コンクリートの設計基準強度 → 大きくする<br>・崩壊時の平均せん断応力度 → 大きくする | WA → WB → WC → WD |
| 鉄骨造 | 柱・梁 | ・板要素の幅厚比 → 小さくする | FA → FB → FC → FD |
| | 筋かい | ・有効細長比 → 小さくする | BA → BB → BC |
| 鉄骨鉄筋コンクリート造 | 柱・梁 | ・$\dfrac{\text{柱の圧縮力}}{\text{柱の圧縮耐力}}$ → 小さくする<br>・$\dfrac{\text{柱の鉄骨部分の曲げ耐力}}{\text{柱の曲げ耐力}}$ → 大きくする<br>・部材の破壊の状況<br>（曲げ破壊を優先する、せん断破壊にはしない） | FA → FB → FC → FD |
| | 耐力壁 | ・せん断破壊にしない | WA（せん断破壊以外）<br>→ WC（せん断破壊） |

## 25-3 ▷ 耐震設計③（層間変形角、剛性率・偏心率）

### 問題 1

建築物の耐震設計に関する次の記述のうち、最も不適当なものはどれか。

1. 一次設計用地震力によって生じる各階の層間変形角が 1/180 となったので、別途に、帳壁、内外装材、設備等に著しい損傷の生じるおそれがないことを確認した。
2. 内・外装等の仕上げ材等については、地震時に架構そのものには損傷がなくても、架構の変形によって破損することがある。
3. 建築物の各階ごとの剛性に大きな差があると、地震時に剛性の小さい階に変形や損傷が集中しやすい。
4. 各階の保有水平耐力の計算による安全確認において、一般に、偏心率が一定の限度を超える場合や、剛性率が一定の限度を下回る場合には、必要保有水平耐力を小さくする。

### 問題 2

建築物の耐震設計に関する次の記述のうち、最も不適当なものはどれか。

1. 剛性率や偏心率の算定に用いる耐力壁の剛性は、大地震動時に剛性低下することが明らかな場合を除いて、剛性低下率を用いて低減してはならない。
2. ピロティ形式の建築物においては、一般に、ピロティ階の剛性率が小さくなるので、この階で層崩壊しないためには、柱に十分な強度と靱性をもたせるように設計する。
3. 地震時に建築物に生じるねじれを抑制するためには、重心と剛心の位置が変わらない限り、耐力壁等の耐震要素を建築物の外周部に分散して配置するより、同量の耐震要素を平面の中心部に集中して配置したほうが有効である。
4. 偏心の大きい建築物においては、地震時に建築物の隅角部で過大な変形を強いられる部材が生じ、それらの部材に損傷が生じることがある。

## ■解答

問題 1

1. 一次設計用地震力によって生じる**各階の層間変形角**は、**1/200 以内**である。ただし、帳壁、内外装材、設備等に著しい損傷の生じるおそれがないことを確認すれば、層間変形角を 1/120 まで緩和することができる（「ここがツボ」図 1 参照）。

2. 大地震が発生したときに、架構そのものに損傷がなくても、大きな変形によって内・外装材に損傷のおそれがある。これを防ぐ規定が**層間変形角**である。したがって、内・外装の仕上げ材や設備等は、架構の変形に追随できるような取付け方を工夫しなければならない。

3. 建築物の各階に、剛性の大きな階（耐力壁が多くある階）と剛性の小さい階（耐力壁が少ない階）があると、剛性に大きな差ができ、地震時に剛性の小さい階に変形や損傷が集中しやすい（「ここがツボ」図 2 参照）。

4. 耐震計算において、偏心率が **0.15 を超える**場合や、剛性率が **0.6 を下回る**場合には、**形状係数 $F_{es}$ が割り増しされる**。したがって、保有水平耐力 $Q_u$ の計算による安全確認において、**必要保有水平耐力 $Q_{un}$（$= D_s \cdot F_{es} \cdot Q_{ud}$）は大きくなる**（「ここがツボ」表 1、2 参照）。

→ 正解 4

問題 2

1. 剛性率や偏心率の算定に用いる**耐力壁の剛性**は、主として耐力壁、腰壁、垂れ壁、袖壁等を対象にして弾性剛性を算定する。よって、大地震が起きたときに、剛性低下することが明らかな場合を除いて、**剛性低下率を用いて剛性を低減してはならない**。

2. 大きな地震が起きたときに、**各階、各部分が同時に降伏することが望ましい**。しかし、1 階がピロティ形式の建築物では、壁の量が少ないピロティ階部分が先に降伏してしまう。すなわち、1 階のピロティ部分の剛性率が小さいこの階で層崩壊しないようにするため、柱に十分な強度と靱性をもたせるように設計する必要がある。

3. 地震時に建築物に生じる**ねじれを抑制**するためには、重心と剛心の位置を極力一致させるのがよい。しかし、重心と剛心の位置が変わらなければ、耐力壁等の耐震要素を建築物の平面の中心部に集中させるよりも、同量の**耐震要素を外周部に分散させて配置**するほうが有効である。

4. 偏心の大きい建築物では、剛性が一方に偏り、剛心を中心として回転が生じる。したがって、剛心と反対側の隅角部では大きな変形が生じる。そのため、隅角部の部材に損傷が生じることがある（「ここがツボ」図 3 参照）。

→ 正解 3

## ここがツボ

- **形状係数 $F_{es}$** は、剛性率 $R_s$ に応じた値 $F_s$ と偏心率 $R_e$ に応じた値 $F_e$ の積で表される**割増係数**である。
- 剛性率 $R_s$ に応じた値 $F_s$ は、1.0〜2.0 の範囲の値で、表1 より算出する。
- 偏心率 $R_e$ に応じた値 $F_e$ は、1.0〜1.5 の範囲の値で、表2 より算出する。

表1　剛性率に応じた値 $F_s$ の値

| 剛性率 | $F_s$ の値 |
|---|---|
| (1) $R_s \geqq 0.6$ の場合 | 1.0 |
| (2) $R_s < 0.6$ の場合 | $2.0 - \dfrac{R_s}{0.6}$ |

表2　偏心率に応じた値 $F_e$ の値

| 偏心率 | $F_e$ の値 |
|---|---|
| (1) $R_e \leqq 0.15$ の場合 | 1.0 |
| (2) $0.15 < R_e < 0.3$ の場合 | (1)と(3)とに掲げる数値を直線的に補間した値 |
| (3) $R_e \geqq 0.3$ の場合 | 1.5 |

- 層間変形角の確認は、**耐震計算ルート2** および **耐震計算ルート3** で行う。
- 各階の骨組が柔らかすぎると、層間変位が大きくなり、内外装材などの仕上げ材の脱落、設備配管等の破損が生じる。これを防ぐのが**層間変形角の規定**である。
- **層間変形角**とは、各階において水平方向の層間変位 $\delta$ を階高 $h$ で除した値である。
- 構造計算適合性判定を必要とする建築物は、標準せん断力係数 $C_0$ を **0.2 以上**として計算した地震力によって生じる層間変形角を **1/200 以内**としなければならない。

$$\text{層間変形角}\ \theta = \frac{\delta}{h} \leqq \frac{1}{200}$$

- 一次設計用地震力によって生じる各階の層間変形角については、帳壁、内外装材、設備配管等に著しい損傷のおそれがないことが確認された場合は、**1/120 以内**まで緩和することができる。

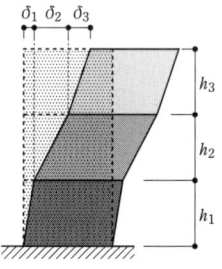

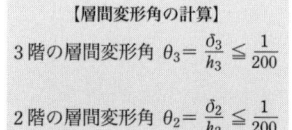

【層間変形角の計算】

3階の層間変形角 $\theta_3 = \dfrac{\delta_3}{h_3} \leqq \dfrac{1}{200}$

2階の層間変形角 $\theta_2 = \dfrac{\delta_2}{h_2} \leqq \dfrac{1}{200}$

1階の層間変形角 $\theta_1 = \dfrac{\delta_1}{h_1} \leqq \dfrac{1}{200}$

図1　層間変形角

- 構造計算適合性判定を必要とする建築物のうち、高さが **31m 以下**である建築物は、**耐震計算ルート2**で行い、剛性率・偏心率・塔状比などの確認を行う。
- 大きな地震を受けたとき、各階・各部分が同時に降伏することが望ましい。しかし、各階で重心と剛心が一致していても図2のように1階がピロティになっている建築物では、2階以上の階に比べて壁

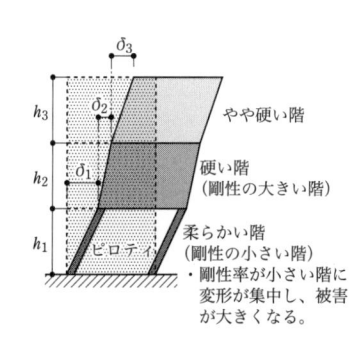

【剛性率の計算】

3階 : $R_{s3} = \dfrac{r_{s3}}{\overline{r_s}} \geqq \dfrac{6}{10}$　　$r_{s3} = \dfrac{1}{\theta_3} = \dfrac{h_3}{\delta_3}$

　　　$r_{s3} = \dfrac{h_3}{\delta_3}$

2階 : $R_{s2} = \dfrac{r_{s2}}{\overline{r_s}} \geqq \dfrac{6}{10}$　　$r_{s2} = \dfrac{1}{\theta_2} = \dfrac{h_2}{\delta_2}$

　　　$r_{s2} = \dfrac{h_2}{\delta_2}$

1階 : $R_{s1} = \dfrac{r_{s1}}{\overline{r_s}} \geqq \dfrac{6}{10}$　　$r_{s1} = \dfrac{1}{\theta_1} = \dfrac{h_1}{\delta_1}$

　　　$r_{s1} = \dfrac{h_1}{\delta_1}$

$\overline{r_s} = \dfrac{1}{3}(r_{s1} + r_{s2} + r_{s3})$

図2　剛性率 $R_s$

の量が少ないため柔らかく（剛性が小さく）なり、1階部分だけが先に降伏してしまう。すなわち、建築物の各階ごとの剛性に大きな差があると、地震時に剛性の小さい階に変形や損傷が集中しやすくなる。このことから、各階の地震力に対する性能をできるだけ均一化するための制限が**剛性率 $R_s$ の規定**である。

- **剛性率 $R_s$** は、建築物の高さ方向の剛性分布のバランスの程度を検討する指標で、各階の層間変形角の逆数を建築物全体の層間変形角の逆数の平均値（相加平均）で除した値として次式から計算する（図2参照）。

$$\text{剛性率}\ R_s = \frac{r_s}{\bar{r}_s} \geq \frac{6}{10}\ (0.6)$$

$r_s$：各階の層間変形角の逆数
$\bar{r}_s$：各階の $r_s$ の相加平均

- 建築物において、壁などの配置が偏りすぎると、その階で硬い部分（壁などの多い部分）と柔らかい部分（壁などの少ない部分）とができ、地震力を受けると柔らかい側の変形が大きくなって、その側にある柱などが損傷を受ける。このことから、耐震壁の偏りや平面的な不整形の制限が必要となる。これが**偏心率 $R_e$ の規定**である。偏心率は、0.15（15/100）以下としている。

- **偏心率 $R_e$** は、建築物の平面的な剛性分布のバランスの程度を検討する指標で、その階の重心と剛心の平面的なずれの大きさ（偏心距離 $e$）を弾性半径 $r_e$ で除した値である。

$$\text{偏心率}\ R_e = \frac{e}{r_e} \leq \frac{15}{100}\ (0.15)$$

$e$ ：偏心距離

$r_e$：弾性半径 $= \sqrt{\dfrac{\text{ねじり剛性}\ K_T}{\text{水平剛性}\ K_H}}$

ねじり剛性 $K_T = \dfrac{M}{\theta}$、水平剛性 $K_H = \dfrac{Q}{\delta}$

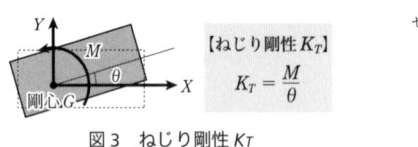

図3　ねじり剛性 $K_T$

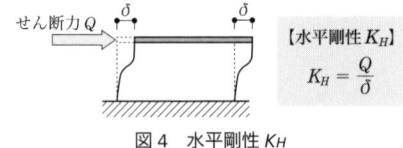

図4　水平剛性 $K_H$

- **塔状比**は、建築物の地上部分において、地震方向における建築物の幅 $D$ に対する高さ $H$ の比をいい、その値は4以下とする（図5参照）。

$$\text{塔状比} = \frac{\text{建築物の高さ}\ H}{\text{建築物の幅}\ D} \leq 4$$

- 耐震設計ルート2で計算を行う場合は、塔状比の確認を行う。
- 塔状比が4を超えるときは、耐震設計ルート3に進み、転倒の検討を行う必要がある。

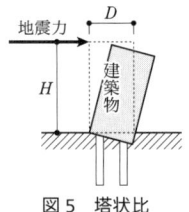

図5　塔状比

## 25-4 ▷ 耐震設計④（保有水平耐力計算、構造特性係数 $D_s$）

### 問題 1

建築物の耐震設計に関する次の記述のうち、最も不適当なものはどれか。

1. 高さ 31m の鉄筋コンクリート造の建築物において、偏心率が規定値を超えたので、保有水平耐力の確認を行った。
2. 高さ 13m かつ軒の高さ 9m の 2 階建、延べ面積 500m² の鉄骨造の建築物において、偏心率が 0.18 となったが、梁スパン長さが 6m 以下であったので、標準せん断力係数 $C_0$ を 0.3 として許容応力度計算を行った。
3. 鉄骨造の建築物の必要保有水平耐力の検討に当たって、ある階の保有水平耐力に占める割合が 50% となる筋かいを配置する場合は、筋かいのない純ラーメンの場合に比べて、構造特性係数 $D_s$ を大きくしなければならない。
4. 剛節架構と耐力壁を併用した鉄筋コンクリート造の場合、柱および梁ならびに耐力壁の部材群としての種別が同じであれば、耐力壁の水平耐力の和の保有水平耐力に対する比 $\beta_u$ については、0.2 である場合より 0.7 である場合のほうが、構造特性係数 $D_s$ を小さくすることができる。

### 問題 2

地震力に対する建築物の限界耐力計算に関する次の記述のうち、最も不適当なものはどれか。

1. 鉄骨造の建築物の限界耐力計算において、塑性化の程度が大きいほど、安全限界時の各部材の減衰特性を大きく評価することができる。
2. 限界耐力計算により、建築物の構造計算を行う場合、部材の塑性変形能力が高いほど、建築物全体の減衰性は小さい。
3. 限界耐力計算における安全限界固有周期は、建築物の地上部分の保有水平耐力時の各階の変形により計算する。
4. 限界耐力計算における表層地盤による地震動の増幅特性は、「稀に発生する地震動」と「極めて稀に発生する地震動」とにより異なる。

■解答

問題1

1. 高さ31mの鉄筋コンクリート造の建築物は、「**耐震計算ルート2**」で算定を行う。しかし、偏心率が規定値を超えた場合は、「**耐震計算ルート3**」で行い、保有水平耐力の確認を行う。

2. 鉄骨造の2階建の建築物において、「**耐震計算ルート1-1**」では、高さ13m以下、かつ、軒の高さ9m以下、延べ面積500m²以下、梁スパン長さが6m以下の条件をクリアすれば、各階の偏心率は規定されず、標準せん断力係数$C_0$を0.3以上として許容応力度計算を行うことができる。

3. 鉄骨造の建築物の必要保有水平耐力の検討に当たっては、ある階の保有水平耐力に占める割合が**50%と筋かい主体となる場合**、筋かいのない純ラーメンの場合に比べて、靱性が小さくなるので、**構造特性係数$D_s$を大きく**しなければならない。

4. 剛節架構と耐力壁を併用する場合の鉄筋コンクリート造の水平力分担率$β_u$の値は、値が大きいほど$D_s$の値も大きくなる。すなわち、$β_u$は、**耐力壁の水平耐力の和を保有水平耐力で除した値**なので、$β_u$が0.2より0.7と大きくなれば、耐力壁の分担割合が大きくなり、粘りの少ない架構となるので、**構造特性係数$D_s$は大きくなる**。　　→ **正解 4**

問題2

1. 鉄骨造の建築物の**限界耐力計算**において、塑性化の程度(塑性変形能力)が大きくなると、建築物の振動の減衰性が大きくなり、安全限界時の応答加速度に乗じる**低減率$F_h$**が小さくなり地震力を低減するので、部材の**減衰特性を大きく評価**することができる。

2. **限界耐力計算**により、建築物の構造計算を行う場合、部材の塑性変形能力が高いほど、建築物全体の**減衰性は大き**くなる。すなわち、**減衰**とは、建築物に働く振動を減少させる抵抗力をいう。

3. **安全限界固有周期**は、各階が保有水平耐力に耐えているとき、その階に水平方向の最大層間変位(**安全限界変位**)が生じたときの建築物の周期をいう。よって、限界耐力計算における安全限界固有周期は、保有水平耐力時の各階の変形によって計算できる。

4. **限界耐力計算**において、建築物の各階に生じる加速度は、建築物の安全限界固有周期および表層地盤による増幅などを考慮して算出する。このとき、表層地盤による地震動の増幅特性は、地震動の強さによって異なるので、「稀に発生する地震動」と「極めて稀に発生する地震動」とでは異なる値となる。　　→ **正解 2**

### ここがツボ

- **強度型**は、弾性範囲内で地震動に十分に耐えた後、急激に抵抗力が減じて脆性破壊が生じたりするもので、**壁式構造**(耐力壁形式)や**ブレース構造**がその代表である。
- **靱性型**は、塑性域に入って変形が増大しても急激に抵抗力が減じることなく、地震エネルギーを吸収して耐えるもので、**ラーメン構造**などがその代表である。

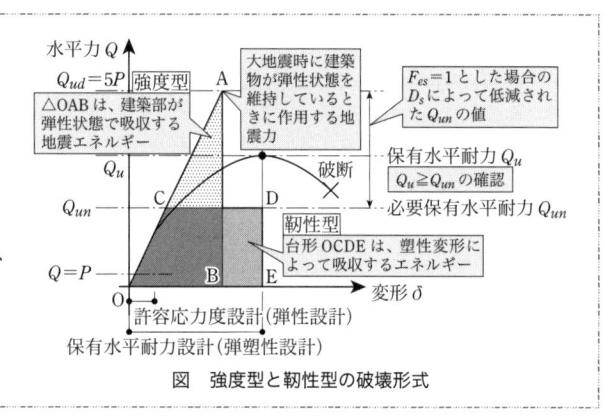

図　強度型と靱性型の破壊形式

## 25-5 ▷ 耐震設計⑤（全般）

### 問題 1

建築物の耐震設計に関する次の記述のうち、最も不適当なものはどれか。

1. 鉄筋コンクリート造の腰壁と柱の間に完全スリットを設けた場合であっても、梁剛性の算定に当たっては、腰壁部分が梁剛性に与える影響を考慮する。
2. 地震地域係数$Z$は、「許容応力度を検討する場合」と「保有水平耐力を検討する場合」とにより同じ値を用いる。
3. 「曲げ降伏型の柱・梁部材」と「せん断破壊型の耐震壁」により構成される鉄筋コンクリート構造の建築物の保有水平耐力は、一般に、それぞれの終局強度から求められる水平せん断力の和とすることができる。
4. 上下層で連続する耐力壁の全高さと幅の比（全高さ / 幅）が大きい場合、耐力壁の頂部を剛性の高い梁で外周の柱とつなぐことによって、一般に、地震時にその耐力壁が負担する地震力の割合を高める効果がある。

### 問題 2

建築物の耐震設計に関する次の記述のうち、最も不適当なものはどれか。

1. 建築物の高さ方向の剛性や耐力の分布がやむを得ず不連続となる場合には、安易に耐力を割り増すのではなく、地震時の振動特性や崩壊過程を考慮して計画を進める。
2. 木製の筋かいを有する木質構造の靭性を確保するために、筋かいに座屈や引張破断が生じる前に筋かい端部の接合部が破断しないように設計した。
3. 鉄筋コンクリート造の柱は、せん断補強筋量が規定値を満足する場合、主筋が多く入っているほど変形能力が小さい。
4. 耐震要素の平面的な配置は、バランスよく偏心が少なくなるように配置するが、鉄筋コンクリート壁の防水性や遮音性も重要なので、偏心を少なくするために安易に壁を取り払うことは建築性能上好ましくない。

## 解答

**問題1**

1. 鉄筋コンクリート造の腰壁と柱の間に完全スリットを設けた場合、柱の剛性や応力の検討には関係しないが、梁の剛性の算定には、腰壁部分が梁の剛性に与える影響を考慮する。

2. **地震地域係数** $Z$ は、「許容応力度を検討する場合」と「保有水平耐力を検討する場合」とでは、建築物が建っている地域が同じであるから、地震地域係数 $Z$ も同じ値を用いる。

3. 「曲げ降伏型の柱・梁部材」、すなわち**靱性系**のラーメン部材は粘り強く、変形能力が大きい。「せん断破壊型の耐震壁」、すなわち**脆性系**の耐震壁は変形能力が小さく脆性破壊する可能性がある。このように、破壊形式が大きく相違し、変形状態も異なる両者が混在する建築物では、一般に、耐震壁が先に終局耐力に達し、破壊が始まる。したがって、柱・梁部材と耐震壁で構成された鉄筋コンクリート構造の建築物では、保有水平耐力を算定する場合、ラーメン部材の終局せん断力と耐震壁の終局せん断力の**和として計算することはできない**。

4. 上下層で連続する耐力壁の全高さと幅の比（全高さ/幅）が大きい場合、細長い耐力壁になるので、大きな曲げ変形が生じる可能性があり、上層の連層耐力壁が負担する水平力が減少することになる。連層耐力壁が十分に能力を発揮するためには、耐力壁の頂部を剛性の高い梁で外周の柱とつなぐことによって、地震時にその連層耐力壁が負担する地震力の割合を高めることができる。そのことにより、耐力壁の付かない柱が負担する地震力を低減することができる。

→ 正解 3

**問題2**

1. 建築物の高さ方向の剛性や耐力の分布がやむを得ず不連続となる場合には、安易に耐力を割り増すと、そこに応力が集中することがあるので、地震時の振動性状や崩壊過程を考慮して計画を進める必要がある。

2. 木製の筋かいを用いて木質構造の靱性を確保するには、筋かいに座屈や引張破断が生じる前に、**筋かい端部の接合部が破壊するように設計する**のがよい。これは、筋かいに座屈や引張破断が生じると、架構全体が急激に耐力低下を起こし崩壊するから、接合部が先にめり込み破壊するか、接合部金物が降伏破壊するように設計するのがよい。

3. **鉄筋コンクリート造の柱**は、せん断補強筋量が規定値を満足すれば、コンクリートを拘束し、主筋の座屈防止に効果を発揮し、せん断耐力と靱性の確保に寄与している。また、曲げモーメントに対しては主筋が抵抗し、その量が多く入っているほど変形能力が小さくなる。

4. **耐震要素の平面的な配置**は、バランスよく偏心が少なくなるように配置するのがよい。しかし、鉄筋コンクリート壁の防水性や遮音性も重要なので、偏心を少なくするために安易に壁を取り払うことは建築性能上好ましくない。

→ 正解 2

### ここがツボ

- 地震力を受ける耐力壁の耐力は、引き抜きによる基礎の浮き上がりによって決まる場合がある。基礎の浮き上がりを無視すると建築物の保有水平耐力を過大評価することがある。
- 耐震性は、強度と靱性によって評価される。靱性が低い場合は強度を十分に大きくする。

## 25-6 ▷ 耐震・耐風設計

### 問題 1 □□□

耐震設計に関する次の記述のうち、最も不適当なものはどれか。

1. 構造特性係数 $D_s$ が 0.3 の建築物において、保有水平耐力が必要保有水平耐力の 1.05 倍となるように設計した場合、大地震の際に大破・倒壊はしないが、ある程度の損傷は受けることを許容している。
2. 限界耐力計算により建築物の構造計算を行う場合、耐久性等関係規定以外の構造強度に関する仕様規定も適用する。
3. 鉄筋コンクリート構造の建築物において、柱・梁と同一構面内の腰壁や袖壁が、建築物の耐震性能を低下させる場合がある。
4. 地表に設置された高さ 4m を超える広告塔に作用する地震力については、一般に、水平震度を 0.5Z($Z$ は地震地域係数) 以上として計算する。

### 問題 2 □□□

風に対する構造計画に関する次の記述のうち、最も不適当なものはどれか。

1. 高さ 200m を超える超高層建築物における耐風計画は、耐震設計と同等以上に重要となる。
2. 大スパン構造の屋根の耐風設計において、吹き上げ力が屋根の自重を超すことがある。
3. 超高層建築物の強風時の振動は、風向きの方向より風向きに直角方向のほうが大きくなることがある。
4. トラス構造による高層鉄塔は、風が吹き抜けるので、特に風に対する配慮は不要である。

## 解答

### 問題1

1. 構造特性係数 $D_s$ が 0.3 の建築物において、保有水平耐力（各階の柱、耐震壁、筋かいが負担する水平せん断力の和）が必要保有水平耐力（$Q_{un}$＝**構造特性係数 $D_s$× 形状係数 $F_{es}$×$Q_{ud}$**）の 1.05 倍となるように設計した場合、構造特性係数 $D_s$ が 0.3 より、塑性変形（部分的な破壊）を許容するが、架構は粘り強く、靱性に富む。しかし、倍率が 1.05 倍ということから、大地震の際に大破・倒壊はしないが、ある程度の損傷は受けることを許容していることになる。

2. **限界耐力計算**により建築物の構造計算を行う場合、建築基準法施行令第36条2項二号より、耐久性等関係規定以外の構造強度に関する**仕様規定は適用しなくてよい**。

3. 鉄筋コンクリート構造の建築物において、柱・梁と同一構面内に腰壁や袖壁が付くことによって、柱の曲げ変形が阻害され、かつ、柱は**短柱**となって脆性破壊が生じやすくなり、**建築物の耐震性能を低下**させることがある。

4. 地表に設置された高さ4mを超える広告塔や高さ8mを超える高架水槽などに作用する地震力については、**水平震度 $k$ を 0.5Z**（$Z$ は地震地域係数）**以上**として、$P＝k・W$ として計算する。このとき、荷重 $W$ は、固定荷重と積載荷重の和とする。　　→ **正解 2**

### 問題2

1. 高さ200mを超える**超高層建築物における耐風計画**を考える場合、建築物の高さが高くなるほど外圧係数 $C_{pe}$ が大きくなるので、風力係数 $C_f$ も大きくなり、**風圧力が大きくなる**。耐震設計では、高さ200mを超える超高層建築物は、一次固有周期 $T$ が長くなり、地震特性係数 $R_t$ が低減されてほぼ一定になる。したがって、耐風計画は耐震設計と同等以上に重要となる。

2. **屋根の耐風設計**において、軒先の表面に作用する吸い上げ力と裏面に作用する押し上げ力によって吹き上げ力が作用し、屋根の自重を超すことがあるので注意が必要である。

3. **超高層建築物の強風時の振動**は、建築物の両側を吹き抜ける風によって渦が発生し、**風向きと直角方向に振動が生じる**。その振動によって風向きの方向より風向きに直角方向の振動のほうが大きくなることがある。

4. **細長いトラス部材**に風が当たると、トラス裏側に**渦が発生**し、共振現象などが生じるおそれがあるので、**風に対する配慮が特に必要**である。　　→ **正解 4**

> **ここがツボ**
> ・鉄骨構造の筋かい付きの骨組の保有水平耐力の算定において、圧縮側筋かいの耐力を加算する場合、一対の筋かいの水平せん断耐力を、圧縮側筋かいの座屈時の水平力の2倍とする。
> ・耐力壁周辺の床スラブには、水平剛性および水平耐力が特に必要なので、開口部を設けない。
> ・制振装置とは、建築物に設けて揺れ（振動）をダンパー等を用いて制御する装置である。塔状建築物などの高層建築物において、強風時の揺れを振り子を用いて制御した**ハイブリッド**制振構造や、各階に強風時の揺れを減衰させるため**パッシブ**制振装置を用いた例があり、いずれも居住性の改善のため制振装置が設けてある。

# 26 構造計画・構造設計

## 26-1 ▷ 構造計画①

**問題 1**

建築物の構造計画に関する次の記述のうち、最も不適当なものはどれか。

1. 長い杭により支持される建築物の計画において、地下室を設けることは、一般に、杭の鉛直支持力に対する安全性を低下させるので好ましくない。
2. 鉄骨造の多層骨組の建築物において、床を鉄筋コンクリートスラブとした場合には、一般に、各骨組に水平力を伝達するために、床スラブとこれを支持する鉄骨梁をシアコネクター等で緊結する必要がある。
3. 梁が鉄骨で柱が鉄骨鉄筋コンクリート造の建築物を計画する場合は、一般に、柱鉄骨の曲げ終局強度が、梁鉄骨の曲げ終局強度に比べて著しく小さくならないように計画し、柱・梁接合部における円滑な力の伝達を図る必要がある。
4. コンクリート充填鋼管（CFT）構造の柱においては、外周の鋼材による拘束（コンファインド）効果により、一定の要件を満足すれば、充填コンクリートの圧縮強度を、通常の鉄筋コンクリート造の場合よりも高く評価することができる。

**問題 2**

建築物の構造計画に関する次の記述のうち、最も不適当なものはどれか。

1. 鉄骨造の純ラーメン構造の建築物の耐震設計において、必要とされる構造特性係数$D_s$は0.25であったが、0.3として保有水平耐力の検討を行った。
2. 建築物のたわみや振動による使用上の支障が起こらないことを確認するために、梁およびスラブの断面の応力度を検討する方法を採用した。
3. 全長が長く、外部に露出している鉄骨架構において、温度変化による伸縮に対応するため、架構の中間にエキスパンションジョイントを設けた。
4. 地盤沈下が予想される地盤において、不同沈下に対する配慮を十分に行った上で、地盤とともに建築物が沈下しても障害が生じないように設計した。

■解答

問題1

1. 長い杭により支持される建築物を計画する場合、**地下室を設けること**は、根入れ部分に水平力を負担させ、杭の負担水平力を低減させることができるが、**杭の鉛直支持力に対する安全性を低下させることはない。**

2. 鉄骨造の建築物で床を鉄筋コンクリートスラブとした場合、鉄骨梁と鉄筋コンクリートスラブがずれないように、かつ、せん断力が伝達できるように、床スラブとこれを支持する鉄骨梁を**シアコネクター**等で緊結することが重要である。これにより、曲げモーメントにも抵抗できる構造となっている。

3. 梁が鉄骨で柱が鉄骨鉄筋コンクリート造の建築物では、柱鉄骨の曲げ終局強度の和と、梁鉄骨の曲げ終局強度の和が**同等の強度**になるように計画し、柱・梁接合部における円滑な力の伝達を図る必要がある。

4. コンクリート充填鋼管（CFT）構造の柱では、鋼管によるコンクリートの拘束（コンファインド）効果により、充填コンクリートの圧縮強度を、通常の鉄筋コンクリート造の場合よりも高く評価することができる。

→ 正解 1

問題2

1. **構造特性係数 $D_s$** は、架構の形式と塑性変形能力によって決まる係数で、鉄骨造や鉄骨鉄筋コンクリート構造の建築物の構造特性係数 $D_s$ の最小値は **0.25** である。これを 0.3 として、必要とされる構造特性係数 $D_s$ の値より大きい値を用いることは、**必要保有水平耐力** $Q_{un}$（$= D_s \cdot F_{es} \cdot Q_{ud}$）が大きくなって安全側の設計となる。

2. 建築物の**たわみや振動の確認**を行うには、梁やスラブの断面の応力度の検討をするのではなく、**曲げ剛性 $EI$**（ヤング係数 $E$ と断面二次モーメント $I$ の積）の値をチェックすることが重要である。

3. 外部に露出している**全長が長い鉄骨架構**は、温度変化による伸縮が大きいので、温度変化による伸縮に対応するため、架構の中間に**エキスパンションジョイント**を設ける必要がある。

4. 地盤沈下が懸念される地盤においては、**不同沈下を回避しなければならない。** 地盤とともに建築物が水平に沈下すれば障害は生じないと考えて設計する手法もある。

→ 正解 2

● ここがツボ

・鉄筋コンクリート造の建築物において、2棟に分割した部分にエキスパンションジョイントを設ける場合、地上高さを考慮してその間隔を計画する。
・連層耐力壁に接続する鉄筋コンクリート構造の大梁（境界梁）には、地震時に大きな塑性変形能力が得られるように、せん断補強筋の量を多くする。
・ピロティ形式の建築物においては、ピロティ階の剛性率が小さくなるので、その階で層崩壊しないようにするため、柱に十分な強度と靱性をもたせるように計画する。
・床構造の鉛直方向の固有振動数が小さい場合には、振動によって居住性への障害が生じないように、曲げ剛性を高めるなどの検討を行う。固有振動数は **10Hz 以上**とするのがよい。

## 26-2 ▷ 構造計画②と構造設計①

### 問題 1

建築物の構造計画に関する次の記述のうち、最も不適当なものはどれか。

1. 耐力壁や筋かいにつながる床スラブについては、鉛直荷重を支えるとともに水平力を伝達するため、面内方向の剛性と耐力の確保が重要である。
2. 高層建築物の耐震設計において、地上階に比べて地下階のほうが平面的に大きな広がりがある場合、一般に、地上1階の床面の水平せん断力の伝達を検討する必要がある。
3. 冷間成形角形鋼管を柱に使用したラーメン構造は、梁崩壊型またはパネル崩壊型となるより、柱崩壊型となるように計画することが望ましい。
4. 地上2階建の建築物において、1階を鉄筋コンクリート造、2階を木造とした場合、各階がそれぞれの構造に関する規定を満足するようにする。

### 問題 2

構造設計に関する次の記述のうち、最も不適当なものはどれか。

1. 鉄筋コンクリート構造の建築物の設計において、保有水平耐力を大きくするために耐力壁を多く配置すると、必要保有水平耐力も大きくなる場合がある。
2. 最上階から基礎まで連続していない壁でも、力の流れを考慮した設計によって、その壁を耐力壁とすることができる。
3. 大梁の端部に降伏ヒンジを設定する場合、この大梁に接続する柱の曲げ降伏モーメントの値を、大梁のそれより小さくなるように設計するのが一般的である。
4. 建築物に崩壊機構を設定する場合、各層の梁の端部および1階の柱脚に塑性ヒンジが生じるような全体崩壊形とするのがよい。

■ 解答

問題1

1. 耐力壁や筋かいにつながる**床スラブ**は、鉛直荷重を支え、かつ、梁を通して柱・基礎に荷重を伝える役目をもつとともに、地震力などの水平力をラーメンに配分・伝達する役割がある。そのためには、面内方向の**剛性**と**耐力**の確保が必要となる。

2. **高層建築物の耐震設計**において、地震時に地上階の層せん断力は地下階の外周部にある耐力の大きな壁に伝達される。このとき、地下階のほうが地上階より平面的に大きな広がりがある場合、外周部にあるような耐力の大きな壁がないので、**地上1階の床面の水平せん断力の伝達には注意が必要**である。

3. **冷間成形角形鋼管**を柱に使用したラーメン構造は、柱崩壊型となるより、梁崩壊型またはパネル崩壊型となるように計画することが望ましい。柱崩壊型となると、靭性に期待できず、脆性破壊するおそれが生じる。また、冷間成形角形鋼管は、**コーナー部が塑性化**しており、全塑性時の粘りにも期待できない。よって、**先に柱崩壊型となるような計画は望ましくない**。

4. 地上2階建の建築物において、1階を鉄筋コンクリート造、2階を木造とした併用構造では、全体としての構造計算を行い、全体としての建築物が安全であるとともに各階がそれぞれの構造に関する規定を満足するようにする。なお、耐震計算ルートは、全体で同じルートを用いてもよい。

→ **正解 3**

問題2

1. 鉄筋コンクリート構造の建築物の設計において、**耐力壁を多く配置すると**、耐力壁の水平力の負担割合が大きくなり、構造特性係数 $D_s$ の値が大きくなって、**必要保有水平耐力** $Q_{un}$（$= D_s \cdot F_{es} \cdot Q_{ud}$）**も大きくなる**。

2. 最上階から基礎まで連続していない壁を設計する場合、力の流れを考慮すれば、その壁を耐力壁とすることができる。

3. 大梁の端部に降伏ヒンジを設定する場合、この大梁に接続する**柱**の曲げ降伏モーメントの値を、**大梁**の曲げ降伏モーメントの値**より大きくなる**ように設計するのが一般的である。

4. 建築物に崩壊機構を設定する場合、各層の梁の端部および1階の柱脚に塑性ヒンジが生じるような**全体崩壊形**とするのがよい。1階柱の上下端に塑性ヒンジが発生すると、ヒンジで四辺形が構成され、不安定なって1階部分が崩壊（部分崩壊）する。

→ **正解 3**

● ここがツボ

・構造物全体に安全性をもたせるには、設計応力に対して部材強度を十分に大きく、かつ、部材に靭性（粘り強さ）を与えることが重要になる。
・柱間隔が等しい多層多スパンのラーメンが鉛直荷重を均等に受けると、柱の左右の梁端部の曲げモーメントがほぼ等しくなり、**中柱には曲げモーメントがほとんど生じない**（右図参照）。
・壁式構造は、変形能力が小さく、強度によって耐震性を確保する構造として設計し、ラーメン構造は、変形は大きいが粘り強い構造であるとして計画する。
・降伏ヒンジは、梁端部や柱端部に想定するが、一般には、**梁両端部**と**柱最下端部**に想定することが多い。想定された部位に対しては、必要な強度を確保するとともに、十分な靭性を保証するように設計する。

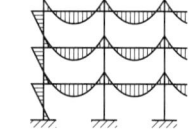

図　多層多スパンラーメンの中柱

# 26-3 ▷ 構造設計②

**問題 1**

建築物の構造設計に関する次の記述のうち、最も不適当なものはどれか。

1. 床の鉛直方向の固有振動数が小さい場合、鉛直方向の振動によって居住性への障害が生じないように検討を行う。
2. エキスパンションジョイントは、不整形な建築物を整形な建築物に分割する際には有効であるが、一般に、温度応力やコンクリートの乾燥収縮等に対応する際には不利な要因となる。
3. フラットスラブ構造については、一般に、地震力のすべてを負担させるべきではなく、通常のラーメン構造や耐震壁を併用する。
4. 床スラブは、水平力を柱や壁に伝達する機能を有しているので、「上下階で耐震壁の位置が異なる場合」や「平面的にくびれがある場合」は、床面内の水平剛性や強度を検討する。

**問題 2**

建築物の構造設計に関する次の記述のうち、最も不適当なものはどれか。

1. 鉄筋コンクリート造ラーメン構造の大梁の断面算定に当たっては、一般に、地震荷重時の応力として、柱面位置での曲げモーメントを、断面検討に用いることができる。
2. 1階がピロティで、2階以上に連層壁を有する場合、転倒モーメントにより、連層壁下部の1階のピロティ部分の柱に大きな軸力が作用するので、柱に十分な耐力をもたせる必要がある。
3. 鉄筋コンクリート造の柱は、せん断補強筋量が一定の場合、一般に、主筋量が多いほど、変形能力が大きい設計とする。
4. 多スパンラーメン架構の1スパンに連層耐力壁を設ける場合、転倒に対する抵抗性を高めるためには、架構内の最外端部に配置するより中央部に配置するほうが有利である。

■解答

問題1

1. **床構造の鉛直方向の固有振動数**が小さいことは、大きくゆっくり振動するから、居住性への障害が生じないような検討が必要になる。床の振動障害を防ぐには**床の曲げ剛性を高める**。

2. **エキスパンションジョイント**は、不整形な建築物を整形な建築物に分割する際に有効であるとともに、**温度応力**やコンクリートの**乾燥収縮**等に対応する際にも**有効である**。

3. **フラットスラブ**構造は、スラブと柱からなる構造で、水平力に弱く、水平剛性が小さいから、地震力のすべてを負担させるべきではなく、通常のラーメン構造や耐震壁を外周部に用いて地震力を負担させ、フラットスラブ構造には**鉛直荷重を負担させる**のがよい。

4. 床スラブは、鉛直荷重を支えるとともに、水平力を耐震要素である筋かいや耐力壁に伝達する機能を有している。したがって、「上下階で耐震壁の位置が異なる場合」や「平面的にくびれがある場合」は、床に大きな応力が作用することになるから、床面内の水平剛性や強度を検討することが必要になる。

→ 正解 2

問題2

1. 鉄筋コンクリート造ラーメン構造の**大梁の曲げモーメント**は、通常は、材軸線の位置で計算するが、水平荷重が作用する大梁の断面算定に当たっては、柱面位置での曲げモーメントの値を用いることができる。

2. **地震力を受ける耐力壁や連層壁**は、転倒モーメントにより、引張側は基礎が引抜力によって浮き上がることになり、圧縮側は柱に大きな軸方向力が作用することになるので、それぞれ十分な耐力をもたせる必要がある。

3. 鉄筋コンクリート造の柱において、せん断補強筋量が一定であれば、一般に、主筋量が多くなるほど剛性は増すが、**変形能力は低下**する。

4. **多スパンラーメン架構**において、転倒に対する抵抗性を高めるためには、連層耐力壁の両側にある境界梁が基礎の浮き上がりを抑えるなどの効果を発揮するので、架構の最外端部に配置するより**中央部に配置**するほうが有利である。

→ 正解 3

### ここがツボ

- **わが国の耐震規定**は、人命の確保を前提としたうえで、極めて大きい地震動に対しては、構造体の塑性変形を許容している。
- 建築物の設計において、各階の剛性の高さ方向の分布に大きな不連続があると、地震時に剛性の小さな階に変形や損傷が集中しやすくなるので注意が必要である(下図参照)。
- 建築物が地震を受けた場合、構造部材の一部が塑性化しても、塑性変形によって地震エネルギーが吸収されると、倒壊には至らない場合が多い。
- **大断面木造建築物**は、高さ13mを超える大スパンの架構として設計することができる。
- 鉄筋コンクリート構造のピロティ部分の柱の設計に当たっては、直上の耐力壁がピロティ部分の柱に先行して崩壊メカニズムを形成するようにする。

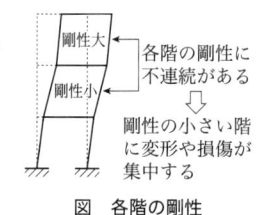

図 各階の剛性

# 27 木質系材料

## 27-1 ▷ 木質系材料①

**問題 1**

木材に関する次の記述のうち、最も不適当なものはどれか。

1. 木材の繊維方向の短期許容応力度は、積雪時の構造計算以外の場合、基準強度の2/3である。
2. 木材の繊維方向の材料強度は、一般に、圧縮強度より引張強度のほうが大きい。
3. 木材の腐朽は、木材腐朽菌の繁殖条件である酸素・温度・水・栄養源のうち、1つでも欠くことによって防止することができる。
4. 木材の強度は、一般に、気乾比重が小さいものほど小さい。

**問題 2**

木材に関する次の記述のうち、最も不適当なものはどれか。

1. 長期の積雪荷重を検討する場合、木材の繊維方向の長期許容応力度は、通常の長期許容応力度の1.2倍の数値とする。
2. 木材を常時湿潤状態にある部分に使用する場合、繊維方向の許容応力度は、所定の数値の70%に相当する数値とする。
3. 垂木、根太等の並列材に構造用合板等を張り、荷重・外力を支持する場合、曲げに対する基準強度は、割増しの係数を乗じた数値とすることができる。
4. 木材を加熱した場合、約260℃に達すると引火し、約450℃に達すると自然に発火する。

**問題 3**

木材に関する次の記述のうち、最も不適当なものはどれか。

1. 木表は、木裏に比べて乾燥収縮が大きいので、木表側が凹に反る性質がある。
2. 構造用材料の弾性係数は、一般に、繊維飽和点以下の場合、含水率の低下に伴って減少する。
3. 含水率が繊維飽和点以下の木材の伸縮率は、含水率が小さくなるほど小さくなる。
4. 含水率が繊維飽和点以下の木材において、乾燥収縮率の大小関係は、年輪の接線方向＞半径方向＞繊維方向である。

## 解答

### 問題 1

1. 木材の繊維方向の**短期許容応力度**は、積雪時の構造計算以外の場合、基準強度 $F$ の 2/3 倍である。なお、**長期**の許容応力度は、基準強度 $F$ の 1.1/3 倍である（「ここがツボ」表 1 参照）。

2. 日本農林規格に定められていない無等級材の木材の繊維方向の**材料強度の大小関係**は、曲げ強度＞**圧縮強度**＞**引張強度**＞せん断強度の順である。よって、圧縮強度より引張強度のほうが小さい。

3. **木材の腐朽**は、木材腐朽菌が木材を分解することによって起きる。この腐朽菌の繁殖条件は、**酸素・温度・水・栄養源**の 4 要素が必要であるが、このうちのどれか 1 つでも欠ければ腐朽菌の繁殖を防止することができる。

4. **木材の強度**は、一般に、繊維飽和点以下において、気乾比重が大きいものほど大きい。なお、同一木材では、乾燥させて軽く（比重を小さく）するほど強度は大きくなる。　→ **正解 2**

### 問題 2

1. **長期の積雪荷重**を検討する場合は、3 ヶ月程度の中長期と考える。中長期の木材の繊維方向の長期許容応力度は、通常 50 年程度と考える長期許容応力度（$1.1F/3$）の **1.3 倍**の数値（$1.43F/3$）とする（「ここがツボ」式 (1-1) 参照）。

2. 木材を常時湿潤状態にある部分に使用する場合、繊維方向の許容応力度は、所定の数値の **70%**（含水率影響係数 $K_m = 0.7$）に相当する数値とする。

3. 垂木、根太等の並列材に構造用合板等を張り、荷重・外力を支持する場合、曲げに対する基準強度は、**システム係数 $K_s$** を乗じて割り増すことができる。構造用集成材は、ばらつきが少ないので、割増はしない（「ここがツボ」表 2 参照）。

4. 木材では、約 260℃を火災危険温度とし、防火上の基準温度としている。また、木材は、400〜450℃で自然発火する。　→ **正解 1**

### 問題 3

1. **木材は、木表側に反る性質がある**（右図参照）。辺材側である木表は心材側の木裏に比べて樹液を多く含み、乾燥収縮が大きいためである。したがって、敷居や鴨居の溝は凹に反る**木表側**に掘る。

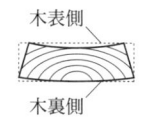

2. **構造用材料の弾性係数**は、繊維飽和点（含水率約 30%）以下の場合、**含水率の低下に伴って増大する**。また、含水率が 30% 以上に増加すると、弾性係数はほぼ一定となる。なお、木材が湿潤状態にあるときは、弾性係数を 85% に低減する。

3. **含水率が繊維飽和点以下の木材**は、含水率が増加すれば膨張し、減少すれば収縮する。よって、含水率が繊維飽和点以下の木材の伸縮率は、**含水率が小さくなる**（減少する）ほど小さくなる（収縮する）（「ここがツボ」図 1 参照）。

4. 含水率が繊維飽和点以下の木材において、**乾燥収縮率の大小関係**は、年輪の接線方向（円周方向）＞年輪の半径方向＞繊維方向の順である（「ここがツボ」図 2 参照）。　→ **正解 2**

## ここがツボ

- 木材の許容応力度を、表1に示す。
- 木材の繊維方向の許容応力度は、曲げ強度＞圧縮強度＞引張強度＞めり込み強度＞せん断強度の順である。なお、日本農林規格に定められていない無等級材の木材の繊維方向の材料強度についても同じである。
- 木材は、引張および曲げに対して靭性を有さず、脆性的な破壊をする材料である。
- 木材のめり込み破壊は、**靭性の大きな破壊形式**である。
- 木材の熱伝導率は、コンクリートや鋼材などの建築材料と比べて、**小さな値**となっている。木造建築物が夏涼しく冬暖かいと言われる要因である。
- 木材の熱伝導率は、含水率が大きくなるほど大きくなる。これは、樹液が多く含まれるほど熱伝導率が大きくなるからである。
- **針葉樹**とは、軟木類ともいい、加工が容易で、太く長い通直な材が得やすい。主として、構造材、仕上げ材に用いられる。表3に針葉樹の種類や用途などを示す。
- **広葉樹**とは、硬木類ともいい、堅木が多い。主として、造作材、家具類、仕上げ材に用いられる。

表1 木材の繊維方向の許容応力度

| 長期許容応力度 [N/mm²] | | | | 短期許容応力度 [N/mm²] | | | |
|---|---|---|---|---|---|---|---|
| 圧縮 | 引張 | 曲げ | せん断 | 圧縮 | 引張 | 曲げ | せん断 |
| $\dfrac{1.1F_c}{3}$ | $\dfrac{1.1F_t}{3}$ | $\dfrac{1.1F_b}{3}$ | $\dfrac{1.1F_s}{3}$ | 短期許容応力度は、長期許容応力度の 2/1.1倍（基準強度の2/3倍）である | | | |

注：$F_c$ は圧縮の、$F_t$ は引張の、$F_b$ は曲げの、$F_s$ はせん断の基準強度を表している。

- 荷重継続期間を3ヶ月程度と想定した積雪荷重を検討する場合、木材の繊維方向の許容応力度は、通常の長期許容応力度の**1.3倍**とする。

$$\text{長期許容応力度}\ \frac{1.1F}{3} \times 1.3 = \frac{1.43F}{3}\ \text{（中長期：荷重継続期間3ヶ月程度）} \quad \cdots (1\text{-}1)$$

- 荷重継続期間を3日程度と想定した積雪荷重を検討する場合、木材の繊維方向の許容応力度は、通常の短期許容応力度の**0.8倍**とする。

$$\text{短期許容応力度}\ \frac{2.0F}{3} \times 0.8 = \frac{1.6F}{3}\ \text{（中長期：荷重継続期間3日程度）} \quad \cdots (1\text{-}2)$$

- 垂木、根太等の並列材に構造用合板等を張り付けた場合、曲げによる許容応力度を表2の**システム係数** $K_s$ で割り増すことができる。

表2 システム係数 $K_s$

| | 構造用合板 | その他の場合 | 備考 |
|---|---|---|---|
| 構造用製材の目視等級区分 | 1.25 | 1.15 | 普通構造材を含む。 |
| 構造用製材の機械等級区分 | 1.15 | 1.00 | ばらつきが比較的少ない。 |
| 構造用集成材 | 1.00 | 1.00 | ばらつきが少ない。**割増できない**。 |

（平成12年建設省告示第1452号）

- 含水率が繊維飽和点以下の木材は、膨張・収縮率がほぼ含水率に比例する（図1参照）。その大小関係は、**接線方向＞半径方向＞繊維方向**の順である（図2参照）。
- 繊維飽和点を超えると、膨張・収縮は起きず、一定値を示す。
- 木材の含水率は、約30%を繊維飽和点、約15%を気乾状態、0%を絶乾状態という。
- 繊維飽和点以上の含水率では、膨張・収縮や強度は、ほぼ一定である。

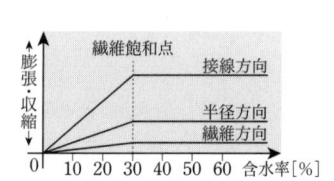

図1 木材の含水率と膨張・収縮

- 木材は、気乾状態に比べて湿潤状態のほうが、クリープが大きくなる。
- 辺材（白太）は、細胞活動が著しく活発で、樹液が多く、乾燥収縮が大きくなり、腐朽しやすく耐久性に劣る（図3参照）。
- 心材（赤味）は、色調が濃く、細胞活動は少なく、ゴム質などを多く含む。

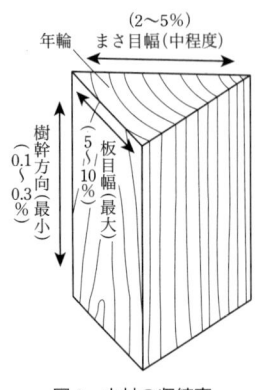

図2　木材の収縮率

図3　木材の横断面

表3　針葉樹の種類と産地および性質・用途

| | 種類 | 産地および呼び名 | 心材 | 辺材 | 性質および用途 |
|---|---|---|---|---|---|
| 日本産材 | スギ | 秋田、静岡、和歌山（紀州物）、奈良（吉野物）、京都（北山杉） | 赤かっ色 淡紅色 | 黄白色 | 軟質、軽量で加工が容易。構造材、仕上げ材などに用い、みがき丸太は床柱に用いる。 |
| | ヒノキ | 長野（木曽）、岐阜（飛騨）、和歌山、三重、高知（土佐） | 薄い黄かっ色 | 薄い黄白色 | 香気、光沢があり、軟度、硬度は適当で加工が容易。構造材、化粧材、建具、家具などに用いる |
| | アカマツ | 岩手（南部松）、宮崎（日向物）、宮城、福島 | 黄かっ色 | 黄白色 | 変形、狂いは大きいが、水分に対しては強いので、杭、根太、地業用の丸太などに用い、その他梁、敷居、垂木などに用いる。 |
| | クロマツ | 本州南部、四国、九州の海岸部など | 黄色 | 白色 | あぶら気が多いが、水分に対してはアカマツより劣る。杭、根太、垂木、化粧天井板に用いる。 |
| | カラマツ | 中部山岳地帯を中心に富士浅間など | 紅かっ色 | 白色 | あぶら気が多く、水分に対して大きな耐力があるので、土台、床材などに用いる。 |
| | エゾマツ | 主として北海道 | 黄白かっ色 | 白色 | 乾燥による収縮、反りが大きい。耐久性も小さい。軟質なので建具、箱材、小割材に用いる。 |
| | ツガ | 静岡（遠州物）、京都（栂尾）、和歌山（新宮物）、岐阜、宮崎 | 黄かっ色 | 薄い黄白色 | 光沢があり、やや硬質でち密である。柱、縁甲板、造作材に用いる。 |
| | ヒバ | 青森、長野（木曽物）、愛知（尾州物） | 黄かっ色 | 薄い黄白色 | 耐久性が極めてよいので、土台、大引、床束などに用いる。 |
| 輸入材 | ベイスギ | カリフォルニア、アラスカ、ロッキー | 赤色 | 赤色 | スギに似ているがもろい。均質で大材が得やすい。板材として多く用いる。 |
| | ベイマツ | カナダ、ロッキー、テキサス | 淡色 | 淡かっ色 | あぶら気が多いが、大材が得られる。構造材、板類に用いる。 |
| | ベイヒ | オレゴン州 | 淡黄色 | 淡黄色 | ヒノキに似ているが、強度を除いて、性質、品質は劣る。光沢も少ない。用途はヒノキと同様であるが下級品である。 |

# 27-2 ▷ 木質系材料②

### 問題1

木材に関する次の記述のうち、最も不適当なものはどれか。

1. 大断面木造建築物の柱および梁の設計において、所定の耐火性能が要求される場合、燃え代を除いた断面に長期の組合せ荷重により生じる応力度が、短期許容応力度を超えないことを確認する方法がある。
2. 構造用集成材の日本農林規格において、同一試料集成材から採取した試験片の含水率の平均値は、15％以下であることとされている。
3. 構造用合板のホルムアルデヒド放散量の基準において、ホルムアルデヒド放散量の平均値については、「F☆と表示するもの」より「F☆☆☆☆と表示するもの」のほうが高い。
4. 木材は、一般に、含水率が25～35％を超えると腐朽しやすくなる。

### 問題2

木材および木質系材料に関する次の記述のうち、最も不適当なものはどれか。

1. 集成材は、ひき板または小角材等を繊維方向を互いにほぼ平行にして、厚さ、幅および長さの方向に集成接着した材料である。
2. 同一等級構成集成材で、ひき板の積層数が2枚または3枚のものは、梁等の高い曲げ性能を必要とする部分に用いる場合、曲げ応力を受ける方向が積層面に平行になるように用いる。
3. 集成材のアーチ材を製造する場合、アーチ材の湾曲部の曲率半径が大きいほど薄いひき板（ラミナ）を用いる。
4. 合板は、複数の薄い単板を、繊維方向が互いに直交するように、接着剤で接着して異方性を少なくした材である。

■ 解答

問題 1

1. **大断面木造建築物の柱および梁の設計**において、所定の耐火性能が要求される場合、その要求に応じた燃え代（30分耐火で2.5cm、1時間耐火で4.5cm程度）を除いた断面に生じる長期の応力度が短期許容応力度を超えないように設計する。

2. 構造用集成材の日本農林規格において、同一試料集成材から採取した試験片の含水率の平均値は、15%以下とする。

3. **構造用合板のホルムアルデヒド放散量の基準**では、ホルムアルデヒド放散量の平均値について、「F☆と表示するもの」より「F☆☆☆☆と表示するもの」のほうが低い。☆の**数が多くなると、放散量は低くなる**。

4. 木材は、含水率が25〜35%を超えると腐朽しやすくなる。よって、含水率が20%以下になるように、常に木材を乾燥させておくことが必要となる。　　➡ 正解 3

問題 2

1. **集成材**は、ラミナといわれるひき板または小角材等を数枚**繊維方向を互いにほぼ平行**にして、厚さ、幅および長さの方向に集成接着した材料で、異方性を少なくしたものではない。断面の大きさと形が同じでも、**積層ラミナ数が多くなるほど**、節などの欠点を除去できるので、それに応じて**強度が上昇する**特性がある。柱や梁などの構造材または長押などの仕上げ材に多く使用されている（「ここがツボ」図参照）。

2. **同一等級構成集成材**は、構成するひき板の等級が同じ集成材である。このとき、ひき板の積層数が2枚または3枚のものを、梁等の高い曲げ性能を必要とする部分に用いる場合、曲げ応力を受ける方向が**積層面に平行**になるように用いる。

3. **湾曲する集成材**は、湾曲部の曲率半径 $\rho$ とラミナ厚 $t$ とした場合、$t/\rho$ が大きくなるほど許容曲げ応力度を小さくする。したがって、集成材のアーチ材を製造する場合、アーチ材の湾曲部の**曲率半径 $\rho$ が小さいほどラミナ厚の薄いひき板を用いる**。

4. **合板**は、ベニヤといわれる薄い単板を奇数枚、**繊維方向が互いに直交**するように、接着剤で接着して**異方性を少なくした材料**である。コンパネ（コンクリートパネル）といわれるコンクリート打設用型枠や床や壁などの下地材などに多く使用されている。➡ 正解 3

ここがツボ

- 構造用集成材は、節などの欠点を取り除いたラミナを用いているので、繊維方向の曲げに対する許容応力度は、普通構造材より構造用集成材のほうが大きい。
- 集成材は、大きな断面や長い材を得るのに容易で、乾燥による割れや狂いが生じにくく、強度のばらつきも少ない。
- 木材の**クリープ**とは、ある限度以上の一定荷重を継続して積載しておくと、時間とともに変形が増大する現象をいう。
- **単層積層材**（LVL）は、ベニヤ単板を繊維方向が平行になるように、積層接着した材で、異方性がなく、方向性がある。

● 集成材　ラミナ
・積層ラミナを繊維方向が平行になるように接着したもので、異方性を少なくしたものではない。

● 合板　ベニヤ板　奇数枚
・ベニヤ単板を奇数枚、上下の繊維方向が互いに直交するように配して接着し、異方性を少なくしたものである。

図　集成材と合板

# 28 コンクリート

## 28-1 ▷ コンクリート①

**問題 1**

コンクリートに関する次の記述のうち、㈳日本建築学会「鉄筋コンクリート構造計算基準」に照らして、最も不適当なものはどれか。

1. 梁主筋のコンクリートに対する許容付着応力度は、下端筋より上端筋のほうが小さい。
2. コンクリートの単位容積重量が同じで設計基準強度 $F_c$ が2倍になると、コンクリートのヤング係数もほぼ2倍となる。
3. コンクリートのせん断弾性係数は、一般に、ヤング係数の0.4倍程度である。
4. コンクリートの引張強度は、圧縮強度の1/10程度であるが、曲げ材の引張側では引張強度は無視するため、許容引張応力度は規定されていない。

**問題 2**

コンクリートに関する次の記述のうち、最も不適当なものはどれか。

1. 高強度コンクリートは、一般に、通常のコンクリートよりも組織が緻密であるため、中性化の進行や塩化物イオンの浸透に対する抵抗性に優れている。
2. 普通ポルトランドセメントを用いる場合、一般に、コンクリートの水セメント比が小さいほど、圧縮強度は大きくなり、大気中における中性化速度は速くなる。
3. コンクリートの中性化は、空気中の炭酸ガス等の作用により、硬化したコンクリートのアルカリ性が失われていくことにより生じる。
4. 工事現場における構造体コンクリートの1回の圧縮強度試験に用いる供試体は、適切な間隔をおいた3台の運搬車から1個ずつ合計3個採取する。

■ 解答

問題 1

1. 梁主筋のコンクリートに対する**許容付着応力度**は、上端筋では、その下に 30cm 以上のコンクリートが打ち込まれているから、打設後コンクリートが沈降して、上端筋の下に隙間ができる。したがって、付着が期待できず、**下端筋より上端筋のほうが許容付着応力度は小さくなる**（上図参照）。

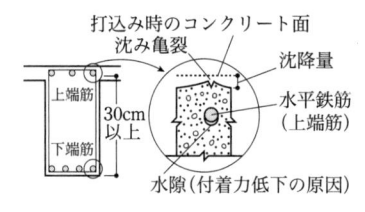

2. コンクリートの単位容積重量 $\gamma$ が同じで設計基準強度 $F_c$ が 2 倍になっても、コンクリートの**ヤング係数** $E$ は、$2^{\frac{1}{3}}(=\sqrt[3]{2}\fallingdotseq 1.26)$ **倍にしかならない**（「ここがツボ」公式参照）。

3. コンクリートの**せん断弾性係数** $G$ は、一般に、ヤング係数 $E$ の **0.4 倍程度**である。

4. コンクリートの**引張強度**は、圧縮強度の **1/10 程度**はあるが、梁（曲げ材）の設計では、引張強度を無視して行うため、許容引張応力度は規定されていない。　　➡ **正解 2**

問題 2

1. **高強度コンクリート**は、設計基準強度 $F_c$ が **36N/mm² を超える**コンクリートで、水セメント比は **55cm 以下**、スランプは **23cm 以下**で練り上げ、通常のコンクリートよりも組織が緻密であるため、中性化の進行や塩化物イオンの浸透に対する抵抗性に優れており、鉄筋の腐食を防ぐ効果もある。

2. 普通ポルトランドセメントを用いた一般的なコンクリートの**水セメント比**は、小さいほど圧縮強度が大きくなるので、大気中における**中性化速度は遅くなる**。

3. コンクリートの**中性化**は、空気中の炭酸ガス等の作用により、硬化したコンクリートの表面からアルカリ性が徐々に失われていく現象である。アルカリ性が失われることによって、鉄筋が錆び、応力負担ができなくなる。

4. 工事現場における**構造体コンクリートの検査**は、打込み日ごと、打込み区画ごと、かつ、150m³ またはその端数ごとに 1 回行う。そのとき、1 回の圧縮強度試験に用いる供試体は、適切な間隔をおいた 3 台の運搬車から 1 個ずつ合計 3 個採取して行う。　　➡ **正解 2**

**ここがツボ**

- コンクリートのヤング係数 $E$ は、$E = 3.35 \times 10^4 \times \left[\dfrac{\gamma}{24}\right]^2 \times \left[\dfrac{F_c}{60}\right]^{\frac{1}{3}}$ で計算する。

- コンクリートのせん断弾性係数 $G$ は、$G = \dfrac{E}{2(1+\nu)} = \dfrac{E}{2\left(1+\dfrac{1}{6}\right)} \fallingdotseq 0.43E$ で計算する。

- 異形鉄筋のコンクリートに対する許容付着応力度を下表に示す。

表　異形鉄筋のコンクリートに対する許容付着応力度

| 種類 \ 鉄筋の位置 | 長期 | | 短期 |
|---|---|---|---|
| | 上端筋 | その他 | |
| 普通コンクリート | $0.8 \times \dfrac{F_c}{60} + 0.6$ | $\dfrac{F_c}{60} + 0.6$ | 長期の **1.5 倍** |

注 1：**上端筋**とは、曲げ材にあって、その鉄筋の下に 30cm 以上のコンクリートが打ち込まれる場合の水平鉄筋（大梁・小梁・壁梁などの上端筋）をいう。
注 2：その他の鉄筋には、柱筋・スラブ筋・梁下端筋などがある。
注 3：$F_c$ は、コンクリートの設計基準強度［N/mm²］を示す。
注 4：軽量コンクリートでは、表の値に 0.8 を乗じる。

# 28-2 ▷ コンクリート②

## 問題1

コンクリートに関する次の記述のうち、最も不適当なものはどれか。

1. コンクリートのスランプは、一般に、コンクリートの単位水量を小さくするほど大きくなる。
2. AE剤を用いたコンクリートは、微細な空気泡が生成されるので、凍結融解作用に対する抵抗性が増大し、耐久性も向上する。
3. コンクリートのヤング係数は、設計基準強度が同じ場合、一般に、使用する骨材により異なる。
4. 高強度コンクリートは、火災時において、急激な加熱に伴う水分の膨張により爆裂を生じることがある。

## 問題2

コンクリートに関する次の記述のうち、最も不適当なものはどれか。

1. コンクリートの引張強度は、円柱供試体を用いた割裂破壊により間接的に求められる。
2. 局部圧縮を受けるときのコンクリートの支圧強度は、一般に、全面圧縮を受けるときの強度よりも小さい。
3. コンクリートの供試体の圧縮強度は、形状が相似であれば、一般に、寸法の大きいものほど小さい。
4. 普通ポルトランドセメントを用いた普通コンクリートにおいて、水セメント比の最大値は65%とし、単位水量は185kg/m³以下とする。

## 解答

### 問題 1

1. コンクリートは、一般に、コンクリートの**単位水量を小さくするほど**、硬練りのコンクリートになるので、**スランプは小さくなる**（右図参照）。

2. **AE 剤**を用いたコンクリートは、微細な空気泡が生成されることにより、ワーカビリティを改善し、凍結融解作用に対する抵抗性が増大し、耐久性・耐寒性も向上し、単位水量も減る。しかし、圧縮強度や付着強度は低下する。

3. コンクリートは、設計基準強度 $F_c$ が同じ場合、一般に、使用する骨材の気乾単位容積重量 $\gamma$ が大きくなるほど、ヤング係数 $E$ も大きくなる（p.164、「ここがツボ」公式参照）。

4. **高強度**コンクリートは、普通コンクリートに比べて、水セメント比は小さく、単位セメント量は多く調合されているので、組織が緻密になり、火災時においては、急激な加熱に伴う水分の膨張により爆裂を生じることがある。このことにより、耐力低下が生じるので注意が必要である。

→ **正解 1**

### 問題 2

1. コンクリートの**引張強度**は、円柱供試体を横に置いて、長さ方向の載荷板に載荷することによって**割裂破壊**させ、その荷重より間接的に求めることができる（「ここがツボ」図2参照）。

2. **支圧強度**とは、2物体間の接触面に圧縮力が作用するときの最大の圧縮応力度のことで、ここでは局部応力を受けるコンクリートの圧縮強度である。一般に、局部圧縮を受けるときの**コンクリートの支圧強度**は、弱い部分が少なくなり、**全面圧縮を受けるときの強度よりも大きくなる**。

3. コンクリートの供試体の**圧縮強度**は、形状が相似であれば、一般に、**寸法の小さいものほど**、欠陥が排除されるので、**大きくなる傾向にある**（右図参照）。

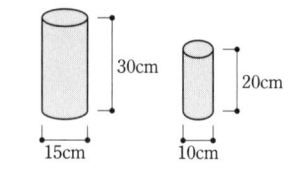

4. 水セメント比の最大値は 65％、単位水量は 185kg/m³ 以下。単位セメント量の最小値は 270kg/m³。コンクリートの空気量は 4％以上 5％以下。スランプは 18cm 以下、塩化物量は 0.3kg/m² 以下とする。

→ **正解 2**

### ここがツボ

- コンクリートのヤング係数は、応力度－ひずみ度曲線上における**圧縮強度の 1/3～1/4 の点と原点を結ぶ直線の勾配**で表される（図1参照）。
- 強度の小さいコンクリートほど同じ応力度に対するひずみ度は、曲線の立ち上がり勾配が緩くなるので大きくなる。
- コンクリートの引張試験は、円柱供試体を横に置いて、長さ方向の載荷板に載荷することによって割裂破壊させ、その荷重より間接的に求めることができる（図2参照）。
- コンクリートの引張強度は、圧縮強度の 1/10 程度である。
- 空中養生に比べ、水中養生のほうが水分が常時補給されるので、強度の増進が期待できる。

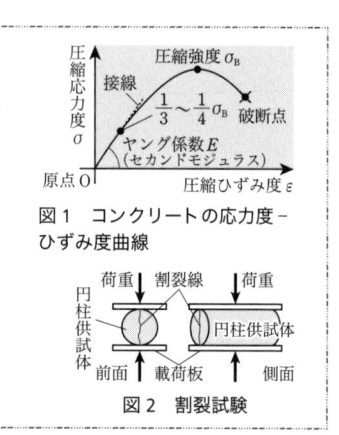

図1 コンクリートの応力度－ひずみ度曲線

図2 割裂試験

# 29　金属材料

## 29-1 ▷ 金属材料①

**問題1**

建築構造用の金属材料に関する次の記述のうち、最も不適当なものはどれか。

1. 炭素鋼、ステンレス鋼（SUS304材）、アルミニウム合金の線膨張係数の大小関係は、炭素鋼＞ステンレス鋼＞アルミニウム合金である。
2. 鋼材に含まれる炭素量が増加すると、鋼材の強度・硬度は増加するが、靭性・溶接性は低下する。
3. 鋼材を板厚の3倍程度の曲げ半径で、冷間曲げ加工を行うと、強度が上昇し、変形性能が素材と比較し低下する。
4. 炭素鋼は、硫黄の含有量が少ないほど、シャルピー吸収エネルギーおよび板厚方向の絞り値は大きくなる

**問題2**

アルミニウムに関する次の記述のうち、最も不適当なものはどれか。

1. アルミニウム合金のヤング係数は、鋼材の1/3程度である。
2. アルミニウム合金の線膨張係数は、鋼の線膨張係数の約2倍であり、アルミニウム部材の取付けに当たっては十分な逃げ代が必要である。
3. アルミニウムの比重は、鋼材に比べて約1/3と軽く、比強度も低い。
4. アルミニウム合金材の梁の接合に用いる高力ボルトは、一般に、接触腐食の起こらないように溶融亜鉛めっき高力ボルトを用いる。

■ 解答

問題1

1. 炭素鋼、ステンレス鋼（SUS304 材）、アルミニウム合金の**線膨張係数の大小関係**は、アルミニウム合金（$2.4×10^{-5}$/℃）＞ステンレス鋼（$1.73×10^{-5}$/℃）＞炭素鋼（$1.17×10^{-5}$/℃）の順である。

2. 鋼材は炭素量が増加すると、引張強さが強くなり、降伏点が高くなり、硬さは硬くなる。しかし、伸びは小さくなり、脆くなる。また、靱性・溶接性は低下する。

3. 鋼材を板厚の3倍程度の曲げ半径で、冷間曲げ加工を行うと、コーナー部分が塑性化することによって、変形性能が素材と比較して低下する。

4. 炭素鋼に含まれる化学成分における硫黄（S）は、鋼材や接合部に靱性低下などの悪影響を与える。したがって、含有量が少ないほど、シャルピー吸収エネルギーおよび板厚方向の絞り値は大きくなる性質がある。

→ **正解 1**

問題2

1. アルミニウム合金のヤング係数は、$0.705×10^5$ N/mm² **程度**であり、鋼材のヤング係数は、$2.05×10^5$ N/mm² **程度**であるから、アルミニウム合金のヤング係数は、鋼材の**1/3 程度**であるといえる。また、アルミニウム合金の**比重**も鋼材の**約 1/3** である。

2. アルミニウム合金の線膨張係数は、$2.4×10^{-5}$/℃ **程度**であり、鋼材の線膨張係数は、$1.17×10^{-5}$/℃ 程度であるから、アルミニウム合金の線膨張係数は、鋼材の線膨張係数の**約 2 倍**であり、アルミニウム部材の取付けに当たっては十分な**逃げ代**が必要である。

3. アルミニウムの比重は **2.70** であり、鋼材の比重は **7.85** であるから**約1/3** と軽い。**比強度**は、**強度/比重**で計算する値で、アルミニウムの比強度は 177/2.70＝65.56N/mm² であり、鋼材の比強度は 400/7.85＝51.0N/mm² であるから、アルミニウムの比強度のほうが高い。

4. アルミニウム合金材の梁の接合に鋼材の高力ボルトをそのまま用いると、**イオン化傾向**の大きいアルミニウムが鋼材に接触し、梁が溶融されて腐食するから、接触腐食の起こらないように溶融亜鉛めっきした高力ボルトを用いる。

→ **正解 3**

!ここがツボ

・鋼材に含まれる化学成分におけるリン、硫黄は、鋼材の靱性に悪影響を与える。また、耐候性鋼は、リン・銅・ニッケル・クロムなどを添加することによって、大気中での腐食に耐える性質を高めた鋼材である。
・異種金属が接触すると、湿気や水分があれば電気分解が起こり、**イオン化傾向の大きいほうの金属が腐食される**。イオン化傾向を大きい順に示す。

　　アルミニウム(Al) ＞亜鉛(Zn) ＞鉄(Fe) ＞水素(H) ＞銅(Cu) ＞銀(Ag) ＞金(Au)

・アルミニウムは、海水・熱・アルカリに弱く、**コンクリートとの接触は不可**である。
・アルミニウム合金材は、指定建築材料として構造体に使用することができるが、**延べ面積 50m² 以下**とする。ただし、①階数が 3 以下、②高さ 13m 以下、かつ、軒の高さ 9m 以下、③柱の相互間隔 6m 以下、④延べ面積 500m² 以内等の条件をクリアした場合はこの限りではない。
・アルミニウム合金は、軽量で、耐食性に優れているが、鋼に比べて硬度・弾性係数が小さいため、傷つきやすく、変形しやすい。

## 29-2 ▷ 金属材料②

### 問題1 □□□

構造用ステンレス鋼SUS304に関する次の記述のうち、最も不適当なものはどれか。

1. 降伏比は、普通鋼であるSS400材より小さい。
2. ヤング係数は、普通鋼であるSS400材より小さい。
3. 線膨張係数は、普通鋼であるSS400材より小さい。
4. 他のステンレス鋼に比べて、構造骨組とするために不可欠な溶接性に優れている。

### 問題2 □□□

ステンレス鋼に関する次の記述のうち、最も不適当なものはどれか。

1. ステンレス鋼(SUS304)は、炭素鋼に比べて、耐食性に優れているが、耐低温性、耐火性は劣っている。
2. 建築構造用ステンレス鋼材に定めるSUS304Aの基準強度は、板厚が40mm以下のSN400B材と同じである。
3. 建築構造用ステンレス鋼材SUS304Aは、降伏点が明確でないので、その基準強度については、0.1%オフセット耐力を採用している。
4. 建築構造用ステンレス鋼(SUS304)のヤング係数は、アルミニウム合金に比べて大きい。

## 解答

**問題1**

1. 普通鋼材のSS400材の**降伏比**は、0.6〜0.7程度であるが、SUS304ステンレス鋼は0.4（降伏点235N/mm²、引張強さ588N/mm²）であるから、SS400材より小さい。
2. 普通鋼材のSS400材の**ヤング係数**は、$2.05×10^5$N/mm²**程度**であり、SUS304ステンレス鋼は$1.93×10^5$N/mm²**程度**であるから、SS400材より小さい。
3. 普通鋼材のSS400材の**線膨張係数**は、$1.04〜1.17×10^{-5}$℃**程度**であり、SUS304ステンレス鋼は$1.73×10^{-5}$℃程度であるから、SS400材より**大きくなる。**
4. 建築構造用ステンレス鋼は、構造骨組とするための溶接を行うために、化学成分を調整している。

→ **正解 3**

**問題2**

1. **ステンレス鋼（SUS304）**は、炭素鋼に比べて、耐食性・耐火性に優れ、かつ、極低温使用が可能であるから、**耐低温性にも優れている。**
2. 建築構造用ステンレス鋼材に定めるSUS304Aの基準強度は**235N/mm²**であり、板厚が40mm以下のSN400B材の基準強度もやはり**235N/mm²**である。したがって、SUS304AとSN400B材の**基準強度は同じである。**
3. 建築構造用ステンレス鋼材SUS304Aは、降伏点が明確でないので、その基準強度については、**0.1％オフセット耐力**を採用している。一般に、降伏点が明確でない材料では、残留ひずみが0.2％の応力度である**0.2％オフセット耐力**を降伏点として用いているが、ステンレス協会では、より安全な0.1％オフセット耐力を降伏点として規定している。
4. 建築構造用ステンレス鋼（SUS304）のヤング係数は、$1.93×10^5$N/mm²**程度**であり、アルミニウム合金のヤング係数は、$0.705×10^5$N/mm²**程度**であるから、建築構造用ステンレス鋼（SUS304）のほうが大きい値となる。

→ **正解 1**

### ここがツボ

- SN400とSUS304の比較を下表に示した。
- SUS304のステンレスは、クロム**18％**、ニッケル**8％**を含む合金鋼であり耐食性が大きい。
- 厚さ12〜100mmのSN400B材およびSN490B材は、**降伏点の下限値**のみならず、**上限値**も規定されている。また、厚さ16〜100mmのSN400C材およびSN490C材も降伏点の下限値および**上限値**も規定されている。なお、SN400A材およびSS材、SM材は、下限値は規定されているが、上限値は規定されていない。
- 鋼材の硬さを求める試験の**ビッカース試験**は、値が大きいほど脆くて硬い性質を表し、脆性破壊を起こしやすくなる。
- 鉄骨構造に用いる鋼材の記号の後ろにある数字は、**引張強さの下限値**を表している。また、鉄筋コンクリート構造に用いる異形鉄筋の場合は、**降伏点の下限値**を表している。

表　SS400AとSUS304の比較

| 材料＼性質 | 降伏点 [N/mm²] | 引張強さ [N/mm²] | 降伏比 [－] | ヤング係数 [N/mm²] | 線膨張係数 [1/℃] |
|---|---|---|---|---|---|
| SS400A | 235以上 | 400以上 | 約0.6 | $2.05×10^5$ | 約$1.0×10^{-5}$ |
| SUS304 | 235以上 | 520以上 | 約0.4 | $1.93×10^5$ | 約$1.7×10^{-5}$ |

# 30 融合問題

## 30-1 ▷ 融合問題

**問題 1**

次の記述のうち、最も不適当なものはどれか。

1. 「限界耐力計算」においては、積雪、暴風および地震のすべてに対して、極めて稀に発生する荷重・外力について建築物が倒壊・崩壊しないことをそれぞれ検証することが求められている。
2. 「住宅の品質確保の促進等に関する法律」に基づく「日本住宅性能表示基準」に規定される「耐震等級」において、等級1は、等級2に比べて、より大きな地震力に対して所定の性能を有していることを表示するものである。
3. 高炉スラグを利用した高炉セメントを構造体コンクリートに用いることは、再生品の利用によって環境に配慮した建築物を実現することにつながる。
4. 免震建築物が所期の性能を発揮する上で、免震層が正常に機能するように維持管理することは重要であるので、設計者は建築物の管理者に対して、このことを認識するように説明を行う必要がある。

**問題 2**

次の記述のうち、最も不適当なものはどれか。

1. 鋼杭の腐食に対する措置として、一般に、厚さ1mm程度の腐食代を見込んでおく。
2. 建築構造用圧延鋼材 SN400A は、溶接加工時を含め板厚方向に大きな引張応力を受ける部材または部位に使用する。
3. 構造耐力上主要な部分である構造部材の変形または振動により建築物の使用上の支障が起こらないことを確かめる場合、建築物に常時作用している荷重による床および梁のたわみについては、クリープを考慮して検証する。
4. 「住宅の品質確保の促進等に関する法律」に規定する「評価方法基準」において、「劣化対策等級（構造躯体等）」の劣化現象とは、鉄筋コンクリート造の住宅の場合、コンクリートの中性化による鉄筋の発錆および凍結融解作用によるコンクリートの劣化のこととされている。

## 解答

**問題1**

1. 「**限界耐力計算**」において、極めて稀に発生する積雪、暴風に対しては材料強度による耐力の検討を、大規模な地震に対しては安全限界の検討をそれぞれについて行い、建築物が倒壊・崩壊しないことを検証することが求められている（p.136、「ここがツボ」図1参照）。

2. 「住宅の品質確保の促進等に関する法律」に基づく「日本住宅性能表示基準」に規定される「耐震等級」において、**等級2は、等級1に比べて1.25倍である**から、等級2のほうがより大きな地震力に対して所定の性能を有していることを表示するものである。

3. 高炉スラグを利用した**高炉セメント**には、A種、B種、C種があり、A種は高炉スラグを**全体質量**の30％以下混合したもので、構造体コンクリートとして利用できる。早期強度はやや小さいが、長期強度は大きい。また、海水・化学液などによる薬液抵抗性や耐熱性が大きく、水中硬化がよいので、水中工事や下水工事などに適する。高炉スラグは再生品なので、これを利用することによって環境に配慮した建築物を実現することにつながる。

4. **免震建築物**は、地震時の建築物における水平力を小さくする効果があり、それを発揮する上で、免震部材（アイソレータやダンパーなど）を設置した免震層が正常に機能するように維持管理することは重要である。設計者は建築物の管理者に対して、このことを認識するように説明を行う必要がある。　　　　　　　　　　　　　　　**→ 正解 2**

**問題2**

1. **鋼管杭**は、支持力が大きく、経済的で、長尺杭も可能であるが、腐食のおそれがある。その対策として、厚さ**1mm程度**の腐食代を見込んでおくとよい。

2. **建築構造用圧延鋼材SN400C材**は、溶接加工時を含め板厚方向に大きな引張応力を受ける部材または部位に使用する。SN400A材は、弾性範囲内で使用し、接合には溶接を用いない種類である。

3. 構造耐力上主要な部分である構造部材の床および梁のたわみにより、建築物の使用上の支障が起こらないことを確かめる場合、その最大値を計算し、たわみの最大値に構造形式に応じて、建築物に常時作用している荷重（固定荷重、積載荷重）による変形増大係数を乗じ、その部材の有効長さで除した値が**1/250以下**であることを確認する。

4. 「住宅の品質確保の促進等に関する法律」に規定する「**評価方法基準**」において、「劣化対策等級（構造躯体等）」の**劣化現象**とは、鉄筋コンクリート造の住宅の場合、コンクリートの中性化による鉄筋の発錆および凍結融解作用によるコンクリートの劣化のこととされている。なお、「劣化対策等級」における構造躯体等とは、鉄筋コンクリート造にあっては、構造躯体およびそれと一体としてつくられた鉄筋コンクリート造の部分をいう。構造に応じて劣化現象が決められていて、劣化現象を軽減するために等級に応じて、大規模な改修工事を必要とするまでの期間を伸長するため必要な対策を講じるよう示されている。その期間は、等級3では**3世代（75〜90年）**、等級2では**2世代（50〜60年）**。等級1では建築基準法に定める対策が講じられていることになっている。　　**→ 正解 2**

【著者略歴】

**植村典人**（うえむら ふみと）

1966年名古屋工業大学建築学科卒業。元修成建設専門学校嘱託教員。
『一級建築士試験 構造力学のツボ』『一級建築士試験 構造設計のツボ』
（学芸出版社）ほか、建築構造関連の著作多数。

---

### 一級建築士試験 建築構造のツボ 特訓ドリル

2013年11月 1日 第1版第1刷発行

著　者 ……… 植村典人
発行者 ……… 京極迪宏
発行所 ……… 株式会社 学芸出版社
　　　　　　〒600-8216
　　　　　　京都市下京区木津屋橋通西洞院東入
　　　　　　電話 075-343-0811
　　　　　　http://www.gakugei-pub.jp/
　　　　　　E-mail info@gakugei-pub.jp

装　丁 ……… KOTO DESIGN Inc. 山本剛史
印　刷 ……… イチダ写真製版
製　本 ……… 山崎紙工

---

Ⓒ植村典人 2013　　　　　　　　　　　　　　　Printed in Japan
ISBN978-4-7615-2561-3

> **JCOPY**〈(社)出版者著作権管理機構委託出版物〉
> 本書の無断複写（電子化を含む）は著作権法上での例外を除き禁じられています。複写される場合は、そのつど事前に、(社)出版者著作権管理機構（電話 03-3513-6969、FAX 03-3513-6979、e-mail: info@jcopy.or.jp）の許諾を得てください。
> また本書を代行業者等の第三者に依頼してスキャンやデジタル化することは、たとえ個人や家庭内での利用でも著作権法違反です。

好評発売中

## 一級建築士試験 構造力学のツボ

植村典人 著
A5判・168頁・本体1800円＋税

一級建築士試験・学科Ⅳ（建築構造）において構造力学は合否の鍵を握る分野であり、避けて通ることはできない。一方、同じ型の問題が繰り返し出題されており、要点さえ理解すれば確実に得点できる。本書は単元別に出題頻度を分析し、暗記すべき要点を整理し、過去問の解法を徹底解説。ツボを押えた学習で全問正解を目指せ！

## 一級建築士試験 構造設計のツボ

植村典人 著
A5判・168頁・本体1900円＋税

一級建築士試験・学科Ⅳ（建築構造）において構造設計は合否の鍵を握る分野であり、避けて通ることはできない。一方、同じ型の問題が繰り返し出題されており、要点さえ理解すれば確実に得点できる。本書は単元別に出題頻度を分析し、暗記すべき要点を整理し、過去問の解法を徹底解説。ツボを押えた学習で全問正解を目指せ！

## スタンダード 一級建築士

建築資格試験研究会 編著
A5判・464頁・本体3000円＋税

建築士試験は最早「よく出る」対策だけでは合格しない。本書は、過去の出題や新傾向の難問を吟味し、出題された内容のすべてが基本に戻って学べるよう、初歩から丁寧に解説し理解力UPをはかる。学科試験の復習と整理、問題チェックがこの1冊でできる、建築士受験の王道をいく定番テキスト。改正試験の5科目4択化に対応!!

## 一級建築士試験 出題キーワード別問題集

社団法人全日本建築士会 監修／建築資格試験研究会 編著
A5判・584頁・本体2800円＋税

一級建築士試験「学科試験」の出題傾向を徹底分析し、過去7年分の問題を出題キーワード別に収録した。出題頻度と問題の傾向が一目でわかり、受験対策が効率よく進められる画期的な問題集。類似問題の集中学習で確実な実力アップができるとともに、試験直前の問題研究にも役立つ。すべての問題に解法のポイントを的確に解説。

## イラストでわかる一級建築士用語集

中井多喜雄・石田芳子 著
A5判・384頁・本体3200円＋税

一級建築士受験に必要不可欠とする用語を厳選し、分野別に構成された用語集。巻末の索引を引用することにより建築用語事典としても活用できるよう工夫されている。単なる用語の解説に止まらず、見開きページでわかりやすいイラストを配し、用語にはルビを付した。法改正に対応した最新受験参考書として、また、実務者にも役立つ。

## 一級建築士受験 必ず出る語句！

中井多喜雄 著
四六判・192頁・本体1800円＋税

出題傾向の分析にとどまっていては、年々厳しさを増す建築士試験を突破できない。本書では、一級建築士学科試験の過去問から毎年のように出題される語句を抽出、ふりがなつきで五十音順に配列し、詳細な解説をつけた。わからない語句をわからない時に引いて独習することで、問題文をすばやく正確に読解する力を身につけよう。

好評発売中

## 一級建築士試験 環境工学のツボ

大西正宜 著
A5 判・160 頁・本体 1900 円＋税

新学科（環境設備）開設で、環境工学、建築設備の分野は問題数が増えた。ことにグラフの読み取りや計算問題の多い「環境工学」の分野は苦手意識の強い受験生が多いが、足キリを考えるともはや避けては通れない。本書は過去問を分析し、暗記すべき要点、問題の解法を徹底的に解説。環境工学の制覇を指南する初めてのテキスト。

## 一級建築士受験 法規のウラ指導

荘司和樹＋教育的ウラ指導 編著
A5 判・600 頁・本体 3200 円＋税

法規で点数を稼ごう！　「持込法令集づくり」にポイントを絞った定番受験書。過去全問題を選択肢毎に１問１答化して、学習効率が高まるように取捨選択して配列し直し法令の項目別に解答解説を加えた。問題を解きながら線を引き内容を理解していく、独学合格者たちの独自手法を公開。容積・建ぺい、高さ問題など完全マスター！

## １級建築士製図対策室

落合正＋建築士.com 著
A4 変判・124 頁・本体 2600 円＋税

制限時間内に、与えられた条件から全図面を完成できるようになるには訓練が必要だ。実務で身に付けた実践的な知識や技能は捨てて、試験のための、基本的な知識と技能に切り替えなければ、合格はおぼつかない。課題をこなし、6 時間 30 分でエスキースと作図、計画の要点を完了させる手法と技能を解説。過去 8 年分の問題解答付。

## 一級建築士設計製図試験 わかるエスキース 2012

曽根徹＋学科製図.com 著
A4 変判・190 頁・本体 3000 円＋税

どうやって限られた時間内で解答を作成するのか？　悩みどころにズバリ答えたノウハウ公開。「コミュニティ施設」「集合住宅」を題材に、詳細なステップを踏みながら「合格図面」に到達するためのオリジナル技法を公開した。注目の「構造・設備・計画の要点」への対策にも触れた。平成 21 ～ 23 年度本試験の独自解答解題を収録。

## 図説 やさしい構造力学

浅野清昭 著
B5 変判・192 頁・本体 2600 円

数学や物理はよく理解できていないけれども、初めて、あるいはもう一度、構造力学を勉強しなければならない人に向けた入門教科書。すべてを手描きによるイラストで図解し、丁寧な解説をこころがけ、〈手順〉どおりにやれば誰でも解けるように構成を工夫した。二級建築士の資格試験（一級建築士レベルの基礎的学習）に対応。

## 図解レクチャー 構造力学　静定・不静定構造を学ぶ

浅野清昭 著
B5 変判・200 頁・本体 2800 円＋税

力の基礎から静定・不静定構造、構造物の崩壊までを１冊で学習することができる、一級建築士試験にも対応したテキスト。苦手意識を持たれやすい構造力学の分野だが、図解で丁寧に繰り返し解説することで基礎から応用まで網羅。四則計算のみで解説しているため、デザイン系の学生にも活用できる、初学者のための入門テキスト。

好評発売中

## 絵ときブック 構造力学入門

浅野清昭 著
B5変判・160頁・本体2500円＋税

構造力学は、構造設計の基礎をなす重要な分野だが、物理学や数学を必要とするため、どうしても苦手という人が多い。本書では、先生と生徒の会話を通して、力の基本原則、反力の求め方をイラストを駆使して丁寧に解説し、最もつまずきやすい部分である曲げモーメント図、せん断力図の描き方までの完全理解を目指すものである。

## 図説 やさしい建築一般構造

今村仁美・田中美都 著
B5変判・192頁・本体2800円＋税

材料、骨組み、構造形式、各部の名称としくみなど、建築物の構造の基本を初学者にも容易に理解できるよう工夫されたテキスト。木構造、鉄骨造、鉄筋コンクリート造の3つを中心に、その他の構造、基礎、下地と仕上げの各分野を、イラストを多用してイメージをつかみ理解を深めるように構成した。建築士受験レベルにも対応。

## わかる建築学4　建築構造力学

安達洋・丸田榮藏 編
B5変判・192頁・本体2800円＋税

講義に沿った15章構成で初めの一歩から建築士試験まで導く〈わかる建築学〉シリーズの第4巻。構造分野に苦手意識を持つ人でも、豊富な図による説明と、各章末の練習問題、第15章の演習問題での理解確認を通して、基本と発展的内容が身に付くよう配慮した。建築物における力の伝わり方がスイスイわかる、初学者必携の1冊。

## わかる建築学5　建築構法

安達洋・丸田榮藏 編
B5変判・200頁・本体2800円＋税

講義に沿った15章構成で、初めの一歩から建築士試験まで導く〈わかる建築学〉シリーズの第5巻。構造分野に苦手意識を持つ人でも、豊富な図による説明と、各章末の練習問題、第15章の演習問題での理解・確認を通して、基本と発展的内容が身に付くよう配慮した。現代の建築構造物を支えるしくみがわかる、初学者必携の1冊。

## 演習 建築構造力学Ⅰ〈静定編〉

田中茂樹・福田幹夫 著
A4判・152頁・本体2800円＋税

苦手克服のためには、手を動かして繰り返し解いてみる、すなわち、演習が最適な方法である。本書では、複数の例題を1頁または見開頁に完結できるように説明している。また、演習問題は、基本と応用とに分け、自習できるように工夫した。解答部分は、省略する部分を極力避け、苦手な人でも一人で容易に取り組めるようにした。

## 演習 建築構造力学Ⅱ〈不静定編〉

田中茂樹・福田幹夫 著
A4判・136頁・本体2600円＋税

苦手克服のためには、手を動かして繰り返し解いてみる、すなわち、演習が最適な方法である。本書では、複数の例題を1頁または見開頁に完結できるように説明している。また、演習問題は、基本と応用とに分け、自習できるように工夫した。2冊目となる本書は、不静定構造の分野である、弾性架構の変位、回転角について学ぶ。